카네기식 자기관리론

모든 것은 나에게 달려있다

카네기식
자기관리론
모든 것은 나에게 달려있다

데일 카네기 지음 | **차전석** 옮김

나래북

모든 것은 나에게 달려 있다

이 책을 통해 최대의 성과를 얻기 위한 9조항

제1조

여러분이 이 책에서 가능한 많은 것을 배우고자 한다면 한 가지 절대조건-어떤 규칙과 방법보다도 중요한 절대조건이 있다. 이 기본적인 요건을 익히지 않는다면 아무리 많은 연구를 더한다 하더라도 큰 성과를 얻을 수는 없을 것이다.

그렇다면 절대조건이란 무엇일까? 그것은 다름 아닌 '진지하게 배우고자 하는 열정'과 '고민을 근절시키고 새로운 길을 가겠다는 굳은 결의'이다.

어떻게 하면 이러한 욕구가 생겨날 수 있을까? 그러기 위해서는 이 원칙들이 본인에게 얼마나 소중한지를 끊임없이 떠올려야만 한다. 이 원칙들을 터득했다면 얼마나 풍요롭고 행복한 인생을 살 수 있고, 얼마나 큰 힘이 될지를 상상해보면 좋을 것이다. 계속해서 반복하여 스스로에게 이렇게 다짐하라.

'마음의 평화, 행복, 건강, 그리고 수입조차도 긴 안목으로 본다면 이책에서 설명하고 있는 사례들로부터 의심의 여지가 없는 영원한 진리를 실천하는가에 달려 있다.'

제2조

우선 이 책의 개요를 파악하기 위해 각 장을 빠르게 읽어주기 바란다. 그러면 다음 장을 계속 읽어보고 싶겠지만 그것은 잠시 뒤로 미루어주기 바란다. 단순히 오락을 위해 읽는 것이라면 이야기는 또 달라질 것이다. 그러나 자신의 고민을 해결하고 새로운 삶을 구축하기 위해 읽는 것이라면 다시 한번 같은 장을 정독하기 바란다. 결국 이 방법이 시간 절약은 물론 효과도 클 것이다.

제3조

때로는 읽는 것을 멈추고 읽은 내용에 대하여 생각해 보자. 그리고 각각의 제안을 자신은 어떤 식으로, 또한 어떤 경우에 활용할 수 있을지를 자문해 보기 바란다.

제4조

빨간 펜을 손에 들고 읽어라. 도움이 될 것 같은 제안이 눈에 들어오면 그곳에 줄을 긋고 동그라미를 쳐라. 표시하거나 줄을 그으면 읽는 즐거움이 커지는 것은 물론이고 반복해서 읽을 때 편리하다.

제5조

내 지인 중에 15년 정도 대기업 보험회사의 지사장을 역임한 여성이 있다. 그녀는 매달 자사에서 발행한 모든 보험 계약서를 확인한다. 그녀는 그렇게 매달 10년을 하루같이 같은 계약서를 읽어온 것이다. 왜일까? 그녀는 경험을 통해서 그렇게 하는 것이 계약 조건을 확실하게 염두에 둘 수 있는 유일한 방법이라고 말한다. 과거에 나는 대화법에 관한 책을 쓴 적이 있다. 그리고 그 책의 내용을 기억하기 위해서는 반복해서 읽은 것 외에는 방법이 없었다. 인간의 기억이 흐려지는 것은 놀랄 정도로 빠르다.

그래서 여러분이 이 책에서 확실하고 영구적인 비법을 얻고자 한다면 그저 대충 한 번 읽기만 하면 충분할 것이라고 착각해서는 안 된다. 이 책을 정독하여 다 읽었더라도 매달 고정적으로 이 책의 내용을 떠올릴 수 있는 시간을 할애해야 할 것이다. 매일 접할 수 있도록 책상 위 당신의 눈에 가장 잘 보이는 곳에 놓아주기 바란다. 그리고 몇 번이고 손에 들고 읽어야 한다. 여전히 본인에게 개선해야 할 여지가 많다는 것을 끊임없이 염두에 두기 바란다. 반드시 기억해야 할 것은 복습과 응용을 끊임없이 적극적으로 반복함으로써 비로소 여러 가지 원리를 습관적이고 무의식적으로 구사할 수 있게 된다는 것이다. 이것밖에 달리 방법이 없다.

제6조

버나드 쇼는 이렇게 말했다.

"만약 그대가 남에게 무언가를 가르치려고 한다면 상대는 결코 배우려 하지 않을 것이다."

쇼의 말이 맞다. 배운다는 것은 적극적인 과정이다. 우리는 행동함으로써 배운다. 그러므로 여러분이 이 책에서 소개하고 있는 원칙을 자신의 것으로 만들고 싶다면 반드시 행동해야 한다. 이 법칙들을 일상의 모든 생활 속에서 응용해야 한다. 만약에 그것을 게을리한다면 법칙은 금방 잊어버리고 말 것이다. 지식은 활용해야 비로소 마음에 새겨진다.

여기서 제시하고 있는 것들은 일상 속에서 실천하는 것이 어려울지도 모른다. 나 자신 또한 이 책에서 제시하고 있는 것들을 실천하기가 쉽지만은 않다고 적지 않게 느꼈다. 그래서 이 책을 읽을 때는 단순히 지식을 추구해서는 안 된다는 것을 염두에 두기 바란다. 새로운 습관을 익히기 위한 노력을 하는 것이다. 그렇다, 새로운 생활 태도를 몸에 익히기 위한 도중에 불과하다. 그러기 위해서는 시간과 끈기와 매일의 실천이 필요하다.

그러므로 끊임없이 이 책을 펼쳐보기 바란다. 이 책이야말로 고민을 극복하기 위한 참고서라고 해도 과언이 아니다. 그리고 여러분은 시련에 직면하였더라도 결코 흥분하거나 충동적인 행동을 해서는 안 된다. 그것은 대부분 나쁜 결과로 이어지고 만다. 시련에 직면하였을 때는 이 책을 펼쳐보고 당신이 밑줄을 그어 놓았던 부분을 다시 읽어라. 그런 다음 새롭게 도전해라. 극적인 성과를 거두는 당신의 모습을 지켜

보기로 하겠다.

제7조

이 책에서 말하고 있는 원칙을 위반한 당신의 모습을 가족에게 들켰다면 그때마다 가족에게 벌금을 내라. 가족이야말로 교정을 위한 최고의 스승이다!

제8조

이 책 22장 시작 부분을 펼쳐서 H. P. 하웰과 프랭클린이 어떻게 실패를 만회하였는지 확인해 보기 바란다. 여러분도 이 책에서 제시하고 있는 원칙을 어디까지 실천하였는지를 확인하는 의미에서 하웰과 프랭클린의 방법을 이용해 보는 것이 어떻겠는가? 그들의 방법을 이용하면은 두 가지 결과를 얻게 될 것이다. 첫째, 적은 비용으로 커다란 흥미를 유발하여 배우고 있다는 점을 반드시 깨닫게 될 것이다. 둘째, 고민을 해결하여 생활을 재건할 힘이 마치 월계수가 자라듯 성장의 싹이 트고 있다는 것을 깨닫게 될 것이다.

제9조

일기를 쓰자. 다시 말해 이 책의 원칙을 응용하여 성공한 사례를 일기로 면밀하게 기록하는 것이다. 사람의 이름, 날짜와 시간, 결과 등을 잊지 말고 기록하자. 이렇게 기록을 하는 습관은 최선을 다해 노력하고자 하는 여러분에게 큰 격려가 될 것이다. 또한 몇 년의 세월이 흐른 뒤에 이 기록들을 펼쳐보게 되면 많은 생각이 떠올라 가슴 벅찬 감정을 느끼게 될 것이다.

차례

Part 03

고민하는 습관을 빨리 끊어 버려라

Part 04

평화와 행복을 가져오는 정신을 기르는 방법

Part 05

고민을 완전히 극복하는 방법

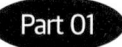
Part 01

고민에 관한
기본 사항

Basic matters

concerning ones concerns

1871년 봄, 한 젊은이가 책 속에서 마음을 확 사로잡는 구절을 접하게 되면서 그의 장래에 큰 영향을 끼치게 되었다. 몬트리올 종합병원의 의학생이었던 그는 졸업 시험을 앞두고 어떤 진료과목을 선택해야 할지, 졸업하면 어디로 가면 좋을지, 어떻게 개업을 할지, 생활은 어떻게 할지 등에 대하여 고민하고 있었다.

이 젊은 의학생은 1871년에 접하게 된 책 속의 한 구절 덕분에 당대의 가장 저명한 의사가 될 수 있었다. 그는 세계에도 명성이 자자한 존스홉킨스 의과대학을 창립하고 영국 의학자들에게 수여하는 최고의 영광인 옥스퍼드 대학의 명예교수가 되었고 국왕으로부터 기사 작위를 받았다. 그가 세상을 떠나자 그의 삶을 널리 알리기 위하여 1,466쪽에 달하는 두 권의 전기가 간행되기도 하였다.

그 주인공은 바로 윌리엄 오슬러 경이다. 그가 1871년 봄에 접했던 한 구절은 토머스 칼라일의 말로 그에게 고민에서 해방된 삶을 살 수 있게 해주었다.

"우리에게 있어서 중요한 것은 저 멀리 흐릿하게 존재하는 것에 눈길을 주는 것이 아니라 가깝고 확실하게 존재하는 것을 실행하는 것이다."

그로부터 42년이 흐른 뒤, 대학의 교정에 튤립 꽃이 만발한 따뜻한 봄날의 밤에 윌리엄 오슬러 경은 예일 대학의 학생들 앞에서 강연하였다.

"네 개의 대학에서 교수직을 역임하고 저서 또한 호평을 받은 나 같은 사람은 아주 특별한 두뇌를 가졌다고 여길지도 모릅니다. 하지만 그것은 착각입니다. 제 친한 친구들의 말을 빌리자면 제 두뇌는 지극히 평범합니다."

그렇다면 과연 그의 성공 열쇠는 무엇이었을까? 그의 말에 따르면 '하루하루에 충실한' 삶을 살았기 때문이라고 한다. 이 말이 대체 무슨 뜻일까? 예일 대학에서의 강연 몇 달 전, 오슬러 경은 호화 여객선을 타고 대서양을 건넜다. 조타실에서 선장이 '급선회' 명령을 내리면서 버튼을 눌렀다. 기계음이 거칠게 울리면서 순식간에 배의 각 부분의 문이 닫혔다(물이 들어가지 않도록 격벽이 설치되어 있다). 오슬러 박사는 예일 대학의 학생들에게 이렇게 말했다.

"자네들 각자는 이 호화 여객선보다 훨씬 가치 있는 유기체로서 보다 긴 항해를 해야 한다. 그때 가장 중요한 것은 이 항해를 안전하고 확실한 것으로 만들기 위해서는 '하루하루에 충실한' 삶을 살아감으로써 스스로 절도(節度)를 배워야 한다는 것이다. 조타실에 서서 커다란 격벽이 작동하고 있는 상태를 확인하기 바란다. 버튼을 눌러 보라. 그러면 제군들의 생활 곳곳에서 철문이 과거-지나 버린 어제-를 닫고 있는 소리가 들릴 것이다. 다시 버튼 하나를 더 눌러 철 커튼을 작동시켜 미래-아직 시작되지 않은 내일-도 닫아라. 그렇게 함으로써 제군들의 오늘 하루는 자유로울 수 있다. 과거와의 인연을 끊는 것이다. 이미 수명이 다한 과거 따위는 죽은 자의 손에 맡겨라. 어리석은 자들을 불명예스러운 죽음으로 인도한 어제 따위는 지워버려야 한다. 어제의 무거운 짐과 내일의 짐까지 오늘 다 짊어지려고 한다면 제아무리 강인한 사람이라도 버텨낼 수 없을 것이다. 과거와 마찬가지로 미래 또한 닫아버려라. 미래란 바로 오늘이다. 내일이란 존재하지 않는다. 사람이 구원을 받는 것은 바로 오늘이라는 날이다. 에너지의 소모, 신경쇠약, 스트레스는 미래를 염려하는 사람에게 보조를 맞추며 따라다닌다. 그러므로 앞뒤의 방수 격벽을 철저히 차단하고 '오늘이라는 날을 사는' 습관을 몸에 익히도록 주의를 기울이자."

오슬러 박사는 우리에게 내일을 준비할 필요가 없다고 주장하는 것일까? 아니, 결코 그렇지는 않다. 박사는 한 강연에서 내일을 준비하는 최고의 방법은 제군들의 모든 것, 모든 열정을 쏟아 오늘 일은 오늘 중에 마무리 지으라고 강조하는 것이다. 이것이야말로 미래를 대비하는 유일한 방법이라고 할 수 있다.

오슬러 박사는 예일 대학 학생들에게 하루를 시작할 때 '오늘 우리에게 일용할 양식을 주십시오'라는 예수의 기도를 따라 하라고 권하고 있다.

여기서 염두에 둘 것은 이 기도가 '오늘'의 양식을 갈구하고 있다는 점이다. 이 기도는 어제 먹지 못했던 굳은 빵 때문에 불평을 늘어놓고 있는 것이 아니다. 더군다나 '신이시여, 곡창지대가 가뭄 때문에 황무지로 변할지도 모릅니다. 그렇게 되면 내년 가을에는 어떻게 빵을 만들어야 합니까?' 혹은 '신이시여, 직장을 잃게 되면 나는 어떻게 빵을 구하면 좋단 말입니까?'라는 식으로 말하고 있는 것이 아니다.

그렇다. 이 기도는 우리에게 오늘의 빵만을 갈구하도록 가르치고 있다. 오늘의 빵이야말로 인간이 먹을 수 있는 유일한 빵이다.

아주 먼 옛날, 사람들이 고통스럽게 살아가고 있는 자갈 투성이의 황무지를 한 철학자가 방랑하고 있었다. 그러던 어느 날, 언덕 위에서 사람들에게 둘러싸인 철학자는 고금동서를 통틀어 가장 자주 인용되던 말을 사람들에게 가르쳐 주었다. 수 세기에 걸쳐 전해 내려온 격언은 바로 이것이다.

'그러므로 내일 일은 생각하지 마라. 내일 일은 내일이 알아서 생각할 것이다. 하루의 고생은 하루만으로 충분하다.'

많은 사람들이 '내일 일은 생각하지 마라'라는 예수의 말을 따르지 않았다. 사람들은 이 말이 실현 불가능한 이상에 불과하며 근거가 없는 것이라며 거부한 것이다. 그들은 이렇게 말한다.

'내일 일을 생각하지 않을 수가 없다. 가족을 지키기 위해서 보험을 들어 놓아야 한다. 노후를 대비해 저축해야만 한다. 입신양명을 생각하며 그 준비를 해야만 한다.'

분명 그렇다. 실제로 예수의 이 말은, 지금부터 300년 훨씬 이전에 제임스 1세가 통치하던 시절에 영어로 번역된 것으로 당시와 현재와는 말의 의미가 달라졌다. 300년 이전에는 생각(thought)이라고 하는 말이 걱정(anxiety)이라는 의미로 자주 쓰였다. 현대어로 번역된 성경에는 '내일 일을 걱정하지 마라'고 하는 보다 정확한 표현이 사용되고 있다.

어쨌거나 내일은 배려해야만 한다. 세심한 주의를 기울여 계획하고 준비해야 한다. 그러나 걱정할 필요는 없다.

전쟁 중에 우리나라의 군사 지도자들은 내일을 위한 계획은 세우지만, 걱정하고 있을 만큼 한가롭지는 않다. 미국의 해군을 지휘한 어니스트. J. 킹 제독은 이렇게 말했다.

"나는 최대한의 인원과 최대한의 장비를 준비하였다. 그리고 이것들을 현명하다고 여겨지는 작전 임무를 위해 사용했다. 이것만으로도 내게는 벅찰 지경이었다."

킹 제독은 이렇게 덧붙였다.

"만약 전함이 침몰해 버리고 나면 그 배를 인양할 수가 없다. 배가 침몰되고 있더라도 그것을 막을 수는 없다. 나는 내일의 문제를 조금이라도 효과적으로 처리하기 위해 자신의 시간을 쓰고 있기 때문에 어제의 문제로 고민할 여유가 없다. 게다가 과거의 일에 얽매여 있다가는 육체가 견뎌낼 수 없다."

전쟁 중이든 평화의 시대든 간에 좋은 사고방식과 나쁜 사고방식의 차이는 바로 이것이다. 좋은 사고방식은 인과관계를 꿰뚫어 볼 수 있어 논리적이고 건설적인 계획을 세울 수 있다. 반면에 나쁜 사고방식은 긴장과 신경쇠약에 빠질 뿐이다.

나는 최근 세계적인 유력지 중의 하나인 〈뉴욕타임즈〉의 경영자 아서 헤이스 슐츠버거와 인터뷰할 기회가 있었다. 슐츠버거 씨의 말에 의하면 유럽에서 제2차 세계대전이 발발하였을 때, 그는 걱정과 함께 미래에 대한 불안 때문에 불면증으로 시달렸다고 한다. 그는 한밤중에 자주 침대에서 일어나 캔버스와 물감을 가져다 놓고 거울을 보면서 자화상을 그리려 했다. 그는 그림에 대해서는 무지했으나 자신의 마음속에서 불안감을 털어버리기 위해 무조건 붓을 집어 들었다. 슐츠버거 씨의 불안이 해소되고 마음의 평온을 되찾았을 때는 '단지 한 걸음 앞만 비추소서'라는 찬송가를 자신의 좌우명으로 삼으면서였다고 한다.

> 부드럽게 길을 밝혀주는 빛이여
> 내 발밑을 비추소서.
> 저 멀리까지 볼 필요가 없으니
> 그저 한 걸음 앞이면 충분합니다.

거의 비슷한 시기에 군복을 입은 한 젊은이도 유럽 어디에선가 같은 교훈을 배웠다. 그의 이름은 테드 벤저미노로 메릴랜드 볼티모어 시 출신이었다. 그는 전투로 인한 극심한 불안 때문에 피로증에 걸렸다. 테드 벤저미노는 이렇게 말했다.

"1745년 4월, 나는 불안감이 극에 달해 '경련성 횡행결장'이라 불리는 극심한 통증에 시달려야 했다. 만일 그때 전쟁이 끝나지 않았더라면 나는 완전히 폐인이 되고 말았을 것이다.

나는 피로에 지쳐 있었다. 제94보병사단의 부사관으로 근무했던 나는 사상자 기록을 담당하고 있었다. 내 임무는 주로 전사자, 행방불명자, 병원에 수용된 환자의 숫자를 기록하고 정리하는 일이었다. 또한 전투 중에 임시로 매장했던 사망한 병사들을 아군과 적군을 막론하고 다시 파내어 확인하고 이장하는 임무도 해야 했다. 그리고 이 병사들의 유품들을 정리하여 그들의 사랑하는 부모와 친지들에게 보내야 했다. 나는 혹시라도 실수하지 않을까 하는 불안 속에 근심이 끊이지 않았다. 임무를 제대로 완수할 수 있을지 걱정하였다. 살아남아서 생후 16개월밖에 되지 않은 아들을 만나서 내 품에 안을 수 있을지 걱정이 되었다. 나는 걱정과 체력 소모로 인해 15킬로그램이나 체중이 줄었다. 항상 신경이 곤두서 있는 상태로 반미치광이 상태였다. 나는 내 손을 뚫어져라 바라보았다. 두 손 모두 가죽과 뼈만 앙상하게 남은 상태였다. 나는 거의 폐인이 다 되어 귀국하는 자신을 생각할 때마다 소름이 돋았다. 나는 감정을 억누르지 못한 채 어린아이처럼 엉엉 울었다. 정신이 나약해질 대로 나약해진 나는 혼자 있을 때면 당장에 눈물을 쏟고 말았다. 1944년 겨울에 독일군대의 반격이 시작되고 얼마 되지 않아서부터는 거의 매일같이 눈물을 쏟아내며 두 번 다시 정상적인 사람으로 돌아갈 수 없을지도 모른다는 생각에 빠졌을 정도였다.

나는 결국 육군 병원에 수용되게 되었다. 그리고 그곳에서 한 군의관이 일생의 전환점이 될 수 있는 조언을 해 주었다.

'테드, 자네 인생을 모래시계라고 생각해 보게. 모래시계 윗부분에는 수많은 모래로 가득 차 있지. 그리고 그 모래들이 일정한 속도로 천천히 중앙의 오목한 부분을 통과해 가는 거야. 이 모래시계를 망치지 않고 싶다면 자네와 나의 방해 없이 모래 알갱이 한 알 한 알이 오목한 주둥이를 통과하도록 내버려 둬야 하지. 자네나 나, 다른 누구라도 이 모래시계와 마찬가지이네. 아침에 업무를 시작할 때는 당장 오늘 처리해야 할 일이 산더미처럼 많이 쌓여 있지. 하지만 우리는 한 번에 한 가지 일밖에 처리할 수 없기 때문에 모래가 모래시계의 오목한 주둥이를 통과하는 것처럼 일정한 속도로 천천히 정리해나가는 방법밖에 없지. 그러지 않으면 육체와 정신의 작용에 이상이 생기고 마는 거야.'

나는 군의관에게서 '한 번에 한 알의 모래, 한 번에 한 가지 일'이라는 조언을 들은 그날 이후부터 줄곧 이 철학을 실천해 왔다. 나는 이 조언 덕분에 전쟁 중에 육체와 정신의 이상에서 벗어날 수 있었다. 또한 이 말은 인쇄회사의 광고 선전부장이라는 현재의 자리에 오르는데도 큰 도움이 되었다. 나는 과거 전쟁 중에 체험했던 것과 똑같은 문제가 업무 중에서도 발생한다는 사실을 깨달았다. 다시 말해 동시에 여러 가지 문제를 해결할 수 없다. 그 때문에 모든 문제를 해결할 수 있는 시간이 부족하다. 재고품의 감소, 신상품의 취급, 부품 입고 준비, 주소의 변경, 개점과 폐점 정리 등등. 나는 신경을 곤두세워 신경질적으로 변하는 대신에 군의관에게서 배운 조언을 떠올렸다. '한 번에 한 알의 모래, 한 번에 한 가지 일'. 이 말을 몇 번이고 반복하면서 가능한 업무를 확실하고 효율적으로 처리한 덕분에 전쟁터에서 완전히 폐인이 될 뻔했던 혼란과 동요를 다시는 겪지 않고 일을 처리할 수 있게 되었다."

우리 현대인에게 있어서 가장 끔찍한 일 중의 하나는 병원 침대 중에 과반수가 누적된 과거의 무게, 불안으로 가득한 미래에 억눌려 신경증과 정신적 갈등으로 고민하는 사람들에 의해 채워지고 있다는 사실이다. 그러나 그들이 '내일의 일을 걱정하지 말라'는 예수의 말과 '오늘이라는 날을 살자'라고 하는 윌리엄 오슬러의 말에 귀를 기울이기만 하였다면 그들 대부분은 지금도 행복하고 풍요로운 생활을 누릴 수 있었을 것이다.

여러분과 나는 이 순간에 영원불멸한 두 가지 것과 만나야 하는 곳에 서 있다. 무한한 것 속에서 이어지고 있는 막대한 과거와 이미 새겨진 시간의 끝에 걸려 있는 것과 같은 미래의 경계에 서 있는 것이다. 우리는 이 영원불멸한 것의 어느 쪽에서 사는 것도 용납되지 않는다-비록 찰나의 순간이라도. 그런 불가능한 것을 하고자 한다면 우리의 육체와 정신은 동시에 파멸될 뿐이다. 그러므로 우리는 자신이 살 수 있는 시간, 다시 말해 지금부터 잠이 들 때까지를 사는 것으로만 만족하여야 한다. 로버트 루이스 스티븐슨은 이렇게 적고 있다.

'자신이 짊어진 짐이 아무리 무겁더라도 해가 질 때까지는 누구라도 운반할 수 있다.

자기 일이 제아무리 힘들더라도 하루라면 누구라도 해낼 수 있다.

태양이 질 때까지라면 누구라도 쾌활하게 참으면서 친절하고 정숙하게 살 수 있다.

그리고 이것이야말로 바로 인생의 비결이다.'

이것이야말로 운명이 우리에게 내린 명령 그 자체이다. 그러나 미시간 주 새기노 시에 사는 E. K. 실즈 부인은 절망의 늪에 빠져 자살하기 직전에 이르러서야 비로소 '잠이 들 때까지의 시간을 살자'라는 것을 배웠다. 실즈 부인은 내게 이렇게 말해 주었다.

1937년에 남편을 잃었습니다. 나는 완전히 삶의 의욕을 상실한 데다가 재산도 전혀 없었습니다. 나는 이전에 캔자스 시에서 근무한 적

이 있었기 때문에 그곳 사장님인 리언 로치 씨에게 편지를 보내 복직을 하였습니다. 나는 한때 시골 학교를 상대로 월드북 백과사전을 판매하면서 생활을 하였습니다. 2년 전에 남편이 병에 걸렸을 때 이미 차를 팔아야 했습니다. 하지만 힘들게 계약금을 마련해 중고차를 사서 다시 책 영업을 시작하였습니다.

이렇게 밖으로 나가 뛰어다니다 보면 조금은 마음의 시련을 잊을 수 있다고 생각했습니다. 그런데 혼자 차를 타고, 혼자 식사를 하는 것은 견디기 힘든 일이었습니다. 벌이가 변변치 않은 지역도 있었기 때문에 얼마 안 되는 중고차 할부금도 지급하기 어려울 정도였습니다.

1938년 봄, 나는 미주리 주 베르사유 시 근교에서 일하게 되었습니다. 학교는 가난했고 도로는 울퉁불퉁한 비포장도로였습니다. 나는 외로움과 불안한 생활 때문에 자살을 생각한 적도 있었습니다. 절대로 성공할 수 있을 것 같지 않았고 삶의 의미가 전혀 없었습니다. 매일 아침 눈을 뜨는 것도 삶을 마주해야 한다는 것도 다 두려웠고, 모든 일이 근심투성이였습니다. 중고차 할부금을 내지 못하는 것이 아닌지, 집세는 어떻게 해야 할지, 밥값이 떨어지는 것은 아닌지, 병이라도 걸리는 것이 아닐지 걱정이 태산이었지만 병원에 갈 엄두조차 내지 못했습니다. 내가 자살을 결심하지 못한 것은 여동생이 슬퍼할 것과 장례비용조차 없었기 때문이었습니다.

그런데 어느 날 문득 눈에 들어온 문구 덕분에 나는 모든 실의를 털어버리고 살아갈 용기가 되살아났습니다. 그 문장은 마치 천상의 목소리와 같았고 평생 고마움을 잊지 않을 겁니다.

'현자에게는 하루하루가 새로운 인생이다.'

나는 이 문장을 타이핑해서 제 자동차 창에 붙였습니다. 운전 중에도 끊임없이 이 문장을 바라보았습니다. 나는 하루만 최선을 다해 열심히 사는 것은 그다지 힘든 일이 아니라는 것을 깨달았습니다. 어제 일은 깨끗이 잊어버릴 수 있게 되었고, 내일 일은 걱정하지 않게 되었습니다. 매일 아침 나는 '오늘은 새로운 인생'이라고 스스로에게 암시를 했습니다.

나는 고독으로 인한 불안과 가난으로 인한 공포를 극복할 수 있게 되었습니다. 지금은 행복은 물론 풍요로운 삶을 누리며 인생에 대한 열정과 사랑도 충분해졌습니다. 누구를 만나더라도 더 이상 불안에 떠는 일은 없을 겁니다. 지금은 미래를 두려워할 필요가 없다는 것을 잘 알고 있습니다. 하루만 열심히 살 것, 그리고 '현자에게는 하루하루가 새로운 인생이다'라는 진리를 충분히 이해하고 있습니다.

다음 시는 과연 누구의 시일까?

행복은, 오늘을 자신의 것이라고
단언할 수 있는 사람의 것.
그는 평온한 마음으로 이렇게 외친다.
"내일이여, 모든 악을 행하라.
나는 이미 오늘을 살고 있다."

어쩌면 요즘의 시라고 느껴질지도 모른다. 그러나 이 시는 예수 탄생 30년 전, 로마의 시인 호라티우스의 것이다.

인간의 성격 중에서 가장 비극적인 것은 어떤 인간이라도 인생에서 도망치고 싶어 한다는 점일 것이다. 우리는 누구나 수평선 저 너머에 있는 비밀의 장미 정원을 꿈꾸고 있다. 그러면서도 오늘도 자신의 집 창밖에 피어 있는 장미꽃에는 눈길도 주지 않는다.

어째서 우리는 이렇게 어리석은가? 어째서 비극적이리만큼 어리석단 말인가?

스티븐 리콕은 다음과 같은 글을 남겼다.

우리의 인생, 너무도 기묘하다! 어린아이는 '좀 더 크면'이라는 말을 자주 한다. 하지만 어찌 된 일인지 아이가 자라면 '어른이 되면'이라고 말한다. 그리고 어른이 되면 '결혼하면'이라고 말한다. 그런데 결혼을 하면 어떻게 되는가? 마음이 싹 바뀌어 '퇴직을 하면'이라고 한다. 이윽고 퇴직이 현실이 되면 자신의 과거를 회상한다. 그곳에는 아무것도 남지 않고 그저 초겨울의 찬바람만이 불고 있다. 이제 모든 것은 지나가 버렸다. 그렇게 인생이란 삶 속, 다시 말해 매일 매시간의 연속 속에 있다는 뒤늦은 교훈만을 배우게 된다.

디트로이트의 고(故) 에드워드. S. 에번스는 자살 직전에 이를 때까지 고민에 고민을 하다가 겨우 '인생이란 삶 속, 다시 말해 매일 매시간의 연속 속에 있다'는 것을 깨달았다. 가난 속에서 자란 에번스는 먼저 신문 배달을 하여 돈을 모았고, 다음으로 식료품점의 점원을 거쳐 일곱 명의 부양가족을 둔 상태에서 도서관 부사서가 되었다. 급여가 적었지만 그만둘 엄두가 나지 않았다. 그는 8년이 지나서야 겨우 용기를 내서 독립을 결심했다. 그렇게 독립을 한 그는 대출한 55달러를 밑천으로 연간 2만 달러나 되는 사업으로 키워냈다. 그러나 뼈를 깎아내는 듯한 극심한 불황이 찾아왔다. 그는 어음 보증을 선 친구의 파산, 그리고 불황의 한복판에서 또 다른 사건이 일어났다. 그가 가진 돈 전부를 예금해 두었던 은행이 도산하고 만 것이다. 그는 한 푼 없는 빈털터리가 된 것은커녕 1만 1,000달러의 빚까지 지게 되었다. 그는 이렇게 말해 주었다.

나는 불면증에 시달렸고 식욕도 없어졌다. 그러는 사이 병이 들고 말았다. '병에 걸린 것은 고뇌 때문이다. 그것 말고는 달리 생각할 수 없다.' 열이 펄펄 나는 채로 침대에 누워 있었다. 열은 점차 몸 천체로 퍼졌고 침대에 누워 있는 것조차도 고통스러웠다. 나는 날이 갈수록 쇠약해져 갔다. 결국 의사는 내게 2주간의 시간밖에 남지 않았다고 선고했다. 눈앞이 캄캄했다. 나는 유서를 쓰고 침대에 누운 채 죽을 날만을 기다렸다. 더 이상 발버둥치면서 고민하는 것도 모두 허사였다. 모든 것을 포기하자 가벼운 마음으로 잠에 빠져들었다. 최근 몇 주 동안 두 시간 이상 잠이 든 적이 없었지만 삶의 고통이 끝나간다는 것을 알고 마치 젖먹이처럼 잠이 들었다. 초췌했던 얼굴이 좋아지며 식욕과 함께 체중도 늘기 시작했다.

2, 3주 뒤에는 지팡이를 짚고 걸을 수 있게 되었고, 6주 뒤에는 다시 일할 수 있게 되었다. 나는 연간 2만 달러의 수입을 올렸었지만 기꺼이 주급 3달러의 일을 시작하였다. 내가 하는 일은 선박에 실은 자동차 바퀴에 고이는 고임목을 파는 것이었다. 나는 나름의 교훈을 이미

얻었다. 더 이상 고민할 필요도 없었다. 과거사에 대해서도 아무런 미련도 없었고 미래 또한 조금도 두려워하지 않았다. 나는 자신의 시간, 정력, 열정을 모두 이 고임목을 파는 일에 쏟아부었다.

에드워드. S. 에번스의 약진은 눈이 부실 정도였다. 몇 년 뒤 그는 에번스 프로덕트 컴퍼니의 사장이 되었다. 이 회사는 오랫동안 뉴욕 주식시장에 상장되어 있다. 비행기를 타고 그린란드를 방문할 때면 그의 이름을 딴 에번스 필드 비행장에 착륙한다. 에드워드. S. 에번스가 이렇게 인생의 승리를 거둘 수 있었던 것은 그 또한 하루하루를 충실하게 살아야 한다는 것을 배운 덕분이다.

여러분은 화이트 퀸이 했던 말을 기억하고 있을 것이다.

"내일이 되면 잼이 생긴다거나, 어제는 잼이 있었을 것이라고 말하는 것은 결코 오늘의 잼이 아니다."

우리는 대부분 오늘의 잼을 빵에 듬뿍 바르는 대신에 어제의 잼에 대하여 이리저리 고민하거나 내일의 잼에 대하여 고민하고 있다.

프랑스의 대철학자 몽테뉴조차도 이러한 과오를 범하였다. 그는 이렇게 말했다.

"내 인생의 대부분이 무서운 재난으로 가득했다고 여겼었지만 실제로는 대부분의 재난은 일어나지도 않았다."

내 인생은 물론 여러분의 인생 또한 마찬가지이다.

단테는 이렇게 말했다.

"오늘이라는 날은 두 번 다시 돌아오지 않는다는 것을 잊지 마라."

인생은 믿기 어려울 만큼 빠르게 흘러간다. 우리는 초속 30킬로미터로 공간 속을 달리고 있다. '오늘'은 우리에게 있어서 무엇과도 바꿀 수 없는 소중한 것이다. 우리의 일과 더불어 확실한 소유물이다.

이것은 로웰 토마스의 인생관에서도 엿볼 수 있다. 얼마 전 나는 그의 농장에서 주말을 보냈다. 그곳에서 '시편' 118장이 적혀 있는 액자가 사람들 눈에 잘 띄는 방송실 벽에 걸려 있는 것을 발견하였다.

이날은 여호와께서 내신 날,
다 함께 기뻐하며 즐거워하자.

존 러스킨의 책상 위에는 '오늘'이라는 단어가 새겨져 있는 아주 평범한 돌멩이가 놓여 있었다. 나는 책상 위에 돌멩이를 올려놓지는 않았지만 매일 아침 면도를 할 때 사용하는 거울에 윌리엄 오슬러 경이 좌우명으로 삼았던 시 한 편을 붙여 놓았다. 그 시는 인도의 유명한 극작가 칼리다사이의 시이다.

새벽에의 인사

오늘이라는 날에 눈을 돌려라!
이것이야말로 참 생명,
생명 중에 진정한 생명이다.
이 짧은 흐름 속에는
그대 존재의 진리와 현실이 모두 들어 있다.
태어나 성장하는 기쁨,

행동의 영광,

아름다움의 찬란함이.

어제는 지나간 꿈이고

내일은 환영에 불과하다.

최선을 다한 오늘은

모든 어제의 행복한 추억,

모든 내일의 희망찬 이정표이다.

그러니 오늘을 향해 눈을 떠라!

이것이 새벽에의 인사다.

당신이 자신의 생활 속에서 모든 고민을 몰아내길 원한다면 윌리엄 오슬러 경을 본받아야 한다. 이것이 고민에 대하여 가슴에 새겨야 할 가장 중요한 것이다.

과거와 미래를 철문으로 격리하고 오늘이라는 날을 살자.

당신 자신에게 다음 다섯 가지 질문을 자문해 보기 바란다.

• 1. 나는 미래에 대한 불안을 품은 채 '수평선 저 너머에 있는 비밀의 장미 정원'을 동경하며 존재하는 현재의 생활에서 도피하고 있지 않은가?

- 2. 나는 이미 지나버린 과거에 대하여 지나치게 후회하며 상처를 받고 있지 않은가?
- 3. 아침에 일어났을 때 하루 24시간을 최대한으로 활용하자, '오늘을 내 것으로 만들자'고 마음속으로 결심하는가?
- 4. '오늘이라는 날을 살자'는 결심 덕분에 인생이 더욱 윤택해질 수 있을까?
- 5. 위의 것들을 언제부터 시작해야 하는가? 다음주부터, 내일부터, 아니면 오늘 당장?

고민을 해결하기 위한 마법의 공식

여러분은 고민을 해결하기 위한 빠르면서도 확실한 효과를 거둘 수 있는 비결이 알고 싶어 이 책을 끝까지 읽는 것을 답답하게 생각하고 있지는 않은가?

그렇다면 윌리스. H. 캐리어 씨가 실천한 방법을 소개하기로 하겠다. 캐리어 씨는 에어컨 시스템을 개발한 천재 기술자이자 뉴욕 주 시러큐스 시의 캐리어사의 사장이기도 하다. 이것은 내가 지금까지 들었던 고민을 해결하는 방법 중에서 최선의 것으로, 나는 이 이야기를 얼마 전 뉴욕의 엔지니어 클럽에서 점심을 함께하면서 캐리어 씨에게 직접 들을 수 있었다.

"나는 젊었을 때 버펄로 시에 있는 주물 공장에서 근무했습니다. 그곳에서 제게 미주리 주 크리스털 시의 판유리 공장에 가스 정화장치를 설치하는 수백만 달러나 되는 업무를 줬습니다. 이 장치는 유리에서 나오는 불순물을 제거하고 연소 효율을 높여 엔진의 손상을 막는 장치입니다. 이런 방식의 가스 정화장치는 개발된 지 얼마 되지 않아 단 한 번 다른 조건에서 시험 운전을 한 정도였습니다. 크리스털 시에서 작업하는 도중에 예상치 못했던 문제가 발생했습니다. 장치는 작동하기는 했지만, 보증서에 명기한 정도에는 미치지 못했습니다.

나는 이 실패로 큰 충격을 받았습니다. 마치 누군가에게 머리를 세게 얻어맞은 것 같았습니다. 한동안 너무 걱정한 나머지 위와 장이 뒤틀리고 밤잠을 이룰 수가 없었습니다.

하지만 결국 고민만 하고 있어서는 아무것도 해결되지 않는다는 생각이 들었습니다. 그래서 불안한 마음을 훌훌 털어버리고 당장 사태를 처리할 구체적인 방법을 생각해 냈습니다. 덕분에 모든 일이 잘 풀렸습니다. 나는 불안을 해소하는 이 방법을 30년 이상 이용하고 있습니다.

첫째, 먼저 상황을 대담하고 솔직하게 분석한 다음 실패로 인해 발생할 수 있는 최악의 사태를 예측하는 것입니다.

내가 감옥에 가거나 누군가에게 사살되는 일은 절대로 없었겠지만 회사에서 쫓겨날 수도 있었을 것입니다. 또한 저희 사장님은 장치를 철거해야 할 것이고 그렇게 되면 2만 달러의 투자 손실이 발생할 수도 있습니다.

둘째, 일어날 수 있는 최악의 사태를 예측한 뒤 어쩔 수 없는 상황이라면 그 결과에 순응할 각오를 하는 것입니다.

나는 스스로에게 이렇게 말했습니다.

'이번 실패는 제 경력에 오점을 남길 것이고 자칫하다가는 실패로 끝날 수도 있다. 그렇게 되면 근무 여건이 조금은 나빠질 수도 있겠지만 다른 일을 찾아보면 그만이다. 과연 경영자의 생각은 어떨까? 이것은 개발 중이던 새로운 방식이라는 것을 알고 있다. 그러니 2만 달러의 손실은 부담할 수 있을 것이니 연구개발비라고 생각하면 되지 않는가?'

벌어질 수 있는 최악의 사태를 예측하고 그 결과를 따르겠다는 각오를 하자 상상도 하지 못했던 일이 벌어졌습니다. 마음이 차분히 가라앉으면서 며칠 만에 평온을 느낄 수 있었습니다.

셋째, 이것을 계기로 최악의 사태를 조금이라도 호전시키기 위해 냉정하게 저만의 시간과 에너지를 집중시켰습니다.

나는 당장 2만 달러 손실을 줄이려는 방법을 찾기 위해 온갖 노력을 기울였습니다. 그렇게 몇 번의 시행착오 끝에 얻은 결론은 5,000달러를 더 투자해 부속장치를 달기만 하면 모든 문제를 해결할 수 있다는 것이었고, 당장에 실행에 옮겨 회사에 2만 달러의 손실을 안기는 대신에 1만 5,000달러의 이익을 안겨주었습니다.

만약 내가 끙끙 앓으면서 주저앉았다면 이런 결과는 얻을 수 없었을 것입니다. 고민의 최대 결점은 집중력을 흩뜨려 놓는 것입니다. 심한 고민에 빠지게 되면 끊임없이 마음이 동요되어 결단력을 잃게 됩니다. 하지만 자신의 시선을 억지로 최악의 사태로 돌리고 그것에 대한 마음의 준비를 철저히 한다면 모든 망상이 사라지고 문제를 해결하기 위해 전력투구할 수 있는 상황에 스스로 설 수 있게 됩니다.

여기서 소개한 일화는 꽤 오래전의 이야기이지만 많은 도움이 되는 결과로 이어졌기 때문에 나는 그날 이후 줄곧 이 방법을 활용하고 있습니다. 덕분에 내 인생을 통틀어 고민다운 고민을 한 적이 없습니다."

그런데 어째서 윌리스. H. 캐리어 씨의 마법의 공식이 심리적인 면에서 효과가 있었고, 그 응용 방법이 확대될 수 있었을까? 그 이유는 우리가 고민 탓에 맹목적으로 해결방법을 찾고 있을 때는 어두운 그림자가 깔리면서 풍요롭고 단단한 대지를 뒤덮어 버리기 때문이다. 우리는 자신이 어디에 서 있는지를 잘 알고 있다. 만약 단단한 땅을 밟고 있지 않다면 어떻게 생각을 정리할 수 있겠는가?

응용심리학의 아버지 윌리엄 제임스는 1910년에 사망하였다. 그가 지금까지 살아 있다면 최악의 사태에 대한 이 대처 비결을 듣고 틀림없이 쌍수를 들어 찬성하였을 것이다. 어떻게 장담하느냐고? 그는 제자들에게 이렇게 말했기 때문이다.

'사태를 있는 그대로 받아들여라.' 다시 말해 '벌어진 상황을 받아들이는 것이야말로 어떤 불행한 결과라 할지라도 극복하기 위한 출발점이 되기 때문이다.'

중국의 사상가 린위탕(林語堂)도 『생활의 발견』이라는 베스트셀러 저서에서 이와 같은 생각을 전하고 있다.

'진정한 마음의 평화는 최악의 상황을 있는 그대로 받아들임으로써 얻을 수 있다. 왜냐하면 심리적으로 생각해 볼 때 에너지를 해방시켜 주기 때문이다.'

그렇다! 심리적으로 볼 때 에너지를 해방하는 것이다! 우리가 최악의 상황을 받아들여 버리면 더 이상 잃을 것은 없다. 뒤집어 생각해보면 이제 얻는 것만 남았다. 캐리어 씨도 이렇게 말하였다.

"마음이 끝없이 차분해지면서 며칠 만에 마음의 평화를 맛보았습니다. 이것을 계기로 나는 사고력을 되찾을 수 있었습니다."

정말로 이치에 맞는 말이다. 셀 수 없이 많은 사람이 분노와 혼란 때문에 자신의 인생을 망치고 있는 것은 애당초 최악의 사태를 받아들이려 하지 않았기 때문이다. 사태를 개선하려 하지 않고 절박한 상황에 부닥쳐서도 가능한 범위 내에서 벗어날 생각을 하지 않았기 때문이다. 운명을 바로잡으려 하지 않고 악전고투하다 결국은 우울증이라는 마음의 병의 희생자가 되고 마는 것이다.

캐리어 씨의 마법의 공식을 익히고 그것을 자신의 문제에 응용한 또 다른 예를 들어보자. 석유 매매업을 하는 뉴욕의 수강생으로서 그는 이렇게 말문을 열었다.

나는 협박을 당하고 있습니다. 나는 그런 일이 있을 것이라고는 상상조차 하지 못했습니다. 협박은 영화에서나 일어날 수 있는 일이라고 생각했지만 실제로 저한테 일어난 것입니다. 내가 경영하고 있는 석유 회사에는 많은 배달용 트럭에 운전기사 또한 많이 있습니다. 당시에는 물가관리국의 규제가 심했기 때문에 고객에게 배달할 수 있는 양이 할당제에 의해 한정되어 있었습니다. 내가 모르는 사이 운전기사들이 단골손님에게 가야 할 석유의 양을 속여 자신의 손님에게 팔았던 것 같습니다.

나는 이 사실을 어느 날 정부의 감찰관이라는 사내가 찾아와 입막음을 위한 뇌물을 요구했을 때 처음 알았습니다. 남자는 운전기사들의 불법행위에 대한 증거서류를 내밀면서 돈을 주지 않으면 서류를 지방 검사에게 보내겠다고 협박했습니다.

물론 나는 아무런 죄가 없었지만 법률상으로 회사가 종업원들의 행위에 대한 책임을 져야 했습니다. 게다가 이 사건이 드러나 신문에서 떠들어대기 시작하면 악평이 퍼지게 되어 회사가 도산할 수도 있습니다. 나는 24년 전에 선친이 창립한 이 회사에 자부심을 갖고 있습니다.

나는 고민하고 고민하다 결국 병이 들고 말았습니다. 사흘 밤낮 동안 음식을 먹지 못했고, 한숨도 잘 수 없었습니다. 나는 반 미친 상태에서 똑같은 고민을 반복하기만 할 뿐이었습니다. 그냥 돈을 쥐버릴까? 고작해야 5천 달러니까. 아니면 그냥 맘대로 하라고 할까? 나는 어떻게 할지 결정을 내리지 못한 채 악몽에 시달려야 했습니다.

그러던 일요일 밤, 우연히 『고민을 해결하는 방법』이라는 책을 발견하고 읽었습니다. 그것은 카네기 코스에서 받았던 책이었습니다. 책에서 캐리어 씨의 '최악의 사태를 직시하라'는 이야기를 접하게 된 것입니다. 그래서 나는 이렇게 자문해 보았습니다.

'돈을 주지 않았을 때 최악의 사태는 어떻게 될까? 정말로 협박범들이 지방 검사에게 고발할까?'

그렇게 해서 얻은 결론은, '회사의 도산. 최악의 사태지만 교도소에는 가지 않아도 돼. 단지 신용을 잃고 회사가 도산할 뿐이야.'

그리고는 스스로 이렇게 다짐했습니다.

'좋아, 회사의 도산은 각오하고 있어. 그럼 이제 어떻게 하면 좋을까? 회사가 도산하면 직업을 찾아야 하겠지. 나는 석유에 대해 잘 아니까 나를 고용해 줄 회사가 두세 곳은 있을 테니 그건 문제가 없어.'

흥분이 가라앉자 놀랍게도 차분하게 생각을 정리할 수 있게 된 것입니다.

결국 머리가 맑아지면서 세 번째의 '최악의 사태를 호전시키자'는 데까지 생각이 미치게 되었습니다. 이리저리 모색한 끝에 전혀 다른 묘안이 떠올랐습니다. 변호사에게 모든 것을 털어놓고 상담을 하면 어쩌면 뭔가 좋은 방법을 가르쳐줄지도 모른다고 생각했습니다. 정말 우습게도 사건이 터졌을 당장에는 이런 생각이 전혀 떠오르지 않았습니다. 나는 생각은 하지 않고 그저 고민만 하고 있었던 것입니다! 나는 아침 일찍 변호사를 찾아가기로 했습니다. 그리고 침대에 누워 죽은 듯이 잠에 빠져들었습니다.

결과가 어떻게 됐냐고요? 다음날 아침, 변호사는 내가 먼저 지방검사를 찾아가 사실을 털어놓으라고 말했습니다. 제 이야기를 다 들은 검사는 이런 식의 협박 사건이 이미 오래전부터 속출하고 있어서 '정부의 검찰관'이라며 돌아다니는 남자를 이미 지명 수배한 상태라고 말했습니다. 나는 깜짝 놀랐습니다. 그 사기꾼에게 5,000달러를 줘야하는지 사흘 밤낮을 고민했던 나는 사건의 전모를 듣고 나서 안도의 한숨을 내쉴 수 있었습니다.

이 경험 덕분에 나는 절대로 잊을 수 없는 교훈을 얻었습니다. 고민이 될 것 같은 긴급 상황이 발생하면 언제나 '윌리스. H. 캐리어의 공식'을 이용하게 되었습니다.

고작해야 윌리스. H. 캐리어의 고생담이 아니냐고 생각한다면 또 다른 체험담을 소개하기로 하자. 매사추세츠 주 윈체스터에 사는 얼. P.

헤이니의 이야기이다. 이 이야기는 보스턴의 스태틀러 호텔에서 1948년 11월 17일에 그가 직접 이야기해 준 것이다.

1920년에는 이런저런 고민거리가 끊이지 않은 탓에 위궤양 증상이 나타났고 그러던 어느 날 밤에 많은 피까지 토하고 말았습니다. 당장에 시카고 노스웨스턴 대학 부속병원으로 달려갔습니다. 체중이 79킬로그램에서 40킬로그램로 줄었습니다. 증상이 너무 심했기 때문에 팔도 들어 올려서는 안 된다고 하였습니다. 위궤양에 권위가 있는 의사를 포함해 세 명의 의사가 '치료 불가'라는 결론을 내렸습니다. 나는 알칼리성 분말과 반 스푼의 우유와 크림을 섞은 수프를 한 시간마다 먹으면서 겨우 목숨을 연장하고 있었습니다. 간호사는 매일 아침저녁으로 제 위에 고무관을 꽂아 분비물을 빼냈습니다.

이 상태가 몇 달이 지속되었고, 결국 나는 이렇게 다짐하였습니다.

'헤이니, 어차피 죽는 거라면 얼마 남지 않은 시간을 최대한으로 활용하는 것이 어때? 네 꿈은 죽기 전에 세계 일주를 하는 거였잖아. 그 꿈을 실현할 수 있는 건 지금뿐이야.'

내가 의사들에게 세계 일주 여행을 떠나고 싶고 하루에 두 번 위세척을 할 생각이라고 말하자 의사들은 깜짝 놀라며 미친 짓이라고 했습니다. 그러면서 지금 상태로 여행을 떠나면 바다에서 장례를 치를 뿐이라고 했습니다. 나는 절대로 포기할 수 없고 이미 친척들에게 네브래스카 주 브로큰보우에 있는 선조들의 무덤에 매장해 달라고 부탁해 놓았고, 그래서 제 관을 직접 가지고 갈 생각이라고 말했습니다.

나는 관을 배에 싣고 만약에 내가 죽으면 시신을 냉동시켜 고국으로 돌아갈 수 있도록 선박회사에 부탁해 놓았습니다. 페르시아의 시인 오마르와 같은 심경으로 여행을 떠났습니다.

아, 쓰기 위해 존재하는 모든 것을 이용하라,
우리가 먼지로 변하기 전에.
먼지는 먼지 속, 먼지 아래 누울지니.
술도 없고, 노래도 없고, 시인도 없고, 종말 또한 없다.

LA에서 프레지던트 애덤스 호를 타고 동양을 향해 출발한 순간부터 기분이 한결 가벼워졌습니다. 조금씩 알칼리성 분말과 위세척을 끊었습니다. 얼마 지나지 않아 모든 음식, 제 생명에 위협이 될 수 있다는 이국의 요리와 음료수까지 입에 대기 시작했습니다. 몇 주 뒤에는 강한 궐련을 피우거나 하이볼까지 마시게 되었습니다. 오랫동안 맛보지 못했던 즐거운 매일의 연속이었습니다. 계절풍과 태풍을 만나기도 했습니다. 겁을 먹고 무서워했다면 관 속으로 들어갈 수도 있었지만 온갖 모험과 쾌감을 맛보며 즐겼습니다.

나는 배에서 게임도 하고 노래도 부르면서 새로운 친구들을 사귀며 밤을 새우기도 했습니다. 중국과 인도에 도착했을 때 문득 깨닫게 되었습니다. 고국에서 직면했던 업무로 인한 마음고생은 동양의 가난함과 굶주림에 비한다면 천국과도 같았습니다. 나는 쓸데없는 근심을 훌훌 털어버리고 마음이 상쾌해졌습니다. 미국으로 돌아왔을 때 체중이 40킬로그램이나 늘어 마치 위궤양 환자였다는 것이 거짓말처럼 여겨졌습니다. 제 평생 이렇게 상쾌한 기분이 들었던 적이 없었습니다. 나는 다시 일상의 업무로 복귀하였지만 두 번 다시 병에 걸리지 않았습니다.

얼. P. 헤이니는 돌이켜 생각해보면 자신 또한 캐리어가 고민을 극복하는 데 이용했던 공식과 똑같은 것을 무의식적으로 사용했다고 했다.

제일 먼저 자문해 봤습니다. 일어날 수 있는 최악의 사태가 무엇인가? 대답은 죽음이었습니다. 그런 다음 죽음을 각오하라고 스스로에게 말했습니다. 의사들이 손쓸 방법이 없다고 했으니 달리 방법이 없었죠.

세 번째로 나에게 남겨진 짧은 시간 안에 최대한으로 삶의 희열을 맛봄으로써 최악의 사태를 호전시켜 보자고 생각했습니다. 만약에 배에 타서도 고민하고 걱정했다면 틀림없이 관 속에 누운 채로 귀국했을 것입니다. 하지만 나는 마음이 후련해지면서 모든 근심 걱정을 잊어버렸습니다. 그리고 정신적으로 차분한 상태가 제 목숨을 지탱해줄 에너지를 만들어 낸 것입니다.

이제 두 번째 규칙을 말해 주겠다. 만약에 걱정거리가 있다면 윌리스. H. 캐리어의 공식을 이용하여 세 가지 것을 해봐야 한다.

윌리스. H. 캐리어의 공식

- 1. '일어날 수 있는 최악의 사태란 무엇인가?' 자문할 것.
- 2. 어쩔 수 없는 상황이라면 최악의 사태를 받아들일 각오를 할 것.
- 3. 그런 다음 차분하게 최악의 사태를 호전시키기 위해 노력할 것.

고민 때문에 발생하는 부작용

고민에 대한 전략을 모르는 사람은 일찍 죽는다.

-알렉시스 카렐

몇 년 전의 어느 날 밤, 이웃집 사람이 초인종을 눌러 우리 가족에게 천연두 예방주사를 맞으러 가라고 충고를 해준 적이 있다. 그는 자발적으로 뉴욕 시내의 가정을 찾아다니며 초인종을 누르는 수천 명 중의 한 명에 불과하다. 당황한 사람들이 주사를 맞으러 몰려들면서 긴 행렬 속에 몇 시간이나 서서 기다렸다. 접종 장소는 모든 병원과 소방서, 경찰서, 커다란 공장 등에 설치되었다. 2,000명 이상의 의사와 간호사가 밤낮없이 고생하면서 주사를 맞으러 온 사람들을 상대했다. 대체 이 소동의 원인은 무엇이었을까? 뉴욕 시내에서 여덟 명의 천연두 환자가 발생해서 두 명이 사망하였다. 약 800만 명 중에 두 명이 사망한 것이다.

그런데 내가 뉴욕에서 오랫동안 사는 동안 고민이라는 마음의 갈등, 천연두의 1만 배 이상의 손실을 일으킨 병에 대해서는 아무도 초인종을 눌러 경고해 주는 사람이 없었다.

현재 미국에 사는 사람 열 명 중의 한 명은 그 원인의 대부분이 고민과 감정의 갈등 때문인 신경쇠약에 걸릴 것이라고 내게 경고해주는 사람은 아무도 없다. 그러므로 나는 이 챕터에서 여러분의 초인종을 눌러 경고를 하려고 한다.

노벨의학상 수상자인 알렉시스 카렐 박사는 '고민에 대한 전략을 모르는 사람은 일찍 죽는다'고 하였다. 가정주부도, 수의사나 벽돌공이나 모두 마찬가지이다.

몇 년 전에 나는 휴가 때 자동차를 이용해서 O. F. 고우버 박사와 함께 텍사스와 뉴멕시코를 여행하였다. 박사의 직함은 '멕시코만&콜로라도 산타페병원협회'의 내과 원장이었다. 우연히 대화가 고민이 끼치는 영향으로 흘러가면서 그는 이렇게 말했다.

"의사를 찾아오는 환자 중에 70퍼센트는 불안과 고민만 해결하면 완쾌될 수 있습니다. 그렇다고 해서 그들의 병이 마음에서 비롯된 것이라고 주장할 생각은 전혀 없습니다. 그들의 병은 쿡쿡 쑤시는 충치와 다를 것 없고 때에 따라서는 수십 배나 중증일지도 모릅니다. 이런 병으로는 신경성 소화불량, 일부의 위궤양, 불면증, 일부의 두통, 일부의 마비 증상 등을 들 수 있습니다. 이런 병들은 절대로 꾀병이 아닙니다. 저 또한 12년 동안이나 위궤양으로 고생을 했으니까요. 불안이 커지면 고민으로 바뀝니다. 고민은 사람을 긴장시켜 초조하게 만들기 때문에 위의 신경이 자극을 받아 위액이 이상 상태로 변하기 때문에 위궤양으로 진행합니다."

『신경성 위염』의 저자 조지프. F. 몬터규 박사도 이와 똑같은 내용을 적고 있다.

'위궤양의 원인은 음식 때문이 아니라 당신을 잠식하고 있는 것 때문이다.'

메이오 진료소의 W. C. 알바레스 박사는 이렇게 말했다.

"위궤양은 정신적 긴장이라는 파도에 의해 증상이 심해지거나 안정되기도 한다."

이 말은 메이오 진료소에서 위장병 치료를 받은 1만 5,000명의 사례가 뒷받침해주고 있다. 다섯 명 중에서 네 명이 위의 증상은 서로 다르게 나타났지만 육체적인 원인은 찾아볼 수 없었다. 불안, 고민, 증오, 극단적인 이기주의 그리고 현실 세계에 대한 부적응 등이 위장병과 위궤양의 주된 원인이었고, 위궤양이 사망으로 이어지는 예도 적지 않았다. <라이프>지에 따르면 위궤양으로 인한 사망은 주요 질환 중에서 10위를 차지한다고 한다.

나는 최근 메이오 진료소의 헤럴드. C. 하베인 박사와 몇 번의 서신교환을 하였다. 박사가 미국 개업의사협회의 연차 총회에서 발표한 보고서는 176명의 회사 중역들을 진료한 결과로 환자들의 평균 연령은 44.3세였다. 이들 중에 3분의 1 이상이 고도의 긴장에 의한 3대 질환인 심장병, 소화기계 궤양, 고혈압의 어느 하나에 걸려 있다고 한다. 3분의 1의 회사 중역은 45세가 되기도 전에 심장병, 궤양, 고혈압 때문에 자신의 육체를 파멸시키고 있다. 출세의 대가치고는 너무나 가혹하지 않은가! 더군다나 여전히 그 대가를 치르고 있다! 아무리 승진을 하더라도 위궤양과 심장병에 걸린다면 과연 성공했다고 할 수 있을까? 전 세계를 손아귀에 넣었다고 하더라도 건강을 잃게 된다면 모든 게 허사가 아닐까? 제아무리 전 세계가 자신의 것이 된다고 하더라도 침대 하나면 잠을 자는데 충분하고, 식사는 하루 세끼면 충분하다. 신입사원들도 모두 하는 것들이다. 아니, 오히려 권력의 자리에 오른 중역들보다 숙면하고 식사를 즐기고 있을지도 모른다. 솔직히 말하면 철도회사나 담배회사를 경영하다가 45세에 건강을 잃는 것보다는 아무런 책임도 지지 않는 평사원으로 있는 편이 낫다.

최근 세계에서도 굴지의 담배회사 경영자가 캐나다의 숲속을 산책하다가 심장마비로 급사했다. 막대한 부를 쌓았지만 61세의 나이로 사망한 것이다. 아마도 그는 사업의 성공과 자신의 수명을 맞바꿨을 것이다.

내 생각에 억만장자가 된 이 담배 왕의 성공은 미주리 주의 농부로서 가난했지만 89세의 천수를 누린 내 아버지보다 나을 것이 전혀 없다.

유명한 메이오 형제는 국내 병원 병상의 과반수가 신경증 환자들이 차지하고 있다고 발표했다. 그런데 이 사람들의 시신을 해부하여 고성능 현미경으로 관찰한 결과 대부분 신경조직이 권투선수 잭 뎀프시에 뒤지지 않을 만큼 건강했다. 그들의 '신경증'은 신경조직의 육체적 손상에 의한 것이 아니라 무력감, 욕구불만, 불안, 고뇌, 공포, 패배, 절망이 원인이었다. 플라톤도 이렇게 말하였다.

'의사들이 저지르는 최대 과실은 마음을 치료하려 하지 않고 육체를

치료하려고 하는 것이다. 그러나 마음과 육체는 하나이기 때문에 서로 떼어서 치료할 수가 없다.'

의사들이 이 진리를 깨닫게 될 때까지 2,300년이 걸렸다. 심신의학이라 불리는 새로운 의학, 정신과 육체를 동시에 치료하는 의학이 발달하게 된 것은 최근 들어서의 일이다. 기회가 무르익었다는 것은 바로 이것을 두고 하는 말이다. 이미 의사들은 세균이 일으키는 질환, 천연두, 콜레라, 황열병, 그 밖의 무수한 사람들을 죽음으로 몰아간 질병들을 정복하였다. 그러나 세균에 의한 질병이 아니라 고뇌, 불안, 증오, 욕구불만, 절망과 같은 감정이 일으키는 정신과 육체의 질병에 대해서는 여전히 대처하지 못하고 있다. 마음의 갈등에 의한 사상자는 놀랄 정도로 빠르게 늘어나고 있다.

무엇이 마음의 건강을 해치게 하는 것일까? 아직 완전한 해답은 찾지 못하고 있다. 그러나 대부분의 경우에는 공포와 고뇌가 가장 큰 원인이라고 여겨지고 있다. 가혹한 현실에 대처하지 못하고 불안에 휩싸여 고민하는 사람은 주변과의 모든 관계를 끊어버리고 자신이 만들어 낸 몽상의 세계 속으로 도피한다. 그렇게 하여 자신의 고민을 해소하였다고 착각하는 것이다.

내 책상에는 에드워드 포돌스키 박사의 『고민을 멈추고 건강을 찾자』라는 제목의 책이 놓여 있다. 이 책의 목차 몇 가지를 소개해 보자.

고민은 심장에 어떤 작용을 하는가?
고혈압은 고민으로 발전된다
고민 때문에 일어나는 류머티즘

위를 위해 고민을 줄이자
고민과 감기의 인과관계
고민과 갑상샘
고민하는 당뇨병 환자

고민에 대한 또 다른 계발서로 '정신의학계의 메이오 형제' 중의 한 명인 칼 메닝거 박사가 쓴 『자신에 대한 배반』이다. 이것은 고민을 피하는 방법을 가르쳐주는 것이 아니라 불안, 욕구불만, 증오, 원한, 반항, 공포 등이 얼마나 우리의 육체를 파괴하고 있는지에 대하여 놀랄 만한 사실을 가르쳐주고 있다. 아마도 어느 도서관에서도 이 책을 찾아볼 수 있을 것이다.

고뇌는 매우 건강한 사람조차도 병이 들게 한다. 그랜트 장군은 이 사실을 남북전쟁이 끝나갈 무렵에 깨달았다. 그랜트는 9개월에 걸쳐 남부군의 수도인 리치먼드를 포위하고 있었다. 리 장군의 남부군 부대는 전사에 대한 공포와 굶주림 때문에 패배하였다. 모든 연대에서 동시다발적으로 탈영병이 속출하였다. 남아 있는 병사조차도 텐트 속에 숨은 채 비명을 지르고 울부짖으며 넋을 잃은 채 기도에만 열중했다. 최후의 순간이 다가오고 있었다. 리 장군의 부하들은 리치먼드에 있는 목화와 담배 창고에 불을 지르고 무기고를 태워 밤하늘이 불길로 이글거리는 틈을 타서 시가지를 빠져나왔다. 그랜트는 남부군을 양쪽에서 포위하며 격렬하게 추격하였다. 또한 셰리단이 지휘하는 기병대가 앞쪽에서 습격하여 철도를 파괴하고 보급 열차를 빼앗았다.

강렬한 두통으로 거의 맹인과 다름없었던 그랜트는 부하들에게서 멀리 뒤처진 채 한 농가에서 하룻밤을 지내게 되었다. 그는 『회상록』에서 이렇게 적고 있다.

'나는 밤새도록 겨자를 푼 뜨거운 물에 발을 담그고 손목과 목에는 겨자 찜질팩을 한 채로 아침까지 두통이 낫게 해달라고 기도했다.'

다음날 아침, 그의 두통은 말끔하게 나았다. 그러나 그의 두통을 낫게 해준 것은 겨자 찜질팩이 아니라 아침 일찍 전령이 가져온 리 장군의 항복 문서였다.

그랜트는 이렇게 말했다.

'전령이 나를 찾아왔을 때까지도 여전히 두통에 시달리고 있었다. 하지만 항복 문서를 본 순간 두통은 말끔하게 사라졌다.'

두말할 필요 없이 두통의 원인은 고뇌, 긴장, 감정이었다. 그의 감정이 자신, 성공, 승리의 색채로 물들어지자 당장에 완쾌할 수 있었던 것이다.

그로부터 70년 뒤, 프랭클린. D. 루스벨트 정부의 재무장관 헨리 모겐소 주니어는 고민에 빠지게 되면 속이 메스껍고 현기증이 일어난다는 것을 알게 되었다. 그는 일기에서 대통령이 밀 가격을 올리기 위해 하루에 1억 2,360만 킬로그램의 밀을 사들였을 때 극심한 고민에 빠져야 했다고 적었다.

'나는 말 그대로 현기증이 났다. 집으로 돌아온 나는 점심을 일찍 먹고 두 시간 정도 쓰러져 있었다.'

고민이 인간에게 어떤 부작용을 불러일으키는지를 확인하고 싶다면 굳이 도서관이나 의사를 찾아갈 필요가 없다. 이 책을 집필하고 있는 서재의 창 밖에서도 볼 수가 있다. 내 눈에 비치는 이웃 사람들에게는 고뇌 때문에 신경쇠약증에 걸린 사람도 있고, 고뇌 끝에 당뇨병에 걸린 사람도 있다. 주식시장의 폭락 때문에 혈당과 당뇨의 수치가 갑자기 뛰어오른 것이다.

프랑스의 유명한 철학자 몽테뉴가 고향 보르도의 시장으로 당선되었을 때, 그는 시민들에게 이렇게 말했다.

"나는 여러분의 문제를 기꺼이 받아들이겠지만 간과 폐까지 깊숙이 받아들일 생각은 없다."

내 이웃 사람은 주식의 손실을 혈관까지 깊숙이 받아들여 버렸기 때문에 죽을 지경까지 이르게 된 것이다.

고민이 인간에게 어떤 부작용을 일으키는지를 알고 싶다면 굳이 이웃집을 살펴볼 필요도 없다. 지금 당장 내가 집필 중인 이 방만 해도 이전의 집주인이 고민하고 고민하다가 젊은 나이에 무덤으로 가야 했던 것이 뇌리에 떠오른다.

고민 탓에 류머티즘과 관절염에 걸려 휠체어를 타야 한 예도 있다. 코넬 대학 의학부의 러셀. L. 세실 박사는 관절염의 세계적인 권위자로 그는 관절염을 일으키는 네 가지 원인을 꼽고 있다.

1. 결혼생활의 실패
2. 경제적 장해와 비관
3. 고독과 고뇌
4. 오랜 원한

당연히 이 네 가지 정서적 상태가 관절염의 유일한 원인은 아니다.

관절염의 증상도 다양하고 그 원인 또한 천차만별이다. 그러나 관절염을 일으키는 가장 일반적인 원인은 러셀. L. 세실 박사가 말한 이 네 가지 때문이다.

실례를 하나 들어보기로 하자. 내 친구는 불황으로 인해 심한 타격을 입어 가스 공급이 중단되고 은행에 담보로 맡겼던 집까지 압류를 당했다. 그의 아내는 갑자기 극심한 통증을 동반하는 관절염에 걸렸다. 약과 식사요법도 전혀 듣지 않았던 그녀의 관절염은 금전적 충격이 회복될 때까지 계속되었다.

고민은 충치의 원인이 되기도 한다. 윌리엄 맥고니글 박사는 미국 치과학회에서 다음과 같은 발언을 하였다.

"고민, 공포, 잔소리 등으로 인한 불쾌함 때문에 칼슘의 균형이 깨져 충치가 생기기도 한다."

맥고니글 박사가 예로 든 환자는 이전까지 충치가 전혀 없었지만, 아내가 병으로 쓰러져 3주 동안 입원을 한 동안에 아홉 개의 충치가 생겼다고 한다.

여러분은 갑상샘 기능에 갑작스러운 이상이 발생한 사람을 본 적이 있는가? 내가 목격한 환자들은 부들부들 떨면서 몸을 전후좌우로 비틀거리며 마치 죽음을 목전에 둔 것 같았다. 그리고 결국은 그렇게 죽음을 맞이하게 된다. 육체를 조절하고 있는 갑상샘에 이상이 생겼기 때문으로 심장 박동이 거칠어진다. 전신이 마치 통풍장치를 완전히 개방한 용광로처럼 최고로 불타오르고 있다. 수술과 치료를 통해 이 상태를 멈추지 않는다면 환자는 죽음에 이르고 만다. 다시 말해 완전히 소진해 버리는 것이다.

나는 최근에 갑상샘 질환을 앓는 친구와 함께 37년 동안 이 질환을 연구해온 이즈라엘 플럼 박사를 만나기 위해 필라델피아로 갔다. 대기실 벽에는 커다란 액자 안에 박사가 적은 주의 사항이 걸려 있었다. 나는 그것을 봉투 뒷면에 적었다.

안정과 오락
긴장을 풀어주고 활력을 불어 넣어주는 것은 건전한 종교, 수면, 음악, 웃음이다.
하느님을 믿고, 숙면하라.
좋은 음악을 사랑하고 인생의 즐거운 모습을 보라.
그러면 건강과 행복을 얻을 수 있다.

박사는 친구에게 가장 먼저 이렇게 질문을 하였다.
"무슨 고민으로 이런 지경까지 이르게 되었나요?"
박사는 고민에서 해방되지 않는다면 심장병, 위궤양, 당뇨병 등의 합병증을 일으킬 수도 있다고 경고하였다.
"이 병들은 마치 사촌과도 같습니다."
멀 오버런과의 인터뷰에서 그녀가 더 이상은 고민을 하지 않겠다고 결심한 이유가 영화 스타로서 가장 큰 재산인 아름다운 얼굴을 망친다는 것을 통감한 뒤부터였다고 했다.

"내가 처음 영화계에 발을 디뎠을 무렵에는 많은 고민과 함께 움츠리기 일쑤였습니다. 나는 인도에서 막 건너왔을 때라 영국에 아는 사

람이 전혀 없었기 때문에 일자리를 찾으려 애를 썼습니다. 몇몇 프로
듀서를 만나기는 했지만 아무도 제게 배역을 주지 않았고 몇 푼 안 되
던 돈도 다 떨어지기 직전이었습니다. 2주 동안 크래커와 물만 먹고
버틴 적도 있었습니다. 불안했던 것은 물론이고 배고픔에 견딜 수가
없었습니다. 그러고 나서 나는 스스로에게 이렇게 말했습니다. '너 정
말 바보 아냐? 영화계에 들어가기는 힘들 수도 있어. 배우 경험이 전
혀 없기 때문에 연기는 완전히 초보자잖아. 얼굴이 조금 예쁜 것 말고
는 내세울 것이 전혀 없잖아.'

　거울 앞에 서서 제 얼굴을 바라보니 고민 탓에 얼굴까지 엉망이 되
어버린 거예요. 이전까지는 없었던 주름에다 불안한 표정, 그리고 다
짐했습니다. '정신 차려! 고민만 하고 있을 여유가 없다고. 유일한 장
점은 얼굴이야. 고민에 빠져 있다가는 그나마도 엉망이 되고 만다
고!'"

　고민처럼 여성을 빨리 노화시키고 신경질적으로 보이게 하여 아름
다운 표정을 잃게 만드는 것이 없다. 고민 때문에 얼굴이 굳어 버리기
때문이다. 고민이 있을 때면 사람들은 입을 꾸욱 다물고 얼굴 전체에
잔주름이 생기게 된다. 고민하면 인상을 찡그리게 된다. 흰머리가 늘
고 탈모의 원인이 되기도 한다. 얼굴에 윤기가 사라지고 여드름과 기
미의 원인이 되기도 한다.

　현재 미국에서는 심장병이 사망 원인 1위로 꼽히고 있다. 제2차 세
계대전 중에 전사한 사람은 약 30만 명이지만, 이와 같은 시기에 심장
병으로 사망한 사람은 200만 명에 달한다. 게다가 그 중에 100만 명은

고민과 과도하게 긴장된 생활로 인한 심장병 때문에 사망하였다. 알렉시스 카렐 박사가 '고민에 대한 전략을 모르는 사람은 일찍 죽는다'고 말한 이유 중에 하나가 바로 이 심장병을 가리키는 것이다.

윌리엄 제임스가 말했던 것처럼, '하느님은 우리의 죄를 사하여 주지만 신경조직은 절대로 봐주는 일이 없다.'

여기서 믿기 힘든 사실 하나를 제시해 보겠다. 매년 미국인들의 자살률은 다섯 가지 주요 전염병들을 모두 합친 숫자보다 많다.

왜일까? 그 해답은 대부분의 경우가 '고민' 때문이다.

잔인한 중국의 장군들은 포로를 고문할 때 손발을 묶고 물주머니 아래 앉힌 뒤 밤낮없이 물방울을 한 방울씩 떨어지게 했다고 한다. 이렇게 한 방울씩 떨어지는 물방울은 마지막에는 마치 망치로 때리는 것 같은 소리로 들리면서 결국 포로를 미치게 만든다. 이와 비슷한 고문을 스페인의 종교재판과 히틀러가 통치하던 독일의 강제수용소에서도 이용하였다.

고민은 끊임없이 떨어지는 물방울과도 같다. 끊임없이 이어지는 고민의 물방울은 인간을 미치게 하여 결국 자살로 내모는 경우가 적지 않다.

나는 미주리의 시골 마을에서 살던 어린 시절에 빌리 선데이가 해준 지옥불 이야기를 듣고 죽을 만큼 겁에 질린 적이 있었다. 그러나 그는 고민 때문에 사람들이 겪어야 하는 육체적 고통이라는 지옥 불에 대해서는 전혀 언급하지 않았다. 예를 들어 당신이 온종일 고민만 하며 지내는 사람이라면 얼마 못 가 협심증이라는 견디기 힘든 심한 고통을 겪게 될 수도 있다.

여러분은 인생을 사랑하고 있는가? 건강한 삶과 더불어 장수를 바라고 있는가? 그렇다면 좋은 방법이 있다. 다시 한 번 알렉시스 카렐 박사의 말을 인용하기로 하겠다.

'현대 도시의 소동 속에서 마음의 평정을 유지할 수 있는 사람은 신경성 질환에 걸리는 일은 없다.'

당신은 현대 도시의 소동 속에서 마음을 평온하게 유지할 수 있는가? 당신이 정상적인 사람이라면 대답은 '예스'일 것이다. 당연히 '예스'여야 한다. 사람들은 일반적으로 자신이 생각하고 있는 것보다 훨씬 튼튼하다. 우리는 아직 단 한 번도 사용한 적이 없는 정신적 자원을 내면에 품고 있다. 데이비드 소로우의 불후의 명작 '숲속의 생활' 중에는 이런 구절이 있다.

'내가 더 없이 용기를 얻게 되는 것은, 인간에게는 노력 여하에 따라 자신이 인생을 향상할 수 있는 위대한 능력이 있다는 것이다…, 만약 자신을 가지고 꿈을 향해 전진하며 이상으로 여기는 삶을 살고자 노력한다면 평소에는 기대하기 힘들 정도로 위대한 성공을 거둘 수 있을 것이다.'

이 책을 읽고 있는 여러분들 중 대부분은 아이다호 주의 올가. K. 자비에게 뒤지지 않는 의지와 정신적 자원을 겸비하고 있을 것이다. 그녀가 발견한 것은 최악의 비참한 환경 속에서도 고민을 극복할 수 있다는 것이다. 내가 강력히 주장하고 있는 것은 누구라도 이 책에서 말하고 있는 예로부터의 진리를 활용하기만 한다면 누구라도 가능하다는 것이다. 올가. K. 자비는 내게 이런 편지를 보내 왔다.

나는 8년 반쯤 전에 암에 걸려 죽음을 선고받았습니다. 우리나라 의학계에서 최고 권위자라 불리는 메이어 형제도 제 죽음을 인정했습니다. 나는 막다른 길에 갇혀 활짝 열려 있는 죽음의 문 앞에 서 있었습니다! 나는 아직 젊기 때문에 절대로 죽고 싶지 않았습니다. 나는 주치의에게 전화를 걸어 미친 듯이 제 절망감을 쏟아 부었습니다. 선생님은 답답하다는 듯이 이렇게 꾸짖었습니다. '올가 씨, 왜 그래요. 벌써 포기하는 건가요? 울고만 있으면 정말로 죽게 됩니다. 더 이상 고민하지 말고 뭔가 시작해 보세요.' 나는 이 말을 듣고 당장에 한 가지 맹세를 했습니다. 너무나 진지하고 굳게 맹세를 해서 손톱이 살을 파고 들어가 근육을 찔렀을 정도였습니다. '더는 고민하지 않겠어. 더 는 울고만 있지 않겠어! 만약에 물질을 초월한 정신력이라는 것이 정말 있다면 나는 그걸로 반드시 이겨낼 거야! 반드시 살고 말 거야!'

더 이상 라듐 투사가 불가능할 정도로 병세가 악화하였을 경우 이용할 수 있는 X선의 최대량은 일반적으로 하루 13분 30초에 한 달입니다. 제 경우에는 하루에 14분 30초의 X선을 49일 동안 쬐었습니다. 제 뼈는 민둥산에 굴러다니는 돌멩이처럼 말라 살갗으로 튀어나와 있었고 두 다리는 납덩이처럼 무거웠지만 더 이상 나약한 소리를 하지 않았습니다! 단 한 번도 울지 않고 미소를 지었습니다. 억지로 미소를 지은 겁니다.

내가 아무리 바보라도 미소를 짓는 것만으로 암이 나을 것이라고는 생각하지 않습니다. 그러나 최대한 밝게 행동을 하면 육체가 암과 싸우는 것이 훨씬 수월하지 않을까 생각했습니다. 덕분에 나는 암이 완치되는 기적을 몸소 체험하게 되었습니다. 아무튼, 최근 몇 년 동안 건강하게 살아 있고 그것은 모두 '사실을 직시하라! 고민하지 마라! 그리고 뭔가를 시작해 보자'는 굳은 각오 덕분이었습니다.

나는 이 챕터를 마치면서 다시 한번 알렉시스 카렐 박사의 말을 반복하고 싶다.

고민에 대한 전략을 모르는 사람은 일찍 죽는다.

예언자 마호메트의 열광적인 신자들은 코란 구절을 가슴에 문신으로 새겨 넣는다고 한다. 이 책을 읽는 독자 여러분들도 부디 '고민에 대한 전략을 모르는 사람은 일찍 죽는다'라고 하는 말을 가슴에 새기기 바란다.

카렐 박사는 바로 여러분에 대한 이야기를 하는 것은 아닐까?

Part 02

고민을 분석하는
기초기술

Basic technology for
analyzing concerns

고민의 분석과 해소법

나를 섬기는 하인 여섯.

내가 알고 있는 모든 것은 그들이 가르쳐 준 것이다.

그들의 이름은

'누가, 무엇을, 언제, 어디서, 왜, 어떻게'이다.

-러디어드 키플링

제1부 2장에서 말한 윌리스. H. 캐리어의 마법의 공식을 통해 모든 고민거리를 해결할 수 있을까? 물론 그렇게 쉬울 리는 없을 것이다.

그렇다면 어떻게 하면 좋을까? 온갖 고민거리에 대처하기 위한 준비를 해야 하는데, 우선 문제를 3단계로 나누어 분석하는 방법을 배우기로 하자.

1. 사실의 파악

2. 사실의 분석

3. 결단, 그리고 실행

빤한 이야기일지도 모른다. 아리스토텔레스도 제자들에게 이렇게 가르쳤고 스스로도 실천하였다. 우리도 일상생활 속의 지옥과 같은 문제들을 해결하기 위해서는 반드시 이 방법을 써야만 한다.

첫 번째의 '사실의 파악'에 대하여 살펴보자. 사실을 파악하는 것이 어째서 그렇게 중요한 것일까? 그것은 사실을 알지 못한다면 자신의 문제를 빠르고 명쾌하게 해결할 수 없기 때문이다. 사실을 정확하게 파악하지 못한다면 혼란과 초조함만을 초래할 뿐이다. 이것은 내 개인적인 생각이 아니라 콜롬비아 대학의 학장이었던 고 허버트. E. 호크스가 22년 동안이나 계속해서 주장했다. 그는 20만 명이나 되는 학생들에게 도움의 손길을 뻗어 그들의 고민을 해소해 주었으며 내게도 '혼란이야말로 고민의 가장 큰 원인이다'라고 말하며 이렇게 설명하였다.

"이 세상의 고민 중에 대부분은 판단의 근거가 되는 지식이 충분하지 않으면서 굳이 판단을 내리려고 하므로 발생합니다. 예를 들어, 나는 다음주 화요일 오후 3시에 어떤 문제에 대처해야 할 필요가 있다고 가정해 봅시다. 나는 다음주 화요일이 될 때까지는 그 건에 대하여 결단을 내리려 하지 않아요. 화요일이 될 때까지 그 건과 연관된 것들을 수집하는 데 전념할 뿐 마음을 졸이는 일은 없지요. 그 문제 때문에 식사를 제대로 못 하거나 잠을 설치지도 않지요. 끊임없이 사실을 파악하기 위해 노력할 뿐이지요. 그리고 만약에 화요일까지 모든 사실을 파악해 놓는다면 문제는 대부분 자연스럽게 해결되어 있지요.”

나는 호크스 학장에게 물었다.

“다시 말해 고민을 완전히 처리했다는 말씀이군요.”

그는 이렇게 대답했다.

“그렇소, 나는 고민에서 완전히 해방되었다고 단언할 수 있소. 내가 깨달은 것은 누구나 시간이 허락하는 한 공정하고 객관적인 입장에서 사실 수집에만 전념한다면 대부분의 경우 고민 따위는 지식의 빛에 의해 증발할 것이라는 겁니다.”

다시 또 한 번 강조하겠다.

<누구라도 시간이 허락하는 한 공정하고 객관적인 입장에서 사실 수집에만 전념한다면 대부분의 경우 고민 따위는 지식의 빛에 의해 증발할 것이다.>

그런데 우리가 자주 접하게 되는 현실은 어떤가? 어떤 일 때문에 고민하기 시작하면 ‘인간은 사고하는 번거로운 노력을 피하고자 온갖 방편에 의지하려 한다’고 하는 토머스 에디슨의 말처럼 이미 생각하고 있는 것과 일치되는 사실만을 찾으며 다른 모든 것을 무시해 버린다! 자신의 행위를 정당화하는 사실, 자신의 희망적인 관측에 어울리는 사실과 자신의 편견을 정당화시킬 사실만을 바라는 것이다!

앙드레 모루아는 이렇게 말하고 있다.

“우리의 개인적인 바람과 맞는 것들은 모두 진실처럼 여겨지고, 그렇지 않은 것들은 모두 우리를 화나게 한다.”

그렇다면 문제에 대한 해답을 간단히 얻을 수 없는 것은 당연한 것이 아닐까? 2+2가 5라고 전제한다면 아주 간단한 산수 문제조차도 풀기 어려울 것이다. 그런데 이 세상에는 2+2가 5나 500이라고 억지를 부리며 자신은 물론 남까지 지옥과 같은 생활을 강요하는 사람이 많다.

대체 어떻게 대처를 해야 좋을까? 정답은 사고 속에서 감정을 몰아내는 것이다. 호크스 학장이 말했던 것처럼 우리는 '공정하고 객관적인' 태도로 사실만을 수집해야 한다.

그러나 고민에 빠져 있을 경우에는 말처럼 쉽지가 않다. 고민하고 있을 때는 감정이 고양되어 있기 때문이다. 여기에 문제로부터 벗어나 사실을 명확하고 객관적인 태도로 바라볼 수 있는 데 도움이 되는 두 가지 방법을 소개하겠다.

1. 사실을 파악하려고 할 경우에 자신을 위해 정보를 수집하는 것이 아니라 다른 누군가를 위한 것으로 생각하자. 그러면 사실에 대한 냉정하고 공정한 관찰이 쉬워져 감정을 배제할 수 있게 된다.

2. 자신을 고민하게 만드는 문제에 대하여 사실을 수집하고 있는 동안에는 본인과 반대 관점에 서서 반론하고 있는 변호사라 생각하고 반론을 할 준비를 한다. 다시 말해 본인에게 불리한 모든 사실, 직면하고 싶지 않은 모든 사실을 파악하기 위해 노력한다.

다음으로 자신의 변명과 상대방의 변명을 글로 적어 본다. 그러면 대부분의 경우에는 양극단 사이에서 어느 부분에 타협점이 생기는지를 알 수 있다.

여기서 중요한 것은 당신은 물론 나도, 아인슈타인이나 대법원이라도 사실을 파악하지 않는다면 그 어떤 문제에 대해서도 현명한 재판을 할 수 없다는 것이다. 토머스 에디슨은 이 점에 대하여 잘 알고 있었다. 그가 세상을 떠났을 때, 그가 남긴 2,500편의 노트에는 그가 관심이 있었던 사실들로 가득 차 있었다.

이처럼 문제를 해결하기 위한 첫 단계는 사실을 파악하는 것이다. 호크스 학장이 실천했던 것을 배우도록 하자. 먼저 공정한 태도로 모든 사실을 수집한 뒤에 문제 해결에 착수하는 것이다.

그러나 모든 사실을 수집하였다 하더라도 그것을 분석하고 해명하지 않는다면 아무런 도움도 되지 않는다.

나는 힘든 경험을 쌓은 뒤에 사실을 글로 적고 나서 분석하기가 훨씬 쉽다는 것을 알고 있다. 실제로 종이에 사실을 적는 것, 문제를 명확하게 글로 적는 것은 현명한 판단을 위해 많이 접근하는 것이다. 찰스 케터링 식으로 말하자면, '문제를 명쾌하게 표현할 수 있으면 절반은 해결된 것이나 마찬가지다.'

이것을 실례를 들어 설명해 보기로 하자. 중국에는 '한 폭의 그림은 만 마디 글에 필적한다'는 속담이 있다. 이제 한 남자가 지금 우리가 살펴본 이야기에 대하여 어떻게 실제로 행동으로 옮겼는지를 그림으로 그려 보여주겠다.

이야기의 주인공은 갈렌 리치필드이다. 그는 동양에서 가장 성공한 미국인 실업가로 나와 친분을 쌓은 지 몇 년 정도 되었다. 리치필드는 일본군이 상하이를 점령한 1942년 당시에 중국에 있었다. 다음은 그가 우리 집에 왔을 때 들려준 이야기이다.

일본군은 진주만을 공격한 직후에 상해로 엄청나게 몰려들었죠. 나는 상하이에 있는 아시아 생명보험회사의 경영을 담당하고 있었습니다. 일본군은 해군 장관을 청산인으로 파견하여 그와 협력하여 회사의 자산을 청산하도록 제게 명령했지만 제게는 선택의 여지가 없었습니다. 협력하거나 아니면 죽는 거였죠.

나는 하는 수 없이 시키는 대로 했습니다. 하지만 75만 달러에 상당하는 일부 증권만은 장관에게 제출한 자산 목록에서 제외했습니다. 그 것을 자산 목록에서 뺀 이유는 그것이 홍콩 지점의 것으로 상하이지점의 자산과는 상관이 없다고 판단했기 때문이었죠. 하지만 제 행동이 일본군에 발각되어 끔찍한 고문을 당하는 것이 아닐까 노심초사했고 결국 발각되고 말았죠.

모든 것이 들통났을 때 나는 사무실에 없었지만 회계과장이 남아 있었습니다. 그의 말에 의하면 일본 장관이 화가 나 날뛰며 '도둑놈, 배신자'라고 소리쳤다고 합니다. 나는 일본군의 말을 거역했기 때문에 어떤 결과가 기다릴지 알고 있었습니다. 브리지 하우스에 던져질 운명이었죠. 브리지 하우스! 그건 일본군 비밀경찰들의 고문실이었습니다. 제 친구 중의 한 명은 그곳에 끌려가기보다는 자살을 택했습니다. 또다른 친구는 그곳에서 열흘 동안 고문을 받다가 결국 죽었죠. 이제 내가 브리지 하우스에 들어갈 차례였습니다.

어떻게 했느냐고요? 내가 사건에 대해 들은 건 일요일 오후였습니다. 만약 문제를 해결하기 위한 확실한 방법을 알지 못했다면 나는 동요하면서 두려움에 떨었을 것입니다. 하지만 나는 이전부터 고민거리가 있으면 항상 타자기를 꺼내서 두 가지 질문과 그 대답을 큰 글씨로 적었습니다.

1. 고민거리가 무엇인가?
2. 나는 무엇을 할 수 있는가?

이전에는 해답을 찾더라도 그것을 글자로까지 적지는 않았지요. 하지만 몇 년 전부터 방법을 바꾸었습니다. 문제와 해답 두 가지를 글로 적어보면 생각이 정리된다는 것을 깨달았기 때문입니다. 그날 일요일 오후, 나는 상하이의 YMCA에 있는 제 방으로 곧장 달려가 타자기 앞에 앉아서 이렇게 타이핑을 하였습니다.

1. 고민거리가 무엇인가?
내일 아침, 브리지 하우스로 끌려가는 게 아닐까 노심초사하고 있다.

그리고 두 번째 질문을 쳤습니다.
2. 나는 무엇을 할 수 있는가?

나는 몇 시간 동안 곰곰이 생각한 끝에 내가 할 수 있는 네 가지를 타이핑하고 그로 인해 발생할 수 있는 결과도 타이핑하였습니다.

1. 일본 장관에게 해명하면 그만이다. 하지만 장관은 영어를 할 줄

모른다. 통역을 통해 설명하면 한 번 더 그의 화를 돋우고 만다. 그렇게 되면 죽게 된다. 잔인한 놈이다. 장황한 변명을 듣기보다는 나를 당장에 브리지 하우스에 처박아 버릴 것이다.

2. 도망은 가능할까? 불가능하다. 그들은 계속해서 내 동정을 살피고 있다. YMCA에 온 것도 틀림없이 감시하고 있을 거야. 만약 도망치면 당장에 붙잡혀 총살을 당하고 말 거야.

3. 이 방에 숨어서 사무실 근처는 얼씬도 안 한다. 그러면 일본 장관이 수상하게 생각해서 병사들을 보내 나를 잡아다 단 한 마디의 변명도 듣지 않고 브리지 하우스로 보내 버릴 거야.

4. 월요일 아침에 아무렇지 않다는 듯이 사무실에 출근하는 방법도 있지. 장관은 너무 바빠서 내 일을 잊어버렸을지도 몰라. 설령 기억 났다고 하더라도 냉정을 되찾아 그냥 지나쳐 버릴 수도 있어. 그렇다면 천만다행이지만, 혹시라도 나를 신경 쓰고 있더라도 변명할 기회 정도는 있을 거야. 그렇다면 월요일 아침에 평소처럼 출근해서 아무 일도 없었다는 듯이 행동하는 거야. 그러면 브리지 하우스를 피할 수 있는 두 가지 기회가 생기는 거야.

이렇게 이리저리 생각한 끝에 월요일 아침에 평소처럼 출근한다는 네 번째 계획을 하기로 하고 나니 마음의 평정을 되찾을 수 있었습니다.

다음날 아침, 사무실에 출근해 보니 일본 장관은 담배를 입에 물고 의자에 앉아 있었습니다. 그는 평소와 똑같이 나를 뚫어져라 쳐다봤지만 아무 말도 하지 않았죠. 6주가 지나자 다행히도 그는 동경으로 전근을 갔고 제 고민거리는 완전히 해소되어 버렸습니다.

좀 전에 말했듯이 내가 목숨을 구할 수 있었던 것은 일요일 오후에 책상에 앉아 내가 할 방법이 무엇인지 정리한 덕분이었고, 각각의 방법을 썼을 때 발생하는 결과를 큰 글씨로 타이핑하고 냉정하게 결단을 내린 덕분이었습니다. 만약 이렇게 하지 않았더라면 당황하고 주저하다가 경솔한 행동을 했을지도 모릅니다. 그날 밤은 한숨도 잘 수 없었을 겁니다. 그리고 일요일 아침에 퀭한 얼굴로 사무실에 갔겠죠. 그러면 그것만으로도 의심을 사게 돼서 큰일을 당했을지도 모릅니다.

나는 많은 경험을 통해 결단을 내릴 때까지의 과정이 얼마나 중요한지를 깨닫게 되었습니다. 확실한 목표를 정하지 못한 채 끙끙 앓기만 하면서 끝없이 고민만 반복하는 것은 사람의 신경을 완전히 지치게 만들어 생지옥으로 빠져들게 만들죠. 확실한 결단을 내리게 되면 당장에 고민의 절반이 사라지고, 그 결단을 실행에 옮김과 동시에 나머지 40퍼센트가 증발하게 됩니다.

다시 말해 다음의 네 가지 단계를 거치면 고민의 90퍼센트는 사라지게 됩니다.

1. 고민거리를 자세하게 글로 적는다.
2. 그 문제에 대해서 자신이 할 수 있는 일을 적는다.
3. 어떻게 할지 결단을 내린다.

4. 그 결단을 곧바로 실행에 옮긴다.

갈렌 리치필드는 현재 보험업계와 금융업계를 대표하는 스타 파크 앤 프리먼 사에서 동아시아 지역 담당 이사로 근무하고 있다.

그가 내게 들려준 성공 비결은 앞에서 말했던 것처럼 고민거리를 분석하고 그 문제를 정면으로 대처했던 것이 크게 작용했다고 할 수 있다.

그의 방법이 어째서 훌륭한 것일까? 그 이유는 효과가 크다는 점, 구체적이라는 점, 문제의 정곡을 찌르고 있다는 점을 들 수 있다. 그리고 가장 중요한 것은 세 번째 것으로 '어떤 행동으로 보여주는 것'을 최우선으로 삼고 있다는 점이다. 우리가 행동으로 보여주지 않는다면 진상규명이나 분석은 모두 공염불에 지나지 않는 에너지 낭비가 될 것이다.

윌리엄 제임스는 이렇게 말했다.

"일단 결심하고 실행에 옮기는 일만 남았다면 그 결과에 대한 책임과 걱정은 깨끗하게 털어버려라."(여기서 윌리엄 제임스가 '고민'을 '불안'과 같은 의미로 쓰고 있다는 것은 명백하다.) 요컨대 사실을 바탕으로 신중한 결단을 내렸다면 행동으로 옮겨야 한다. 마음을 바꿔서는 안 된다. 의심하며 주저하거나 처음으로 되돌려서는 안 된다. 일단 자신을 의심하게 되면 또 다른 의혹이 발생한다. 더 이상 뒤를 돌아봐서는 안 된다.

나는 오클라호마 주 최고의 석유 재벌로 유명한 웨이트 필립스에게 어떻게 결단을 내리고 실행으로 옮기는지를 물은 적이 있다. 그는 이렇게 대답해 주었다.

"내 생각에는, 문제를 지나치게 고민하게 되면 혼란과 불안이 생기기 쉽습니다. 지나친 조사와 생각은 오히려 해가 될 때가 있습니다. 그것은 바로 결단을 내리고, 실행하고 절대로 뒤돌아봐서는 안 될 때지요."

그럼, 독자 여러분도 고민거리가 생겼을 때 갈렌 리치필드의 방법을 응용해 보면 어떻겠는가?

갈렌 리치필드의 방법

- 질문 1. 나는 무엇을 고민하고 있는가?
- 질문 2. 그 문제에 대하여 나는 무엇을 할 수 있는가?
- 질문 3. 나는 어떤 것을 실행하려고 하고 있는가?
- 질문 4. 나는 그것을 언제부터 실행하려 하고 있는가?

업무상의 고민을 절반으로 줄이는 방법

당신이 사업가라면 틀림없이 이렇게 혼잣말을 중얼거릴 것이다.

"이런 터무니없는 제목이 어디 있어. 내가 사업을 한 지도 벌써 19년째라고. 남들이 알고 있는 것이라면 이미 옛날에 다 알고 있지. 업무상의 고민을 절반으로 줄이는 방법을 남에게서 배운다는 건 어처구니없는 소리야!"

당연한 소리다. 내가 몇 년 전에 이 제목을 봤다면 아마도 똑같은 말을 했을 것이다. 그럴싸한 허풍이라고.

솔직히 말해 어쩌면 내가 여러분의 업무상 고민을 절반으로 줄여주는 것은 불가능한 일일지도 모른다. 그 누구도 불가능한 일이다. 결국 고민을 해결할 수 있는 것은 본인뿐이다. 내가 할 수 있는 것은 세상 사람들이 어떻게 해서 고민을 절반으로 줄일 수 있었는지를 소개할 뿐이다. 그 다음은 여러분이 어떻게 하는가에 달렸다.

먼저 이미 앞서 소개했던 알렉시스 카렐 박사의 '고민에 대한 전략을 모르는 사람은 일찍 죽는다'고 하는 말을 떠올려주기 바란다.

고민이란 이렇듯 치명적인 것이기 때문에 혹시라도 여러분의 고민을 조금이라도 줄이는 데 도움이 된다면 만족할 수 있지 않을까? 그럼 한 회사 중역이 어떻게 해서 업무상의 문제를 극복하고 고민을 반으로 줄여 회의 때문에 낭비했던 시간을 75퍼센트나 절약하였는지 소개하겠다.

지금부터 말하는 내용은 '존'이나 '미스터 X', '오하이오 주의 지인'처럼 막연한 인물을 지어낸 이야기가 아니다. 이야기의 주인공은 리언 심스킨이라는 실재 인물로 오랫동안 뉴욕의 록펠러 센터에 있는 사이먼&슈스터라고 하는 일류 출판사의 총책임자였던 사람이다.

나는 15년 동안 근무시간의 거의 절반을 회의와 협상을 위해 허비하였습니다. 이걸 할까, 저걸 할까, 아니면 그만둘까? 항상 긴장한 상태로 회전의자만 삐거덕대고 있었습니다. 사무실을 뛰어다니며 끝없는 토론만 지속할 뿐이었습니다. 밤이 되면 완전히 녹초가 되고 말았죠. 아마도 죽을 때까지 이렇게 반복될 것만 같았습니다. 벌써 15년이나 같은 일을 반복하고 있지만 달리 좋은 방법이 떠오르지 않았습니다. 당시에 누군가 제게 마음고생이 심한 회의에 낭비하는 시간의 4분의 1을 절약할 수 있고, 정신적인 긴장도 4분의 3을 줄일 수 있다는 소리를 했다면 세상 물정도 모르는 바보가 헛소리한다고 생각했을 겁니다. 하지만 그랬던 내가 그러기 위한 실행계획을 짜게 됐습니다. 그 계획을 8년 동안 실행한 덕분에 능률 면에서나 건강과 행복 면에서나 놀랄 만한 결과를 얻을 수 있었습니다.

마치 마술 같다고 여길지도 모르지만 모든 마술과 마찬가지로 비밀을 밝히면 아주 간단한 일입니다.

그럼 이제 그 비밀을 밝혀 보겠습니다. 제일 먼저 15년 동안 지속하였던 모든 회의절차를 폐지했습니다. 우울한 표정의 동료 임원들이 자신들의 실책에 대하여 꼼꼼히 보고하고 나서 '뭐 좋은 대책이 없을까요?'라는 식으로 보고를 마무리 짓는 절차 말입니다. 두 번째로 새로운 규칙을 만들었습니다. 저와 상담하고 싶은 사람은 모두 다음 네 가지 항목에 대하여 질문과 대답을 준비하여 미리 제출해야 한다는 규칙입니다.

질문 1. 문제점이 무엇인가?

(이전의 우리는 누구 하나 문제의 핵심을 명확하고 구체적으로 파악하지 않은 채 한두 시간 동안 토론만 이어왔습니다. 무엇이 문제인지를 확실히 밝히지 않은 채 곤란한 점에 대해서만 이것저것 논쟁을 하면서 흥분하고 있었던 것입니다.)

질문 2. 문제의 원인은 무엇인가?

(지금까지 해왔던 것을 되돌아보니 놀랍게도 문제의 원인이 되는 조건은 확실하게 규명하지 않은 채 회의만 하면서 시간을 낭비했을 뿐입니다.)

질문 3. 몇 가지 해결책이 있고, 그것들은 어떤 것인가?

(지금까지의 회의에서는 누군가가 한 가지 해결책을 제안하고 누군가가 그 제안에 반론했습니다. 쓸데없이 서로 자극하여 흥분만 할 뿐이었습니다. 때문에 쉽게 논쟁의 주제에서 벗어나기 일쑤였고 정작 회의가 끝났을 때는 누구도 실시할 수 있는 대책을 내놓지 못하였습니다.)

질문 4. 바람직한 해결책은 무엇인가?

(지금까지의 회의에서는 사태를 우려하여 고민만 하면서 시간만 낭비했을 뿐 아무도 실행 가능한 해결책을 비교 검토하지도 않았고, 더군다나 '내가 제안하는 해결책은 이것이다!'라고 나서는 사람도 없었습니다.)

지금은 제게 자신들의 문제를 그대로 안고 오는 사원이 거의 없습니다. 왜냐고요? 위의 네 가지 질문에 대답하기 위해서는 스스로 모든 사실을 수집하고 그 문제를 깊이 있게 검토해야만 한다는 사실을 깨달았기 때문입니다. 또한 이 방법을 이용하면 대부분의 경우에 저와 상담을 할 필요가 사라지게 됩니다. 토스터에서 빵이 튀어 오르듯이 가장 타당한 해결책이 자연스럽게 떠오르기 때문이죠. 상담이 필요할 때에도 상담시간이 종전의 3분의 1로 충분합니다. 상담은 순서에 따라 진행 되며 사리에 맞는 토의를 거쳐 합리적인 결론에 도달할 수 있기 때문입니다.

현재 사이먼&슈스터 사에서는 무엇이 잘못되었는지 고민하거나 상담하는 일은 없습니다. 사태를 개선하기 위해서는 상담보다는 실행에 많은 시간을 할애하도록 하는 것입니다.

내 친구 중에 미국 보험업계의 거물인 프랭크 베트거도 같은 방법으로 업무상의 고민을 해결하고 수입을 두 배로 늘릴 수 있었다고 한다.

내가 막 보험업계에 몸을 담그기 시작한 무렵에는 일에 대한 끝없는 열정을 가지고 있었다. 그러던 어느 날 사건이 터지고 말았고, 상심한 나는 보험에 싫증이 나 심각하게 전업을 고려했다. 어느 일요일 아침에 고민의 원인이 무엇인지를 파악해 보고 싶다는 생각이 들지 않았다면 틀림없이 전직하였을 것이다.

1. 나는 먼저 자문해 보았다. '대체 뭐가 문제인가?' 문제는 다리가 퉁퉁 붓도록 돌아다녔지만 수입이 그것과 비례하지 않는다는 것이었다. 상담하는 단계에서는 매끄럽게 잘 진행이 되는 것 같았지만 정작 중요한 계약서는 작성하지는 못했다. 고객들은 한결같이 '베트거 씨, 조금 생각해 볼 테니 다음에 다시 한번 들러주세요'라고 했다. 일에 환멸을 느끼게 된 것은 바로 이렇게 헛걸음을 치는 일이 많았기 때문이었다.

2. 나는 나 자신에게 물었다. '뭔가 좋은 방법이 없을까?' 하지만 여기에 대답하기 위해서는 좀 더 많은 사실을 알 필요가 있었다. 나는 내 과거 1년 동안의 기록들을 꺼내 들고 숫자들을 살펴보았다.

온몸에 전율이 느껴지는 대발견이었다! 장부에서 드러나 있는 것은 계약을 성사시킨 70퍼센트가 처음 만난 고객이었다. 두 번 만나서 계약을 성사시킨 것은 23퍼센트였다. 세 번, 네 번, 다섯 번을 만나 시간과 정성을 쏟은 뒤 계약을 성사시킨 것은 7퍼센트에 불과했다. 다시 말해 계약을 성사시킨 것 중에 7퍼센트에 불과한 일을 하기 위해 근무 시간 대부분을 낭비하고 있었다.

3. 어떻게 대처할 것인가? 대답은 명확했다. 당장에 고객을 방문하는 횟수를 두 번으로 정하고 나머지 시간은 새로운 고객을 확보하기 위해 할애하였다. 그 결과는 전혀 상상도 하지 못한 것이었다. 얼마 지나지 않아 한 번 고객을 방문하여 계약을 성사시킨 금액이 배로 늘어난 것이다.

앞에서도 이미 말했듯이 프랭크 베트거는 미국 보험업계의 거물 세일즈맨이다. 그러나 그런 그조차도 심각하게 전업을 고려하였다. 그는 실패를 목전에 두고 문제를 분석한 덕분에 성공의 길을 발견한 것이다. 여러분의 업무에서도 이러한 질문을 적용할 수 있지 않을까? 단언컨대 이 방법을 통해 여러분의 고민은 반으로 줄어들 것이다. 다시 한 번 복습해 주기를 바란다.

고민을 반으로 줄이는 방법

- 1. 문제점이 무엇인가?
- 2. 문제의 원인은 무엇인가?
- 3. 어떤 해결책이 있고, 그것들은 어떤 것인가?
- 4. 바람직한 해결책은 어느 것인가?

Part 03

고민하는 습관을
빨리 끊어 버려라

*Get rid of the habit of
worrying quickly*

마음속에서 고민을 몰아내는 방법

나는 몇 년 전 어느 날 밤에 있었던 일을 결코 잊을 수 없다. 수강생 중에 매리언. J. 더글러스(본인의 요청에 따라 가명으로 표기)라는 남자가 있었다. 다음의 내용은 그가 성인반에서 들려준 실화이다. 그의 집안에서는 한 번에 그치지 않고 두 번씩이나 비극이 일어났다. 첫 비극은 사랑하는 다섯 살짜리 딸을 잃은 것이다. 그들 부부에게는 정말로 견디기 힘든 사건이었다. 더군다나 10개월 뒤에 태어난 딸도 생후 5일 만에 죽고 말았다.

사랑하는 두 딸의 죽음은 견디기 힘든 고통이었다.

"나는 이 사실을 받아들일 수가 없었습니다. 불면증에 시달리며 목으로 음식을 넘길 수도 없었고, 편안하게 쉬는 일은 상상조차 할 수 없었습니다. 제 신경은 완전히 엉망이 되어 자신감을 잃고 말았습니다."

결국 그는 의사를 찾아가게 되었다. 어떤 의사는 수면제를 처방해

주었고 또 다른 의사는 여행을 권하였지만 둘 다 효과가 없었다.

"제 몸은 마치 쇠사슬에 묶여 있는 것 같았습니다. 그리고 쇠사슬이 점점 조여 오는 것 같은 느낌이었습니다."

비탄에 빠진 정신적 긴장감은 슬픔 때문에 망연자실한 경험이 있는 사람이라면 그 기분을 이해할 수 있을 것이다.

"그런데 다행히도 저희 부부에게는 네 살 난 아들이 있었습니다. 이 아이 덕분에 위기를 극복할 수 있었습니다. 어느 날 오후, 내가 풀이 죽은 채로 주저앉아 있을 때 아들이 '아빠, 배를 만들어줘요'라고 떼를 쓰기 시작한 것입니다. 나는 배를 만들기는커녕 만사가 귀찮은 상태였습니다. 하지만 아들은 쉽게 물러서지 않았습니다. 나는 결국 아들의 청을 거절할 수 없었습니다.

장난감 배를 만드는 데 세 시간 정도가 걸렸습니다. 배가 거의 완성되어 갈 무렵에 한 가지 사실을 깨달았습니다. 이 배를 만드는 데 쓴 세 시간은 최근 몇 달 만에 처음 맛본 정신적인 안식과 평온함이었던 것입니다.

이 발견 덕분에 지금까지의 무기력한 상태에서 벗어나 사고력을 조금 되찾을 수 있었습니다. 최근 몇 달 만에 사고를 할 수 있게 된 거죠. 나는 계획을 짜거나 사색에 젖어 있어 정신없이 바쁠 때는 고민에 빠져 있을 수 없다는 사실을 깨닫게 된 겁니다. 제 경우 보트를 만듦으로써 고민에서 벗어날 수가 있었습니다. 그래서 항상 바쁘게 생활하기로 했습니다.

다음날 밤, 집안을 둘러보며 내가 해야 할 일들을 정리해 봤습니다. 책장, 계단, 창문, 블라인드, 문손잡이, 자물쇠, 물이 새는 수도꼭지에 이르기까지 수리해야 하는 것들이 많았습니다. 2주에 걸쳐 할 일을 적어보니 무려 242가지나 됐습니다. 믿기지 않을 정도였습니다.

나는 해야 할 일을 적은 것들을 최근 2년 동안에 정리했습니다. 물론 그 덕분에 활기 넘치는 생활을 할 수 있었습니다. 매주 두 번 뉴욕의 성인반에도 다니고 있습니다. 또한 내가 살고 있는 마을의 시민활동에도 참가하였고, 지금은 교육위원회의 위원으로 활동하고 있습니다. 이런 저런 회의에 참석하거나 적십자와 같은 봉사활동에도 참가하여 모금을 돕고 있습니다. 나는 바쁘게 사는 덕분에 한가하게 고민할 시간이 없습니다.”

한가하게 고민할 시간이 없다! 이것이야말로 세계대전이 한창이었을 당시 하루에 18시간 일을 했던 윈스턴 처칠이 입버릇처럼 하던 말이다. 처칠은 막대한 책임 때문에 머리가 아프지 않으냐는 질문을 받고 이렇게 대답했다.

“나는 너무 바쁘다. 한가하게 고민할 시간이 없다.”

찰스 케터링도 자동차 자동 시동장치를 연구할 때 같은 심정이었다. 케터링은 최근 은퇴할 때까지 제너럴 모터스의 부사장으로서 세계적으로 유명한 제너럴 모터스 리서치 코퍼레이션의 전권을 쥐고 있었다. 그러나 당시에는 가난했기 때문에 헛간 일부를 실험실로 쓰고 있을 정도였다. 생활은 부인이 피아노를 가르쳐서 번 1,500달러로 꾸려야 했다. 나중에는 생명보험을 담보로 500달러를 빌릴 정도였다. 나는 부인에게 당시에 고민한 적이 없냐고 묻자 이렇게 대답했다.

“물론 있지요. 걱정 때문에 잠이 오지 않을 정도였으니까요. 하지만 남편은 달랐어요. 남편은 일에 몰두해 있었기 때문에 한가롭게 고민할 여유가 없었으니까요."

위대한 과학자 파스퇴르는 '도서관과 실험실에서의 평온함'에 대하여 이야기한 적이 있다. 어째서 그곳에서 마음의 평온을 찾았을까? 그 이유는 도서관과 실험실에 있는 대부분의 사람이 연구에 몰두하여 한가롭게 고민할 여유가 없기 때문이다. 연구자들이 신경쇠약에 걸리는 일은 거의 없다. 그들에게는 그럴 여유가 없는 것이다.

몸이 바쁘다는 단순한 이유로 어째서 불안을 떨쳐버릴 수 있는 것일까? 그 이유는 심리학에서 밝힌 가장 기본적인 법칙 때문이다. 그 법칙은 아무리 우수한 두뇌의 소유자라고 하더라도 인간은 한 번에 한 가지밖에 생각할 수 없다는 법칙이다. 어쩌면 당신은 믿지 않을지도 모른다. 그렇다면 직접 실험을 해보자.

먼저 의자에 기대앉아 눈을 감는다. 그리고 '자유의 여신'과 내일 아침에 할 일을 동시에 떠올려보기 바란다.(꼭 실험해 보기 바란다.)

이제 알겠는가? 하나하나를 번갈아 가며 생각할 수는 있어도 두 가지를 동시에 생각하는 것을 불가능할 것이다. 감정 또한 이와 마찬가지다. 활기차게 무언가에 열중해 있으면서 동시에 고민에 빠져 의기소침해지는 두 가지 감정을 동시에 느낄 수는 없다. 한 가지 감정은 다른 감정을 몰아내 버린다. 그리고 이 단순한 발견 덕분에 군의 정신분석 의사들은 전쟁 중에 여러 가지 기적을 일으켰다.

병사들이 전쟁터에서 충격적인 체험이 쌓이면서 '신경증'이라는 병에 걸려 돌아오면, 의사들은 처방전에 '바쁘게 행동할 것'이라 적어 주는 것이다.

이렇게 신경에 이상이 생긴 사람들이 일어나 있을 때는 많은 활동을 하게 하였다. 일반적으로 낚시를 하거나 사냥, 구기, 골프, 사진 촬영, 정원 가꾸기, 댄스 등의 야외 활동을 시켜 그들에게 두려웠던 과거를 떠올릴 시간을 주지 않은 것이다.

'작업 요법'이라는 것은 노동이 약과 같은 효과를 낼 수 있을 때 정신과 의사들이 이용하는 전문 용어이지만 전혀 새로운 것은 아니다. 고대 그리스의 의사들은 예수가 태어나기 500년 전에 이미 이런 주장을 하였다.

퀘이커 교도들은 벤저민 프랭클린 시대에 필라델피아에서 이 치료법을 시행하고 있었다. 1774년에 퀘이커 교도들의 치료소를 방문했던 한 사람은 정신병 환자들이 바쁘게 실을 짜고 있는 모습을 보고 깜짝 놀랐다. 처음에는 이 불쌍한 사람들이 노동 착취를 당하고 있다고 생각했지만, 퀘이커 교도의 설명에 따르면 환자들에게 가벼운 작업을 시키는 것이 환자들에게 좋다는 것이었다. 작업이 신경을 완화해주는 것이다.

분명 모든 정신과 의사들은 신경질환에는 바쁘게 일을 하는 것이 최고의 마취제라고 입을 모아 말할 것이다. 헨리. W. 롱펠로는 젊은 아내를 잃었을 때 이 사실을 깨달았다. 어느 날 그의 아내가 촛불을 녹여 봉투를 봉인하다가 옷에 불이 붙고 말았다. 롱펠로는 아내의 비명을 듣고 달려갔지만 그녀는 화상 때문에 돌아올 수 없는 사람이 되고 말았다. 롱펠로는 한동안 이 비참했던 광경을 머릿속에서 지우지 못해 거의 미치광이가 되었다. 그러나 다행히 그에게는 돌봐야 할 세 명의 어린 자식이 있었다. 그는 깊은 슬픔 속에서도 아이들에게 아버지와 어머니의 역할을 동시에 해야 했다. 아이들과 함께 산책하거나 이야기를 들려주고, 함께 놀이하는 모습은 그대로 그의 시 '아이들과의 시간' 속에서 영원히 남아 있다. 그는 또한 단테를 번역하는 데도 노력을 기울였다. 이렇듯 그에게는 여러 가지 책임 속에서 매일 매일을 바쁘게 지냈기 때문에 근심을 잊어버리고 마음의 평온을 되찾을 수 있었다. 테니슨이 절친한 친구 아서 핼럼을 잃었을 때 '절망감을 이겨내기 위해서는 몸이 부서지라 활동해야 한다'라고 했던 것처럼.

대부분의 사람은 일에 쫓기는 업무 시간 중이라면 '몸이 부서져라 활동'하는 것은 그다지 어려운 일이 아니다. 그러나 업무를 마치고 나서가 위험하다. 마음껏 여가생활을 즐기며 행복을 만끽해야 하지만 고민의 원인이 되는 우울증이 찾아오는 것이 바로 이 시간이다. 이럴 때 우리의 마음속에는 의혹이 싹트기 시작한다. 과연 생활이 나아질 수 있는 것일까? 너무 틀에 박힌 생활을 하는 것이 아닐까? 오늘 부장이 한 말이 진심일까? 게다가 최근에 남성적 매력이 떨어진 것이 아닌지 등.

인간은 바쁘지 않으면 마음이 진공상태와 같은 상태로 되기 쉽다. 물리학을 배운 사람이라면 '자연은 진공상태를 좋아하지 않는다'는 것을 잘 알고 있다. 우리가 일상에서 흔히 보는 물건들 중 진공상태에 가장 가까운 것은 백열전구의 내부이다. 전구를 깨보면 이론적으로는 자연의 힘으로 공기가 들어가 빈 곳을 채우게 된다.

자연 또한 엄청난 힘으로 공허한 마음을 채우려 한다. 보통은 감정에 의해 채워진다. 그 이유는 고민, 공포, 증오, 질투, 선망 등의 감정은 원시시대 그대로의 강렬한 힘으로 움직이고 있기 때문이다. 이런 감정은 우리의 마음속에서 온화하고 유쾌한 사고와 감정을 남김없이 몰아내는 경향이 있다.

콜롬비아 대학 교육부의 제임스. L. 머셀 교수는 이에 대하여 잘 설명해주고 있다.

"고민은 인간이 활동하고 있을 때가 아니라 하루의 일과를 마쳤을 때 인간에게 달라붙어 해를 입히는 경우가 많다. 그럴 때는 망상에 사로잡혀 온갖 어리석은 가능성을 떠올리면서 별것 아닌 실수들을 크게 확대해 놓는다. 이런 경우에 당신의 마음은 하중을 받지 않고 돌아가는 모터와 같다. 공회전 상태로 축이 타버리거나 산산이 부서질 위험이 있다. 고민에 대한 치료법은 무언가 건설적인 일에 몰두하는 것이다."

그러나 대학교수가 아니라 할지라도 이 진리를 이해하고 실행할 수가 있다. 세계대전 중에 나는 시카고 출신의 한 주부를 만났다. 그녀는 내게 "고민에 대한 치료는 무언가 건설적인 일에 몰두하는 것이다"라는 사실을 스스로 발견하였다고 했다. 나는 뉴욕에서 미주리 주에 있는 농장으로 가는 열차 식당 칸에서 이 부인과 남편을 만났다.

이 부부의 이야기에 의하면 아들이 진주만 공습이 있던 다음날 입대를 했다고 한다. 부인은 외아들 걱정 때문에 반쯤 정신이 나간 상태였다고 한다. 아들이 어디에 있을까? 건강한 걸까? 지금 전투를 하는 건 아닐까? 다치지는 않았을까? 전사한 게 아닐까? 전전긍긍했다고 한다.

어떻게 걱정을 극복했느냐는 내 질문에 그녀는 "정신없이 일했어요"라고 대답했다. 그녀는 우선 가정부에게 휴가를 주고 집안일 모두를 직접하며 바쁘게 보냈다고 했다. 그러나 이것은 큰 도움이 되지 못했다.

 "불행하게도 집안일은 기계적으로 할 수는 있지만 머리를 쓸 필요가 없었어요. 때문에 침구를 정리하거나 설거지를 할 때도 여전히 걱정이 끊이지 않았죠. 나는 정신적으로나 육체적으로 온종일 바빠야 하는 새로운 일이 필요하다는 것을 깨달았어요. 그래서 나는 백화점 점원으로 취직을 하게 되었죠.

 결과는 상상 이상이었어요. 나는 바쁜 일상을 보낼 수가 있게 되었어요. 제게 몰려오는 손님들은 가격과 사이즈와 색깔에 관하여 물었습니다. 당면한 일 이외에는 한가롭게 생각할 시간이 전혀 없었죠. 그리고 밤이 되면 부은 발의 통증을 푸는 것 말고 다른 생각을 할 여유가 없었어요. 저녁을 먹고 나면 침대로 직행해서 곧바로 잠이 들어 버렸죠. 제게는 걱정할 시간도 힘도 없었던 겁니다."

 그녀가 스스로 터득한 것은 존 쿠퍼 포이스가 『불쾌한 일을 잊어버리는 기술』이라는 책에서 쓴 내용이었다.

 '사람은 일에 몰두해 있을 때 마음 편한 안심감, 깊은 내면적 안심의 경지, 일종의 행복한 도취감이 신경을 부드럽게 해준다.'

 이것이야말로 하늘이 인간에게 준 축복이 아니겠는가!

 얼마 전 세계적으로 유명한 여성 탐험가 오사 존슨으로부터 어떻게 고민과 슬픔에서 해방되었는지를 들을 수 있었다. 여러분 중에는 그녀의 전기를 읽은 사람이 있을지도 모른다. 책 제목은 '나는 모험과 결혼했다'이다. 모험과 결혼한 여성은 그녀 말고는 없을 것이다. 그녀는 16살 때 마틴 존슨과 결혼하면서 캔자스 주 차누테 시를 떠나 보르네오 정글로 갔다. 그로부터 약 25년 동안 이 캔자스 출신의 부부는 전 세계를 돌며 아시아나 아프리카의 멸종 위기 야생동물을 영화로 제작했다. 몇 년 뒤 미국으로 돌아온 두 사람은 자신들의 영화를 상영하며 강연 여행을 다녔다. 덴버에서 태평양 연안으로 향하던 도중에 두 사람이 타고 있던 비행기가 산에 충돌하여 마틴 존슨은 그 자리에서 숨지고 말았다. 의사들은 재기불능이라고 진단을 내렸다. 그러나 의사들은 오사 존슨이라는 인물에 대해 전혀 알지 못했다. 3개월 뒤에 휠체어를 탄 그녀는 수많은 청중 앞에서 강연하였다. 그녀는 이번 시즌에만 휠체어를 탄 채 100회 이상 청중들 앞에 섰다. 내가 왜 그렇게까지 하냐고 묻자 그녀는 이렇게 대답해 주었다.

"나는 슬프거나 괴로워할 틈을 주지 않기 위해 그렇게 한 거예요."

오사 존슨은 테니슨이 1세기 전에 '나는 절망에 빠지지 않기 위해 몸이 부서지라 활동해야 한다'고 주장했던 것과 같은 진리를 찾아낸 것이다.

버드 제독이 이 진리를 깨달은 것은 자연의 비밀을 품고 있으면서 미 대륙과 유럽을 합친 것보다 더 큰 미지의 대륙을 뒤덮은 남극 빙하의 만년설 속에서 말 그대로 매몰된 오두막에서 다섯 달 동안이나 고독한 생활을 하던 때이다. 버드 제독은 다섯 달 동안 홀로 생활을 했다. 주변 160킬로미터 이내에 생명체라고는 아무것도 존재하지 않았다. 혹독한 추위에 귓가로 바람이 불어오면 숨을 내쉴 때마다 얼음이 어는 소리가 들려왔다. 그는 저서 『나 홀로』에서 곤혹감과 영혼의 붕괴를 불러일으키는 암흑 속에서 보낸 다섯 달을 적나라하게 그려내고 있다. 낮에도 밤과 다를 것 없을 정도로 어두웠다. 그는 정신을 잃지 않기 위해 정신없이 바쁘게 지내야 했다.

"밤이 되어 등불을 끄기 전에 내일 아침에 해야 할 일들을 정리하는 습관을 들였다. 대피용 터널을 파는 데 한 시간, 눈을 치우는 데 30분, 연료용 드럼통을 손보는 데 한 시간, 식료품 터널 벽에 책장을 설치하는 데 한 시간, 망가진 썰매를 고치는 데 두 시간. 이런 식으로 계속해서 스스로 할 일들을 만들어냈다.

덕분에 나는 이례적인 자제심을 기를 수 있었고, 만약 그러지 않았다면 목적 없는 하루하루를 보냈을 것이다. 그리고 삶의 목적이 없었더라면 생활이 완전히 망가지고 말았을 것이다."

'삶의 목적이 없었더라면 생활이 완전히 망가지고 말았을 것이다.'

이 말에 다시 한번 주목해 주기 바란다.

마음속에 고민이 생기면 예부터 이용했던 바쁘게 일하는 처방을 기억해 주기 바란다. 전 하버드 대학 임상의학 교수이자 최고의 권위자인 고(故) 리처드. C. 캐버트 박사도 이것을 지적하고 있다. 그는 자신의 저서 『인간은 무엇으로 사는가?』에서 이렇게 적고 있다.

'나는 의사로서 견디기 힘든 의혹, 주저, 동요, 공포 때문에 생기는 영혼의 마비 상태로 고통 받는 사람들이 일함으로써 치유되는 것을 보고 행복했다. 일을 통해 얻는 용기는 에머슨이 영원한 찬란함이라 칭송했던 자기 신뢰와 일맥상통한다.'

바쁜 것을 싫어하여 그냥 앉아서 끙끙 앓기만 한다면 찰스 다윈이 'wibber gibbers(장황한 허풍쟁이)'라고 불렀던 것들만 늘어나게 될 것이다. 장황한 허풍쟁이란 요컨대 시대에 뒤처진 작은 악마와 같은 것으로서 이 녀석에게 당하게 되면 행동력과 의지력을 완전히 잃고 만다.

뉴욕에 사는 한 사업가는 정신없이 바쁘게 산 덕분에 초조해하거나 사소한 일을 걱정하는 시간을 없애고 wibber gibbers를 이겨냈다. 그의 이름은 트램퍼 롱맨으로 성인반 수강생이었는데 그의 고민을 극복한 체험담은 정말로 흥미롭고 인상적이었기 때문에 강의가 끝난 뒤 그를 식사에 초대했다. 우리는 밤이 깊은 것도 잊은 채 그의 체험담에 대하여 의견을 나누었다. 그의 체험담은 이렇다.

나는 18년 전에 심한 걱정거리 때문에 불면증에 시달렸습니다. 긴장과 초조함, 신경과민의 연속이었습니다. 이대로 가다가는 신경쇠약증에 걸릴 것 같았습니다. 고민의 원인은 잘 알고 있었습니다. 나는 뉴욕에 있는 크라운 후르츠&엑스트라 사의 회계를 맡고 있었습니다. 이 회사는 50만 달러를 투자해서 갤런 통 크기의 딸기 통조림을 제조하여 20년 동안 이 통조림들을 아이스크림 제조회사에 납품하고 있었습니다. 그런데 이 회사가 갑자기 영업 부진에 빠지고 말았습니다. 보든즈 사를 비롯한 대형 아이스크림 회사들이 생산량을 늘리면서 비용과 시간을 절약하기 위해 배럴 단위의 딸기를 구입하기 시작했기 때문입니다.

회사는 50만 달러 분의 딸기를 팔지 못하게 된 것은 물론이고 향후 1년 동안 100만 달러의 딸기 구매 계약을 해놓은 상태였습니다. 은행 대출금도 30만 달러가 있었지만 이대로 가다가는 대출금 상환은커녕 갱신조차 불가능한 상태였습니다. 내가 걱정하는 것도 무리는 아니었지요.

나는 당장에 캘리포니아 주 왓슨빌에 있는 공장으로 달려갔습니다.

그리고 사장님에게 상황이 급변해서 회사가 도산 직전이라는 것을 설명했습니다. 사장님은 제 이야기는 들으려 하지 않고 모든 책임을 뉴욕 사무실에 전가하면서 영업부의 무능함을 비난했습니다.

며칠 동안 사장님을 설득한 끝에 딸기 포장을 중단시키고 샌프란시스코 청과시장에 생딸기를 출하하기로 했습니다. 그렇게 해서 일단은 고비를 넘길 수 있었습니다. 그렇게 해서 제 고민이 해결될 줄 알았지만 그렇지가 않았습니다. 고민하는 것이 나쁜 습관 중에 하나라고 하듯이 나는 이미 고민하는 습관이 몸에 배고 말았습니다.

나는 뉴욕으로 돌아온 뒤로 온갖 것들을 고민하기 시작했습니다. 이탈리아에서 구매하고 있던 체리, 하와이에서 구매하던 파인애플 같은 것들에 관한 고민이었습니다. 나는 긴장과 초조 때문에 잠을 잘 수 없었습니다. 이미 말했듯이 신경쇠약 초기 단계였습니다.

절망한 끝에 나는 생활방식을 바꾸기로 했습니다. 덕분에 불면증을 고치고 고민도 한 번에 해결할 수 있었습니다. 정신없이 바쁘게 생활하기 시작했습니다. 모든 능력을 총동원해 매달려야 하는 문제들을 정신없이 처리하다 보니 더 이상 한가하게 고민을 할 시간이 없었습니다. 이전에는 하루에 일곱 시간 일하던 것을 열다섯 시간 열여섯 시간 하기로 했습니다. 매일 아침 여덟 시에 출근해서 밤 늦게까지 일했습니다. 새로운 업무를 맡아 새로운 책임을 스스로 떠안았습니다. 밤늦게 집으로 돌아가면 완전히 녹초가 되어 침대에 눕자마자 곯아떨어졌습니다.

이렇게 석 달 동안을 지속했습니다. 그리고 덕분에 고민하는 버릇을 고치고 평소처럼 하루에 일고여덟 시간 일을 하는 정상상태로 돌아갔

습니다. 이것은 18년 전의 일입니다. 그때 이후로 나는 불면증과 고민에 빠지는 일이 없었습니다.

역시 조지 버나드 쇼는 대단한 인물이다. 그의 이 한 마디는 정곡을 찌르고 있다.

"비참한 기분이 드는 비결은 자신이 행복한지 아닌지를 생각할 여유가 있다는 것이다."

다시 말해 그런 것을 생각할 필요가 없다는 것이다. 팔을 걷어붙이고 바쁘게 일하자. 그러면 혈액순환도 좋아지고 두뇌 회전도 빨라질 것이다. 머지않아 몸속의 생명력이 솟구치면서 마음의 고민을 몰아낼 것이다. 스스로 바쁜 삶을 유지하는 것이다. 이것이야말로 지구상에 존재하는 가장 싼 치료약이자 절대적인 효과를 거둘 수 있다.

> **고민하는 습관을 근절해 버리는 첫 번째 철칙**
>
> 바쁘게 움직여라.
> 고민거리가 있는 사람은 절망감에 빠지지 않기 위해 몸이 부서지라
> 활동해야 한다.

딱정벌레에게 당하지 마라

내 평생 잊지 못할 극적인 이야기가 있다. 이 이야기를 들려준 사람은 뉴저지 주 메이플우드에 사는 로버트 무어이다.

1945년 3월, 나는 인생의 최대 교훈을 배웠습니다. 그것은 인도차이나 바다의 수심 87.5미터 해저에서였습니다. 나는 잠수함 바야 호 88명의 승무원 중의 한 명이었습니다. 저희는 레이더를 통해 일본의 작은 호위함이 다가오는 것을 발견했습니다. 저희는 동이 트기 시작하면서 공격을 하기 위해 잠항을 시작했습니다. 잠망경을 통해 확인된 것은 호위 구축함과 유조선, 기뢰 부설함이었습니다. 우리는 구축함을 향해 세 발의 어뢰를 발사했지만 명중되지 않았습니다. 어뢰에 뭔가 고장이 생겼던 것입니다. 일본 구축함은 공격을 받았다는 사실을 모른 채 그대로 전진했습니다. 우리가 제일 후미에 있던 기뢰 부설함을 공

격할 준비를 하고 있을 때 갑자기 구축함이 방향을 바꿔 곧바로 우리를 향해 다가왔습니다(일본 비행기가 해저 18미터에 있던 우리를 발견하고 기뢰 부설함에 무선으로 위치를 알려준 것입니다). 우리는 탐지를 피해 해저 46미터까지 잠수를 하고 수중 폭뢰에 대비하였습니다. 예비 볼트로 해치를 꽉 조이고 소리를 내지 않기 위해 환풍기와 냉방장치 등 모든 전원 스위치를 껐습니다.

3분이 지나자 마치 지옥과도 같았습니다. 여섯 개의 수중 폭뢰가 잠수함 주위에서 폭발했고, 우리는 수심 87.5미터 바닥으로 곤두박질쳤습니다. 모두가 공포로 부들부들 떨었습니다. 수심 300미터 이내에서 공격을 당하면 대단히 위험하고, 수심 150미터 이내라면 죽음을 의미합니다. 그런데 우리가 공격당한 것이 수심 75미터 정도였습니다. 안전을 보장할 수 없는 위치였던 겁니다. 일본군은 15시간 동안 계속해서 수중 폭뢰를 투하했습니다. 잠수함에서 4, 5미터 이내에서 폭발한다면 잠수함에 구멍이 뚫리게 됩니다. 수많은 폭뢰가 15미터도 안 되는 거리에서 폭발했습니다. 우리에게 내려진 명령은 '몸을 지켜라', 다시 말해 침상에 누워 있는 것이었습니다. 나는 무서워서 숨이 멎을 것 같았습니다. 그야말로 절체절명의 순간, 절체절명! 나는 이 말만 반복했습니다. 환풍기와 냉방장치를 모두 정지시켰기 때문에 잠수함 온도는 40도가 넘었습니다. 하지만 나는 공포 때문에 한기를 느껴서 스웨터와 가죽점퍼를 입었습니다. 그런데도 부들부들 떨면서 이가 부딪히는 소리가 났습니다. 식은땀이 줄줄 흘렀습니다. 15시간이나 공격이 계속되다가 갑자기 멈췄습니다. 아마도 폭뢰가 다 떨어진 일본군이 물러간 것 같았습니다. 이렇게 공격을 당하고 있던 15시간은 마치 150

만 년처럼 느껴졌습니다. 과거의 시간이 주마등처럼 스쳐갔습니다. 내가 했던 모든 나쁜 짓들, 터무니없는 고민을 하나하나 떠올렸습니다. 해군 입대 전에는 은행원이었습니다. 오랜 근무시간과 낮은 급여, 승진 기회가 없어 끙끙 앓고 있었죠. 집을 살 수도 없었고, 새 차도 살 수 없었고, 아내에게 예쁜 옷도 사주지 못한 것도 모두 고민거리였습니다. 언제나 꽥꽥거리며 잔소리를 하는 나이 많은 부장을 얼마나 미워했던가! 언짢은 기분으로 퇴근해서 집에 가서 사소한 일 때문에 아내와 말다툼을 했던 것을 떠올렸습니다. 자동차 사고 때문에 이마에 생긴 흉측한 상처도 항상 마음에 걸렸습니다.

몇 년 전까지만 해도 이런 것들이 왜 그리도 큰 고민거리였는지! 그런데 폭뢰 공격을 당해 죽을지도 모른다는 생각에 식은땀을 흘리면서 그런 모든 것들이 바보 같다는 생각이 들었습니다. 나는 그때 나 자신에게 만약 다시 해와 별을 볼 수 있게 된다면 다시는 고민하지 않겠다고 맹세했습니다. 나는 잠수함에서 공포에 질려 있던 15시간 동안에 인간의 삶의 방식에 대하여 시러큐스 대학에서 4년 동안 책을 통해 배웠던 것보다 더 많은 것을 배울 수 있었습니다.

우리는 살면서 큰 재난에 용감하게 맞서는 경우가 적지 않다. 그러면서도 사소한 일들, 예컨대 '짜증스러운 일' 때문에 신경을 쓴다. 예를 들어 사무엘 피프스의 '일기' 속에서 런던에서 해리 베인 경이 참수를 당하는 모습을 적은 부분이 있다. 해리 경은 처형대에 올랐을 때 사형 집행인에게 목숨을 구걸하는 대신에 목에 난 종기는 건드리지 말아 달라고 애원했다고 한다.

또 다른 예로, 버드 제독이 극지의 칠흑 같은 어둠과 혹한 속에서 발견한 것은 부하들이 중대한 문제보다는 '짜증스러운 일' 때문에 일어난 소동이었다. 대원들은 위험과 역경, 영하 80도의 혹독한 추위는 참고 견뎠다. '하지만' 버드 제독이 말했다.

"붙어서 자던 대원들이 갑자기 서로 말도 하지 않았던 때가 있었다. 그 이유는 한 대원의 소지품이 상대의 잠자리까지 침범했다는 것이다. 또한 음식을 삼키기 전에 엄숙하게 28번 씹어야 한다는 '감식주의(減食主義)자'가 보고 있으면 도저히 음식을 삼킬 수 없다는 사람도 있었다. 극지의 캠프에서는 이처럼 사소한 것들이 교양 있는 사람을 미치기 직전의 상태로 내모는 힘을 가지고 있다."

버드 제독은 이 말도 덧붙여야 했다. 결혼 생활에서는 '사소한 일' 때문에 미치기 직전의 상태로 내몰고, '인간 세상의 화병 중 절반'은 '사소한 일'에서 비롯된다고.

많은 권위자도 똑같이 말하고 있다. 예를 들어 시카고의 조지프 새바스 판사는 4만 건에 달하는 불행한 결혼을 조정해준 인물로서 '불행한 결혼생활의 원인은 사소한 일 때문'이라고 단언했다. 또한 뉴욕 주 지방검사인 프랭크. S. 호건은 이렇게 말했다.

"형사 소송의 과반수는 사소한 일 때문에 벌어진다. 술집에서의 허세, 집안에서의 말다툼, 모욕적인 언행, 비방, 무례한 행동 등. 이러한 사소한 일들이 폭력사건이나 살인사건으로까지 발전한다. 잔혹한 취급을 당했기 때문에 벌어지는 일은 거의 없다. 마음의 상처를 받는 과반수 이상이 자존심을 건드렸거나 모욕을 당하고 허영심을 자극당했기 때문에 발생한다."

일리노어 루스벨트는 결혼 초기 새 주방장의 요리가 입에 맞지 않아 고생했다고 한다.

"며칠 동안 고민을 했어요. 하지만 지금이라면 어깨를 한 번 으쓱하고 잊어버릴 수 있어요."

그렇다. 이것이야말로 성숙한 어른의 모습이라 할 수 있을 것이다. 절대 군주였던 예카테리나 여제조차도 주방장이 요리를 실패하여도 그냥 웃어넘겼다.

우리 부부가 시카고의 친구로부터 저녁식사 초대를 받았을 때의 일이다. 친구는 고기를 썰어 나눌 때 작은 실수를 저질렀지만 나는 그것을 눈치채지 못했다. 혹시 알았다고 하더라도 그냥 넘어갔을 것이다. 그런데 그의 부인은 그 사실을 알아차리고 우리 부부가 보는 앞에서 남편을 타박했다.

"존, 당신 뭐하는 거예요! 아직 그것 하나 제대로 못 해요!"

그녀는 우리에게 다시 이렇게 말했다.

"남편은 실수투성이에요. 뭘 해도 의욕이 없어요!"

의욕이 없는 것일 수도 있겠지만, 나는 20년이나 그런 부인과 함께 살아온 친구에게 경의를 표하고 싶다. 솔직히 말하자면 잔소리를 들으면서 오리 요리나 상어 지느러미 수프를 먹느니 차라리 편안한 분위기에서 겨자를 바른 핫도그를 먹는 편이 훨씬 낫다.

이 일이 있고 얼마 뒤에 우리 부부는 몇 명의 지인들을 저녁 식사에 초대하였다. 약속 시각 직전이 되어서야 아내가 냅킨 세 장이 식탁보와 어울리지 않는다는 것을 알게 되었다.

모두가 돌아간 뒤 아내는 내게 이렇게 말했다.

"당장에 주방장에게로 달려가 물으니 세 장의 냅킨을 세탁소에 보냈다고 하더라고요. 손님들이 오시기 시작했으니 바꿀 시간이 없었던 거죠. 처음에는 화가 나서 '이런 말도 안 되는 실수 때문에 오늘 저녁 식사를 망쳐 버리는 게 아닐까?'라는 생각만 했었어요. 그러다 문득 어떻게든 될 것 같다는 생각이 들어 즐겁게 지내기로 결심하고 식탁에 앉았죠. 그리고 즐겁게 지냈죠. 사람들이 형편없는 주부라고 흉을 보더라도 신경질적이라는 소리를 듣는 것보다는 나으니까요. 그런데 정작 사람들은 냅킨에 대해서는 신경도 쓰지 않더라고요."

법률에 관한 유명한 금언이 있다.

'법은 사소한 일에 관여하지 않는다.'

당신에게 고민거리 있어 마음의 안정을 바란다면 사소한 일에 집착하지 말아야 한다.

대부분의 경우 사소한 일에 집착하지 않기 위해서는 최대한 관점을 바꿔야 한다. 다시 말해 마음속에 새롭고 유쾌한 관점을 만드는 것이다. 내 친구『그들은 파리로 갔다』의 작가 호머 크로이는 어떻게 하는 것이 좋을지에 대한 훌륭한 예를 보여주고 있다. 그는 뉴욕의 아파트에서 집필에 몰두하고 있을 때마다 난방장치의 소음 때문에 괴로워하다 미칠 것만 같았다. '쿵', '슈우'와 같은 증기 소리가 들릴 때마다 짜증이 폭발할 것 같았다.

"하루는 친구들과 캠핑을 갔는데, 커다란 장작이 타오르면서 '탁탁' 소리가 나는 것을 듣고 있자니 마치 집안의 난방장치에서 나는 소리와 정말 닮았다는 생각이 들었다. 그런데도 한쪽은 유쾌하게 들리고 다른 한 쪽의 소리는 불쾌하게 들리는 것은 왜일까? 집에 돌아온 나는 마음속으로 이렇게 다짐했다. '활활 타오르는 장작더미에서 나는 소리는 유쾌했다. 난방장치의 소리도 그 소리와 비슷하잖아. 더 이상 저 소리에 신경을 쓰지 말자.' 예상대로 이삼일은 난방장치에서 나는 소리가 신경이 쓰였지만 며칠이 지나자 전혀 신경이 쓰이지 않았다. 수많은 사소한 고민거리들도 마찬가지이다. 우리가 까닭없이 싫어하고 짜증을 내는 모든 일은 그것을 크게 받아들이기 때문이다."

디즈레일리는 이렇게 말했다.
"사소한 일로 전전긍긍하기에 인생은 너무도 짧다."
앙드레 모루와는 <디스 위크>지에서 이런 발언을 하였다.
"이 말은 내게 고난으로 가득한 수많은 시련이 닥쳤을 때 항상 마음의 의지가 되었다. 우리는 자주 잊어버려도 될 사소한 것들 때문에 자신을 망치고 만다. 우리가 이 지구상에서 살아 있는 시간은 고작해야 몇 십 년에 불과하다. 그런데 어째서 1년 만 지나면 모두의 기억 속에서 잊혀질 불평불만들을 고민하면서 소중한 시간을 낭비한다. 더 이상은 안 된다. 우리의 인생을 가치 있는 활동, 감각, 위대한 사상, 진실한 사랑, 영원한 업적을 위해 투자하자. 사소한 일로 전전긍긍하기에 인생은 너무도 짧다."

러드야드 키플링과 같은 유명인사들조차도 때로는 '사소한 일로 전전긍긍하기에 인생은 너무도 짧다'는 사실을 망각하곤 한다. 덕분에 어떤 결과를 초래했는가? 키플링과 처남 사이의 분쟁은 결국 버몬트 주 사상 가장 유명한 재판으로까지 번지고 말았다. 너무나 유명해진

이 분쟁은 『러드야드 키플링의 버몬트 분쟁』이라는 책까지 나오고 말았다.

그 내용은 대략 이랬다. 키플링은 캐롤라인 발레스티어라는 버몬트 아가씨와 결혼하고 버몬트 주 브레틀버로우에 아름다운 집을 지었다. 그는 이곳에 정착하여 여생을 보낼 생각이었다. 그의 처남 비티 발레스티어는 키플링과 절친한 사이가 되어 함께 일을 하고, 함께 여가를 보냈다.

키플링은 발레스티어에게서 토지를 매입하면서 발레스티어에게 계절이 바뀔 때마다 목초를 베어가도 좋다고 허락하였다. 그러던 어느 날, 키플링이 목초지에 화단을 만들고 있다는 소식을 듣게 된 발레스티어는 화가 머리끝까지 나서 난리를 쳤다. 그러나 키플링도 그에 지지 않았다. 버몬트의 그린마운틴 하늘에는 험악한 공기가 맴돌았다.

그리고 며칠 뒤, 키플링이 자전거를 타고 지나가고 있을 때 처남 발레스티어가 몰던 마차가 갑자기 나타나 키플링은 자전거에서 고꾸라지고 말았다. '주변 사람들이 모두 자제심을 잃고 그대에게 비난을 퍼부을지라도 그대가 자제심을 잃지 않는다면'이라고 했던 키플링은 완전히 이성을 잃고 발레스티어를 형사고발해 버렸다! 이렇게 해서 세상 사람들을 깜짝 놀라게 할 재판이 벌어지게 되었다. 대도시에서 기자들이 몰려들었고 이 소식은 전 세계로 퍼져나갔다. 아무런 해결책도 없어 보였다. 이 분쟁 때문에 키플링 부부는 여생을 미국에서 보낼 수 없게 되었다. 이렇듯 모든 안타깝고 허무한 사건의 발단은 정말로 사소한 목초 때문이었다.

페리클레스는 이미 2,400년 전에 이렇게 말하였다.

"여러분, 우리는 사소한 것에 대해 지나치게 오래 논쟁하고 있다."

그렇다, 정말이지 딱 들어맞는 말이다.

해리 에머슨 포스딕 박사가 들려준 재미난 이야기를 소개해 보기로 하겠다.

콜로라도 주 롱스피크 산허리에는 한 그루의 거대한 나무 잔해가 있다. 자연학자들의 말에 의하면 수령이 400년이나 된다고 한다. 그 나무는 콜럼버스가 산살바도르에 상륙했을 때는 묘목이었고, 청교도들이 플리머스에 이주했을 때에는 어린나무로 성장해 있었다. 그 나무는 오랜 세월 동안 14번의 벼락을 맞았고, 4세기 동안 셀 수 없이 많은 눈사태와 폭풍우가 덮쳤어도 끈질기게 살아남았다. 그러나 결국 딱정벌레 무리가 모여들면서 이 거목을 쓰러뜨리고 말았다. 딱정벌레는 나무껍질을 파고 들어가 아주 느리지만 끊임없이 공격함으로써 서서히 이 거목의 생명력을 파괴해 버린 것이다. 오랜 세월 낙뢰와 폭풍우에도 굴복하지 않았던 숲속의 거목이 손가락으로 눌러 죽일 수 있을 정도로 작은 곤충 때문에 결국은 쓰러지고 만 것이다.

우리도 이 웅장한 거목을 닮은 것은 아닐까? 우리는 드물게 닥쳐오는 인생의 폭풍우와 눈사태와 낙뢰는 이겨내지만 고민이라는 작은 벌레, 손가락으로 눌러 죽일 수 있을 만큼 작은 벌레 때문에 정신이 파괴되고 있는 것은 아닐까?

나는 몇 년 전에 와이오밍 주 고속도로 순찰대의 찰스 세이프레드와 그의 동료들과 함께 와이오밍의 티턴국립공원을 여행했다. 우리는 공원 안에 있는 존. D. 록펠러의 사유지를 방문할 예정이었다. 그런데 내가 타고 있던 차가 길을 잘못 들어 헤매다가 다른 차보다 한 시간이나 늦게 목적지에 도착했다. 문의 열쇠를 가지고 있던 세이프레드 씨는 우리가 도착할 때까지 한 시간 동안 무덥고 모기가 우글거리는 숲속에서 기다려 주었다. 성인(聖人)이라 할지라도 미치게 할 만큼 모기가 많았다. 그러나 이런 모기들조차도 세이프레드 씨를 이길 수 없었다. 그는 우리를 기다리는 동안 사시나무 가지를 꺾어서 풀피리를 만들고 있었다. 그리고 우리가 도착해서 보니 모기 따위는 전혀 개의치 않고 풀피리를 불고 있었다. 나는 사소한 일에 어떻게 대처할지 잘 알고 있는 세이프레드 씨를 기념하기 위해 그 풀피리를 소장하고 있다.

고민하는 습관 때문에 굴복하기 전에 근절해 버리는 두 번째 철칙은 이것이다.

고민하는 습관을 근절해 버리는 두 번째 철칙

신경 쓸 필요도 없고 잊어버려도 될 사소한 일 때문에 마음을 어지럽혀서는 안 된다.
'사소한 일로 전전긍긍하기에는 인생은 너무도 짧다.'

대부분의 고민거리를 몰아내는 방법

내가 미주리 주의 농장에서 살던 어린 시절, 하루는 어머니를 도와 벚나무 씨를 뿌리다 말고 울음을 터뜨리고 말았다. 그러자 어머니가 물었다.

"얘야, 왜 그러니?"

나는 엉엉 울면서 대답했다.

"내가 죽었을 때, 혹시라도 산 채로 묻힐까 봐 무서워요."

당시 나는 고민거리가 끊이지 않았다. 천둥이 치면 벼락을 맞아 죽을까 봐 무서웠다. 집안 사정이 좋지 않을 때면 당장이라도 굶어 죽는 것이 아닐까 걱정했다. 죽어서 지옥에 떨어지는 것이 아닐까 두려웠다. 내 귀를 잘라 버리겠다고 놀리던 동네 형 샘 화이트가 정말로 귀를 자를까 봐 무서웠다. 모자를 벗고 인사를 하면 여자애들의 웃음거리가 되지 않을까 고민했다. 나랑 결혼하겠다는 여자가 한 명도 없는 것이 아닐까 걱정했다. 결혼하고 나면 아내와 무슨 이야기를 해야 할지 고민스러웠다. 아마도 어느 한적한 시골 교회에서 결혼식을 올린 뒤 지붕에 장식을 한 사륜마차를 타고 농장에 돌아가겠지. 그런데 마차 안에서는 무슨 말을 해야 좋단 말인가?

대체 어떻게 하면 좋단 말인가? 나는 밭에 씨를 뿌리며 긴 시간 이런 중차대한 문제로 골머리를 앓았다.

나는 세월이 흐르면서 차츰 내가 고민했던 것들의 99퍼센트는 일어나지 않는다는 사실을 깨달았다.

나는 번개를 무서워했다. 그러나 지금은 1년에 벼락을 맞아 죽는 사람이 국가 안전회의의 보고에 따르면 30만 명 중 한 명에 지나지 않는다는 사실을 알고 있다.

살아 있는 동안에 매장을 당할지도 모른다며 불안에 떨던 것은 정말 바보 같은 생각이었다. 아직 시신의 방부처리 보존 습관이 없었던 그 옛날에도 살아 있을 때 매장을 당한 사람은 1,000만 명에 한 명꼴이었다. 그런 사실을 까맣게 모르고 생매장을 당할까 두려워 울었다.

8명 중의 한 명은 암으로 죽는다. 같은 고민이라면 벼락이나 생매장보다는 암을 무서워하는 것이 마땅하다.

여기서 소개한 이야기는 어린 시절이나 청소년 시절의 고민거리에 불과하다. 그러나 어른들의 고민거리 중에서도 황당한 것들이 많다. 여러분도 평균의 법칙에 비추어 자신의 고민이 과연 정당한지를 판단하고 항상 끙끙 앓는 태도를 고친다면 고민의 90퍼센트는 반드시 해소될 것이다.

세계에서 가장 유명한 보험회사인 런던의 로이드선박협회는 매우 드물게 일어나는 일들을 걱정하는 사람의 특성을 이용해서 막대한 부를 축적했다. 로이드 협회는 일반인들이 걱정하는 재난 등은 절대 일어나지 않을 것이라는 예상 하에 도박하는 것이다. 그런데 그들은 이것을 도박이라 부르지 않고 보험이라는 이름을 붙였다. 하지만 이것도 사실은 평균의 법칙에 바탕을 둔 도박이다. 이 거대한 보험회사는 200년 동안이나 발전해왔고, 인간의 특성이 변하지 않는 한 앞으로 500년 동안은 유지가 가능할 것이다. 일반인들이 걱정하는 만큼 자주 일어나지 않는 선박이나 봉랍(封蠟)과 같은 재난에 대비하여 평균의 법칙을 따라 보험 계약을 성사시키기 때문에 말이다.

평균의 법칙을 살펴본다면 아마도 생각지도 못했던 사실에 깜짝 놀랄 것이다. 그 일례를 들어보기로 하자. 내가 5년 이내에 게티즈버그 전투처럼 비참한 전투에 참전해야만 한다면 당장에 공포에 사로잡히고 말 것이다. 나는 가능한 한 많은 보험을 들어 놓고, 유언장을 정리하고, 처리하지 못한 일들을 정리할 것이다. 그리고 '전쟁에서 살아 돌아올 수 없는 이상 남은 시간을 최대한 즐겁게 보내자'라고 생각할 것이다. 그런데 평균의 법칙에 따르면 게티즈버그 전투에서 치명상을 입을 확률은 평화 시에 50살에서 55살까지 사는 동안의 위험성과 같은 비율이다. 다시 말하자면 평시에 50살에서 55살까지의 1,000명당 사망자 수는 게티즈버그에 참전했던 16만 3,000명의 장병 중에서 1,000명당 사망자 수와 같다.

이 책의 일부는 캐나디안 로키에 있는 보 호숫가의 친구 제임스 심슨의 별장에서 집필하였다. 여름 한 철을 그곳에서 보내면서 샌프란시스코에 사는 하버드 샐린저 부부를 만났다. 샐린저 부인은 차분하고 조용한 여성으로서 고민거리가 전혀 없어 보이는 인상이었다. 어느 날 저녁, 나는 활활 타고 있는 난로 앞에서 그녀에게 지금까지 크게 고민한 적이 없었을 것으로 보인다고 했다. 그녀는 이렇게 말했다.

고민하고 괴로워한 적이 없어 보인다고요? 나는 그 때문에 인생을 완전히 망칠 뻔했어요. 나는 제 성격을 고치지 못한 탓에 11년 동안 내가 만든 지옥에서 살아야 했어요. 성마른 성격에 화를 잘 냈기 때문에 항상 긴장 상태에서 살아야 했죠. 매주 쌘머테이오에서 샌프란시스코까지 장을 보러 가서 장을 보는 내내 이런저런 걱정 때문에 초조했죠. 다리미는 제대로 끄지 않아 불이 나면 어쩌나, 가정부가 아이들만 남기고 도망치지는 않았는지, 아이들이 자전거를 타다가 사고라도 나지 않았는지 걱정이 끊이지 않았죠. 불안감이 점점 커지면서 식은땀이 나기 시작하면 장을 보는 도중에 만사를 제쳐놓고 버스에 올라타 아무 이상이 없다는 것을 확인하기 위해 집으로 돌아가야 했죠. 첫 결혼생활이 불행으로 끝난 것도 당연한 일이죠.

두 번째 남편은 변호사였는데, 무슨 일이든 과장하지 않고 조용히 분석하고 생각하는 사람이었어요. 내가 긴장하기 시작하면서 초조해하면 늘 이렇게 말했어요. '마음을 편하게 하고 천천히 생각해 보라고. 대체 뭐가 그렇게 걱정이야? 평균의 법칙을 통해 실제로 일어날 수 있는지 없는지를 살펴보라고.'

한 번은 이런 일이 있었어요. 저희는 뉴멕시코 주 앨버커키에서 칼스배드 캐번스 국립공원으로 가기 위해 비포장도로를 달리고 있을 때 심한 폭풍우를 만났죠.

자동차 바퀴가 미끄러지면서 핸들이 말을 듣지 않았죠. 나는 자동차가 도랑에 빠져버릴 것으로 생각했죠. 하지만 남편은 침착하게 말했어요. '천천히 가고 있으니 아무런 걱정할 필요 없어. 혹시라도 도랑에 빠진다고 해도 평균의 법칙에 따르자면 부상 당할 일은 없어.' 남편의 냉정함과 자신감 덕분에 저도 침착할 수 있었어요.

어느 여름에 캐나디안 로키의 투캥 계곡으로 캠핑 여행을 간 적이 있었어요. 그런데 해발 2000미터쯤에서 캠핑을 하던 밤에 갑작스러운 폭풍 때문에 당장이라도 텐트가 찢어질 것 같았어요. 텐트는 밧줄로 데크에 매어져 있었지만 바깥쪽 텐트가 사방으로 흔들리면서 펄럭거리며 삐걱거리고 있었죠. 나는 당장이라도 밧줄이 풀려서 텐트가 하늘로 날아갈 것 같아 두려움에 떨었죠. '여보, 우리는 브루스터스의 안내를 받고 있어. 브루스터스는 모든 상황을 잘 알고 있다고. 그들은 60년이나 이 산에서 텐트를 치고 살고 있어. 이 텐트는 해마다 사용했지만 바람에 날린 적은 단 한 번도 없어. 평균의 법칙에 따르자면 오늘 밤에 텐트가 날아가는 일은 절대 없을 거고, 만약에 그렇게 된다면 다른 텐트로 옮기면 그만이야. 그러니 마음을 편하게 가지라고.' 나는 냉정을 되찾고 그날 밤을 편안하게 잘 수 있었죠.

몇 년 전에 저희가 사는 캘리포니아 지방에 소아마비가 크게 번진 적이 있었죠. 옛날 같았다면 나는 히스테리를 일으켰을 거예요. 하지만 남편은 제게 차분하게 대처하라고 했죠. 저희는 철저한 준비를 해두었어요. 아이들을 사람들이 많은 곳을 피하게 하고 학교와 영화관에 보내지 않았어요. 보건부에 과거의 기록을 물어보니 캘리포니아에서 소아마비가 가장 맹위를 떨쳤던 때에도 주 전체의 아이 중에서 1,835

명 만이 소아마비에 걸렸죠. 그리고 평소에는 이삼백 명 정도라고 하더라고요. 정말로 안타까운 사실이기는 하지만 평균의 법칙에 비추어 본다면 아이들이 소아마비에 걸릴 확률은 아주 낮다는 것을 깨달았죠.

'평균의 법칙으로 본다면 절대 일어나지 않아.'

이 말 덕분에 제 걱정의 90퍼센트는 사라졌죠. 그리고 최근 20년 동안의 인생은 상상하지 못했을 정도로 평화롭고 행복할 수 있었죠.

고민과 불행의 대부분은 상상의 산물이지 현실의 것이 아니라고 한다. 나도 내 과거를 돌이켜보면서 내 고민의 대부분도 그랬다는 것을 확인할 수 있었다. 짐 그랜트도 나와 똑같은 경험에 관해 이야기해 주었다. 그는 뉴욕에서 제임스. A. 그랜트 중개사를 경영하고 있다. 그는 플로리다산(産) 오렌지와 자몽을 한 번에 화차 열 대에서 열한 대 분량을 사들이면서 항상 망상에 사로잡혀 고통을 당했다고 한다. 열차 사고가 일어나 과일들이 전부 쏟아져 버리는 것은 아닐지, 열차가 지날 때 다리가 무너지는 것은 아닐지 걱정해야 했다. 물론 당연히 화물은 보험에 들어 있었지만 그가 걱정하는 것은 날짜 안에 납품을 하지 못해 거래처를 잃는 것이었다. 그는 불안으로 위궤양에 걸린 것 같아 의사를 찾아갔다. 의사는 다른 이상은 없지만 신경이 곤두서 있다는 것을 지적했다.

"의사의 말을 듣고 안도의 한숨을 내쉬며 스스로에게 자문해 봤습니다. '짐 그랜트, 너는 지금까지 화차 몇 대분의 화물을 취급했지?' '대략 2,500대 분이다.' '그 중에 열차 사고를 당한 건 몇 대였지?' '다섯 대였지.' 그리고 스스로 이렇게 물었습니다. '뭐? 고작 다섯 대야? 겨우 5,000대에 한 대꼴이라고! 그렇다면 경험적 평균의 법칙에 따르자면 네 화차 한 대가 사고를 일으킬 확률은 5,000분의 1이잖아. 걱정할 필요가 어디 있어?'

그리고 다시 자문해 봤습니다. '하지만 철교가 무너져 내릴지도 몰라! 철교 붕괴로 지금까지 손해 본 게 몇 대였지?' 대답은 제로였습니다. '이렇게 어리석을 수가. 한 번도 일어나지 않은 철교 붕괴와 확률이 5,000분의 1에 불과한 열차사고 때문에 전전긍긍하며 위궤양에 걸렸다고 고민을 하다니!'

이렇게 생각해보니 정말 바보 같다는 생각이 들었습니다. 나는 당장에 제 고민을 평균의 법칙에 맡기자고 마음먹었습니다. 그날 이후로 위궤양 때문에 고민하는 일은 사라졌습니다!"

나는 앨 스미스가 뉴욕 주지사였을 때 정적의 공세를 당하자 몇 번이고 '기록을 살펴보지요. 기록을 살펴보면…'이라고 반복하는 것을 본 적이 있다. 그는 그런 다음 사실을 열거해 주었다. 이제 막 일어날지도 모르는 사항에 대하여 고민이 된다면 우리도 현명한 앨 스미스의 조언을 따르도록 하자. 먼저 기록을 살펴보고 지금 문제가 되는 것이 얼마나 근거가 있는지를 검토하는 것이다. 프레데릭. J. 말슈테트는 마치 자신이 무덤 속에 누워 있는 것이 아닐까 불안함을 느꼈을 때 이 방법을 썼다. 그가 뉴욕 강좌에서 이야기해준 내용은 다음과 같다.

1944년 6월 초에 나는 오마하 해변 근처의 좁고 긴 참호에 누워 있

었습니다. 제999 통신중대의 일원으로 노르망디에서 참호생활을 하고 있었던 겁니다. 나는 좁고 긴 참호 안을 둘러보고 마치 무덤 속 같다고 중얼거렸습니다. 그곳에 몸을 누이고 잠이 들 때마다 무덤 같다는 생각이 들었습니다. 나는 문득 '내 무덤이 될지도 몰라'라고 혼잣말을 중얼거렸습니다. 밤 열한 시에 독일군 폭격기가 날아와 폭탄을 투하하기 시작하자 공포가 온몸을 짓눌렀습니다. 처음 이삼일은 한숨도 잘 수 없었습니다. 나흘째 밤인가 닷새째 밤에는 신경쇠약에 걸릴 지경이었습니다. 나는 뭔가 조치를 하지 않으면 미쳐버릴 것만 같았습니다. 그리고 문득 닷새가 지나도 여전히 살아 있다는 것을 깨달았습니다. 이것은 부대원 모두 마찬가지였습니다. 고작 두 명의 부대원이 부상을 입었지만 그들은 독일군의 폭격에 의한 것이 아니라 아군이 고사포를 쏠 때 터진 파편에 의한 상처였습니다. 나는 뭔가 건설적인 일을 하면서 공포를 털어 버리기로 했습니다. 나는 제 참호 위에 두껍게 나무 지붕을 만들어 포탄 파편을 막기로 하였습니다. 그리고 아군이 퍼져 있는 넓은 지역에 대해서도 생각해 보았습니다. 이 깊은 참호 속에서 내가 죽는다면 그것은 아마 직격탄에 의해서라고 저 스스로에게 말했습니다. 직격탄을 맞을 확률은 1만 분의 1 이하라는 사실을 깨달았습니다. 이런 식으로 생각하고 이삼일이 지나자 나는 폭격 속에서도 태연하게 잠을 잘 수 있게 되었습니다.

미국 해군은 장병들의 사기를 올리기 위해 평균의 법칙을 바탕으로 한 통계를 이용하고 있다. 한 해군 전역 병사는 자신들이 옥탄가가 높은 유조선의 근무 명령을 받고 불안 때문에 몸이 굳을 정도였다고 한다. 그들은 모두 이 유조선이 어뢰에 당하게 되면 배가 폭발하여 전원이 저세상으로 날아가 버릴 것이라고 믿고 있었다.

그러나 미 해군은 그것과 다른 사실을 알고 있었다. 해군은 정확한 숫자를 공표함과 동시에 어뢰에 당한 100척의 유조선 중에 60척은 침몰하지 않았다는 사실, 침몰한 40척 중에서 10분 안에 침몰한 배는 5척밖에 없다는 사실을 강조하였다. 바꿔 말해 탈출할 여유가 충분하기 때문에 사상자가 극히 드물다는 의미이다. 이것이 사기를 높여주는 데 도움이 되었을까?

"평균치에 관한 지식은 내 불안함을 모두 해소해 주었다."

내게 이 이야기를 해준 사람은 미네소타 주 세인트폴 출신의 해군 출신 병사 클라이드 마스는 이렇게 말했다.

"승무원 모두 활기를 되찾았습니다. 우리에게 승리할 수 있다는 확신이 있었습니다. 그리고 평균의 법칙에 따르면 아마도 죽는 일은 없을 겁니다."

고민하는 습관을 근절해 버리는 세 번째 철칙

'기록을 살펴보자.'
그리고 이렇게 자문하는 것이다.
'평균의 법칙에 의하면 불안의 원인이 되는 것 중에 실제로 일어날 확률은 어느 정도일까?'

피할 수 없는 운명이라면 함께 하라

나는 어린 시절 미주리 주 북서부에 있던 한 폐가의 다락방에서 몇몇 친구들과 놀고 있었다. 나는 다락방 창문에 한쪽 다리를 건 채로 훌쩍 뛰어내렸다. 나는 왼손 검지에 반지를 끼고 있었는데 뛰어내리는 순간에 반지가 못에 걸려 손가락이 잘려나가고 말았다.

나도 모르게 비명을 질렀다. 무서웠다. 죽을지도 모른다는 생각이 들었다. 그러나 상처가 아물면서 서서히 그런 고민은 사라지고 말았다. 고민한다고 해서 무슨 도움이 되겠는가? 나는 운명을 받아들였다.

현재, 내 왼손에는 엄지와 세 개의 손가락밖에 없지만 이러한 사실은 한 달에 한 번 깨닫는 정도이다.

몇 년 전에 뉴욕의 한 사무실에서 화물 엘리베이터 수리를 담당하는 한 사내를 만난 적이 있었다. 나는 곧 그 사내의 왼손 손목이 잘려 있다는 것을 눈치챘다. 그에게 신경이 쓰이지 않느냐고 묻자 이렇게 대답했다.

"별로요. 그런 생각은 해본 적이 없네요. 내가 독신이기 때문에 바늘에 실을 꿸 때 정도만 아쉽다는 생각이 들지요."

우리는 어쩔 수 없는 상황에서는 놀랄 만큼 빨리 그 상황을 받아들이고 순응하며 그것을 잊을 수 있다.

나는 이따금 네덜란드 암스테르담에 있는 15세기 성당의 폐허에서 본 비명을 떠올린다. 거기에는 플랑드르 어로 '이미 그러하니 그럴 수밖에 없다'라고 적혀 있다.

우리는 긴 인생을 살면서 스스로 어떻게 할 수 없는 반갑지 않은 상황에 부닥치는 경우가 많다. 그것은 어떻게 할 수 없는 일이지만 선택은 우리의 자유이다. 그런 상황을 하늘의 뜻이라 받아들이고 그것에 순응하며 살 수도 있고, 아니면 평생을 헛되게 반항하며 신경쇠약에 걸릴 수도 있다.

내가 존경하는 철학자 윌리엄 제임스는 이렇게 말했다.

'대상을 있는 그대로 받아들여라. 벌어진 일을 받아들이는 것이 불행한 결과를 극복하는 첫걸음이다.'

오리건 주 포틀랜드 시의 엘리자베스 코리는 많은 고통을 겪다가 결국 이 사실을 깨달았다. 그녀가 보내온 편지를 소개하기로 하겠다.

미국이 북아프리카에서의 승리를 축하하던 그 날, 나는 육군본부로부터 한 통의 전보를 받았어요. 내가 사랑하는 조카가 전투 중에 행방불명이 되었다가 얼마 뒤 전사했다는 비보가 날아온 거예요.

나는 큰 충격을 받고 쓰러지고 말았어요. 그전까지만 해도 제 인생은 즐거움이 넘쳤죠. 저게는 좋아하는 일이 있었고 정성을 다해 조카를 키웠어요. 제게 조카는 젊은 남성의 매력과 선량함의 상징이었어요. 내가 빵을 물속에 던지면 케이크가 되어 다시 돌아오는 느낌이었으니까요. 그런데 비보가 날아온 거예요. 세상이 무너지는 심정이었어요. 이제 더 이상 살 의미가 없었어요. 일은 물론이고 친구들도 전혀 관심이 없었어요. 모든 일이 될 대로 되라는 식이었죠. 나는 세상을 원망하고 사람들을 원망했어요. 왜 사랑하는 조카를 빼앗아가지 않으면 안 되는 걸까? 어째서 선량하고 앞날이 창창한 젊은이가 죽어야 하는 건가요? 나는 도저히 이해할 수가 없었어요. 슬픔은 더욱 깊어만 갔고 결국 일을 그만두고 이사를 해서 눈물과 한숨 속에 저 자신을 감추기로 했어요.

나는 책상을 정리하면서 퇴사 준비를 하다가 한 통의 편지를 발견했어요. 그것은 오래전에 어머니가 돌아가셨을 때 죽은 조카가 보낸 편지로 까맣게 잊고 있었죠. 편지에는 이렇게 적혀 있었어요. '나는 할머니가 돌아가신 것을 매우 슬퍼하고 있습니다. 아마 숙모님께는 말로 표현하기 힘든 슬픔일 것입니다. 하지만 나는 숙모님이 이겨낼 것이라 믿습니다. 숙모님의 인생관으로 볼 때 틀림없이 씩씩하게 이겨낼 것입니다. 나는 숙모님께 배운 몇몇 아름다운 진실을 결코 잊을 수 없습니다. 내가 어디에 있든 숙모님과 아무리 멀리 떨어져 있더라도 결코 미소를 잊지 말 것, 무슨 일이 있더라도 사내답게 행동하라고 가르치신 숙모님의 교훈을 떠올릴 겁니다.'

나는 그 편지를 두 번, 세 번 반복해서 읽었어요. 마치 조카가 곁에서 말을 걸고 있는 것 같았죠. 그리고 이런 말이 들리는 것 같았어요. '어째서 숙모님은 제게 가르치신 대로 하지 않나요? 무슨 일이 있더라도 이겨내세요. 자신의 슬픔을 미소 뒤에 감추고 씩씩하게 이겨내세요.'

덕분에 나는 다시 일하게 되었죠. 남을 원망하고 반항적인 태도도 그만뒀어요. 저 자신에게는 '이미 벌어진 일이야. 이제 바꿀 수 없다고. 이젠 틀림없이 조카가 바라는 대로 씩씩하게 이겨낼 수 있어'라고 끝없이 말했어요. 나는 온 힘의 힘을 다해 일에 몰두했어요. 나는 다른 병사들에게 편지를 썼어요. 밤에는 성인 교육반에 다니며 새로운 지식을 배우고 새 친구를 사귀었죠. 나는 스스로에게 일어난 변화를 거의 믿지 않았어요. 이미 영원의 저편으로 사라져버린 과거에 집착하지 않게 되었어요. 나는 현재 조카가 바라는 대로 기쁨으로 가득한 일상을 보내고 있지요. 나는 인생이란 녀석과 화해하고 자신의 운명을 받아들였어요. 나는 현재 지금까지 느끼지 못했던 충실하고 풍요로운 삶을 보내고 있어요.

엘리자베스 콘리는 우리가 언젠가 배워야만 하는 것, 다시 말해 하늘의 뜻을 받아들이고 그것과 함께해야 한다는 것을 배웠다.

'이미 그러하니 그럴 수밖에 없다.'

이것은 가볍게 받아들여야 할 교훈이 아니다. 왕좌를 지키는 군주들조차도 이것을 마음속에 새기지 않으면 안 된다. 조지 5세는 버킹엄 궁전의 도서관 벽에 이런 글을 걸어 두었다.

'우리에게 달을 따달라며 울지 않도록, 이미 엎질러진 우유를 아까워하지 않도록 가르쳐 주소서.'

쇼펜하우어는 이것과 같은 가르침을 이렇게 표현했다.

'인생의 여정에서 가장 중요한 것은 포기할 준비가 되어 있는 것이다.'

주변의 조건만이 인간의 행복과 불행을 결정하는 것은 아니다. 우리의 감정을 좌우하는 것은 주변의 조건에 대한 반응에 달려 있다. 예수는 '천국은 여러분 마음속에 있다'고 가르쳤다. 이것은 지옥일 때도 마찬가지이다.

우리는 누구나 불가피한 상황에서는 재난과 비극을 이겨내고 승리를 쟁취할 수 있다. 그런 건 불가능하다고 생각할지도 모르지만 우리에게는 놀랄 만큼 강인한 잠재능력이 내재되어 있기 때문에 스스로 그것을 활용하기만 한다면 우리를 도와줄 것이다. 우리는 상상 이상으로 강인하다.

부스 타킹턴은 항상 이렇게 말했다.

'나는 인생이 내게 부여한 어떤 역경이라도 감수할 수 있지만 단 한 가지, 앞을 보지 못하는 것만은 참을 수 없다.'

그런데 60살이 지난 어느 날, 타킹턴은 우연히 바닥에 깔린 양탄자에 눈길이 갔다. 색이 흐릿하게 보였고 모양도 식별할 수가 없었다. 전문의를 찾아간 그는 비통하게도 자신이 시력을 잃어가고 있다는 사실을 통보받았다. 이미 한쪽 눈은 거의 볼 수가 없었고 나머지 한쪽 눈도 시력을 잃기 직전이었다. 그가 제일 두려워하던 일이 일어나고 만 것이다.

그가 생각했던 최악의 재난에 타킹턴은 어떻게 대처했을까? '제길, 이제 내 인생도 끝이 났어'라고 생각했을까? 아니, 그는 의외로 침착했다. 그는 농담까지 던졌다. 허공에 떠다니는 반점이 그를 괴롭혔다.

반점들은 그의 눈 속을 떠돌아다니며 눈 앞을 가렸다. 그리고 눈 앞에 반점이 나타나면 그는 이렇게 말했다.

"어이, 영감! 또 나타났어? 화창한 아침에 어디로 외출을 하는 거야!"

과연 운명이 이토록 강인한 정신을 쓰러뜨릴 수 있을까? 아니다. 완전한 어둠이 눈앞을 가렸을 때 타킹턴은 이렇게 말했다.

"나는 시력을 잃었지만 다른 모든 것처럼 받아들여야 한다는 것을 깨달았다. 설령 오감 전체를 잃게 된다고 하더라도 나는 마음속에서 영원히 살 것이다. 왜냐하면 아느냐 마느냐와 별개로 우리는 마음속으로 사물을 보고, 마음속에서 살아가고 있기 때문이다."

그는 시력을 되찾기 위해 1년에 12회 이상의 수술을 받았다. 더군다나 국부 마취까지 해야 했지만 그가 불평불만을 하였을까? 그는 그것이 어쩔 수 없는 처치라는 것을 잘 알고 있었다. 그것이 벗어날 수 없는 것이라는 것을, 그것이 자신의 고통을 줄여줄 유일한 방법은 흔쾌히 받아들이는 것이라는 사실을 잘 알고 있었다. 병원에서는 개인 병실을 거절하고 온갖 문제들을 품고 있는 다른 환자들과 함께 큰 병실에서 생활했다. 그는 나서서 환자들을 격려했다. 몇 번이고 반복해서 수술을 받아야 할 때도 수술의 내용을 충분히 이해하고 자신이 얼마나 혜택을 받은 사람인지를 떠올리려 했다. 그는 이렇게 말했다.

"정말 대단해! 정말 멋지지 않나? 오늘날의 과학이 인간의 눈이라는 가장 섬세한 부분까지 수술할 수 있는 기술을 가지고 있다니!"

보통사람이라면 열두 번의 수술과 맹인이 된다는 사실에 완전히 정신을 놓고 말았을 것이다. 그러나 타킹턴은 "나는 이 경험을 다른 유쾌한 경험과 바꾸고 싶지 않다"라고 딱 잘라 말했다. 이 경험을 통해 그는 수용이라는 것을 배웠다. 그로 인해 어떤 불행이 닥치더라도 스스로의 힘으로 이겨내야 한다는 사실을 깨달았다. 존 밀턴이 깨달았던 것처럼 '맹인이 된 것이 비참한 것이 아니라 그것을 견디지 못하는 것이 비참할 뿐이다'라는 교훈을 얻은 것이다.

뉴잉글랜드의 여성운동가 마가렛 풀러는 '삼라만상을 모두 받아들인다'는 것이 신조였다. 성격이 까다로운 토마스 칼라일은 영국에서 이 소식을 전해 듣고 "허어, 괜찮은 구석도 있구면"이라며 콧방귀를 뀌었다. 그렇다, 우리도 하늘의 뜻을 받아들이자!

우리가 피할 수 없는 것에 불만을 토로하고 반항한다고 하더라도 피할 수 없는 것 자체를 바꿀 수는 없다. 그러나 자기 자신은 바꿀 수가 있을 것이다. 나는 그것을 체험을 통해 깨달았다.

과거의 나는 피할 수 없는 상황에 직면해서도 받아들이려 하지 않았다. 어리석게도 나는 그런 상황에 불만을 토로하며 반항하려 했다. 그 때문에 밤은 불면증이라는 지옥으로 바뀌었다. 내 머릿속에는 하고 싶지 않다는 생각만 반복해서 떠올랐다. 1년 동안 스스로를 자책한 끝에 결국 나는 처음부터 바뀔 수 없다고 알고 있던 것을 받아들일 수밖에 없었다.

좀 더 일찍 월터 휘트먼을 따라 이렇게 소리쳐야 했다.

나무와 동물들처럼,
어둠, 폭풍우, 굶주림, 조소, 재난, 방해에
당당하게 맞설 수 있기를.

나는 12년 동안 가축을 기르면서 젖소가 무더위와 진눈깨비와 혹한으로 인해 목초가 말라 죽었다고 해서, 아니면 남자 친구가 다른 암소에게 한눈을 판다고 해서 화를 내는 것을 본 적이 없다. 동물은 밤에도, 폭풍우에도, 굶주림에도 태연하게 맞선다. 따라서 동물들은 절대로 신경쇠약이나 위궤양에 걸리지 않는다. 그리고 정신이상을 일으키지도 않는다.

지금 내가 하는 말이 모든 불행에 대하여 머리를 숙여야 한다고 주장하는 것처럼 들리는가? 절대 그렇지 않다! 그렇다면 단순한 운명론에 지나지 않다. 사태를 호전시킬 기회가 있는 한 싸워야 한다! 그러나 상식적으로 판단해서 어떻게 할 수 있는 상황이 아니라면 발버둥 치면서 역전을 바라지 않는 것이 바람직하다.

컬럼비아 대학의 호크스 학장은 '마더 구스의 노래' 중의 한 구절을 좌우명으로 삼고 있다고 한다.

세상의 모든 병에는
치료법이 있기도, 없기도 하다.
치료법이 있으면 찾고,
치료법이 없다면 잊어버려라.

나는 이 책을 쓰면서 미국의 수많은 실업계 지도자들과 인터뷰를 하면서 인상에 강하게 남은 것은 그들이 피할 수 없다면 받아들이며 예상과는 전혀 달리 고민을 하지 않고 산다는 것이었다. 만약 그렇게 하지 않았다면 계속되는 긴장 때문에 쓰러지고 말았을 것이다. 실제 예를 두세 개 들어보자.

전국적인 체인점 페니 스토어의 창립자 J. C. 페니는 이렇게 말해 주었다.

"나는 한 푼 없는 거지가 된다고 하더라도 고민하지 않을 것이다. 고민은 아무런 득도 되지 않는다. 나는 최선을 다했기 때문에 결과는 하느님께 맡길 뿐이다."

헨리 포드도 이와 똑같은 말을 해 주었다.

"더 이상 손을 쓸 수 없는 상황이라면 이제 상황이 흘러가는 대로 맡겨둘 뿐이다."

크라이슬러의 사장 K. T. 켈러에게 고민을 멀리하는 방법에 관해 묻자 그는 이렇게 대답해 주었다.

"역경이 닥쳤을 때 할 수 있는 일이 있다면 그것을 하고, 할 수 있는 일이 없다면 깨끗이 잊어버린다. 나는 미래에 대하여 절대 걱정하지 않는다. 미래에 무슨 일이 일어날지 예상할 수 있는 사람은 아무도 없기 때문이다. 미래에 영향을 끼치는 힘은 대단히 많다. 그 힘을 움직이는 것이 무엇인지는 아무도 모르고, 그 힘 자체도 이해할 수 없다. 그런데 왜 고민을 하겠는가?"

K. T. 켈러를 철학자라고 부르면 아마도 당혹스러워할 것이다. 그는 단순히 뛰어난 사업가에 지나지 않지만, 그가 깨달은 철학은 1900년 전에 에픽테토스가 로마에서 가르쳤던 것과 똑같다. 에픽테토스는 로마인들에게 이렇게 가르쳤다.

"행복의 길은 하나밖에 없다. 그것은 의지의 힘으로 어떻게 할 수 없는 것에 대하여 고민하지 않는 것이다."

'성스러운 사라'라고 불렸던 사라 베르나르야말로 어떻게 하늘의 뜻을 받아들여야 하는지를 잘 알고 있는 여성의 전형이라 할 수 있다. 그녀는 반세기 동안 4대륙에서 은막의 여왕으로 세계 최고의 인기를 누린 여배우로 군림했다. 세월이 흘러 71세를 맞이한 그녀는 자신의 돈을 모두 탕진하고 파산하였고, 때마침 그녀의 주치의인 포치 교수는 그녀의 다리를 절단할 수밖에 없다고 했다. 대서양 횡단 중에 폭풍우에 휘말려 갑판 위에서 쓰러진 그녀는 다리에 정맥염이라는 중상을 입었다. 고통스러워하는 그녀를 보고 의사는 다리를 절단할 수밖에 없다고 판단했다. 의사는 불같은 성미의 '성스러운 사라'에게 어쩔 수 없는 처치라고 말할 수가 없었다. 이 비극적인 소식을 듣고 히스테리 발작을 일으킬지도 몰랐기 때문이다. 그러나 의사의 생각은 틀렸다. 사라는 잠시 의사의 얼굴을 바라봤지만 조용하게 말했다.

"그래야 한다면 그럴 수밖에 없죠."

그것은 숙명이었다. 그녀가 휠체어를 타고 수술실로 갈 때 그녀의 아들은 눈물을 글썽거렸다. 그녀는 손짓으로 아들을 불러 밝은 표정으로 말을 걸었다.

"나는 어디에도 가지 않아. 곧 돌아올 거야."

수술실로 가는 도중에 그녀는 자신이 연기했던 연극의 한 장면을 재연해 보였다. 누군가가 자신을 격려하기 위해 그런 거냐고 묻자 그녀는 이렇게 대답했다.

"아니요, 의사와 간호사분들을 격려하기 위한 거예요. 모두 긴장해서 굳어 있네요."

회복한 뒤 그녀는 7년 동안이나 세계를 돌면서 청중들을 매료시켰다.

엘지 매코믹이 <리더스 다이제스트>에 쓴 기사에 의하면 '우리가 불가항력적인 것을 거부하기를 멈추는 순간 어떤 특정한 에너지가 방출되어 더욱 풍요로운 인생을 창조할 수 있다.'

불가항력적인 것을 거부할 수 있을 만큼 충분한 기력과 체력을 다지고 있는 동시에 새로운 인생을 창조하기에 충분한 여유가 남아 있는 사람은 존재할 수 없다. 어느 한쪽을 선택할 수밖에 없을 것이다. 피할 수 없는 인생의 눈보라를 묵묵히 참아낼 수도 있고, 아니면 철저하게 저항하다가 파멸할 수도 있을 것이다.

나는 미주리 농장에서 이러한 사례를 목격하였다. 농장에는 한때 많은 나무가 심겨 있었다. 처음에는 나무들이 매우 빠른 속도로 성장하였다. 그리고 혹독한 눈보라가 크고 작은 나뭇가지를 흰 눈으로 장식하였고, 두꺼운 얼음으로 덮어 버렸다. 나무들은 얼음 무게에 순응하여 고개를 숙이려 하지 않고 저항하며 버티다가 무게를 이기지 못하고 부러지거나 찢어져 결국은 잘리고 말았다. 이 나무들은 추운 나라 나무들의 규칙을 몰랐다. 나는 캐나다의 상록수림 숲을 몇 백 킬로미터나 여행한 적이 있는데, 눈보라나 얼음 때문에 상처를 입은 가문비나무나 소나무를 본 적이 없다. 이 상록수들은 순응하는 방법을, 가지를 늘어뜨리는 방법을, 피할 수 없는 것에 동조하는 방법을 알고 있었다.

유도 사범들은 '버드나무처럼 휘어라, 떡갈나무처럼 버티지 마라'고 가르치고 있다.

자동차 타이어가 도로에 저항하다 큰 사고가 났다는 이야기를 알고 있는가? 초기의 타이어 제조업자들은 타이어를 만들 때 도로의 충격을 견딜 수 있는 것을 만들려 했지만 그 타이어는 여지없이 찢어지고 말았다. 그들은 다시 충격을 흡수하는 타이어를 만들었다. 이 타이어는 잘 견뎠다. 우리도 인생의 험난한 여정에 항상 함께하는 이 충격과 동요를 흡수하는 방법을 배우기만 한다면 더욱 오래, 더 쾌적한 여행을 즐길 수 있을 것이다.

인생의 충격을 흡수하지 않고 저항하다가는 어떻게 될까? 버드나무처럼 몸을 구부리는 것을 거부하고 떡갈나무처럼 저항한다면 어떻게 될까? 대답은 명확하다. 내면의 갈등이 하나하나 싹트기 시작할 것이다. 불안해지고, 긴장하고, 초조해하고, 노이로제에 걸리게 될 것이다.

그러고도 여전히 가혹한 현실의 세계를 거부하고 자기 자신이 만들어낸 몽상의 세계로 도피한다면 결국은 미쳐 버리고 말 것이다.

제2차 세계대전 중에 공포에 질린 수백만의 병사들은 피할 수 없는 상황을 받아들일지, 아니면 심한 긴장으로 파멸하는 수밖에 없었다. 뉴욕 출신의 윌리엄. H. 캐설리어스의 예를 들어보기로 하자. 이 이야기는 성인 강좌에서 입상한 체험담이다.

연안경비대에 소속된 나는 대서양 연안에서 가장 무더운 곳에 배치되었습니다. 나는 폭발물 감시를 담당하였습니다. 생각해 보세요. 과자 회사의 영업사원이었던 내가 폭발물 감시를 하게 되었다니! 수천 톤에 달하는 TNT 위에 서 있다는 것을 생각하는 것만으로도 등골이 오싹해지는 기분이었습니다. 나는 고작 이틀의 훈련밖에 받지 못했지만 그 지식 때문에 더더욱 공포에 질리게 되었습니다. 나는 제 첫 임무를 결코 잊지 못할 겁니다. 안개가 자욱한 어둡고 싸늘한 어느 날, 나는 뉴햄프셔 주의 케이븐 포인트에 있는 야전 부두로 가라는 명령을 받았습니다.

　제 담당은 5번 선창이었습니다. 그곳에서 5명의 인부와 함께 작업하게 되었습니다. 근육질의 그들은 폭발물에 대해서는 아무것도 몰랐습니다. 그들이 운반하는 고성능의 대형 폭탄에는 TNT가 1톤이나 들어 있었기 때문에 낡은 배쯤은 단박에 날려버릴 수 있었습니다. 이 대형 폭탄을 두 발씩 밧줄로 묶어 배에서 내렸습니다. 나는 줄곧 밧줄이 끊어지면 어떡하나 걱정하며 혼잣말을 중얼거렸습니다. 나는 긴장감에 움찔거리며 떨고 있었습니다. 입속은 타들어 갔고 무릎은 덜덜 떨렸고 심장은 터질 것만 같습니다. 그렇다고 해서 도망칠 수도 없었습니다. 그러면 탈영하는 거나 마찬가지이니까요. 나는 물론 부모님도 망신을 당할 것이고 탈영죄로 총살을 당할지도 모릅니다. 이러지도 저러지도 못하고 내가 맡은 자리를 지킬 수밖에 없었습니다. 나는 감시의 눈길을 게을리하지 않으며 인부들이 폭탄을 함부로 다루지 않도록 주의를 주었습니다. 언제 배가 폭발할지도 모릅니다. 등줄기에 식은땀이 흐르는 이 작업을 한 지 한 시간 정도 지나자 나는 안정을 되찾기 시작했습니다. 나는 저 자신을 이렇게 격려했습니다. '정신 차려! 폭발할지도 모른다고? 그게 뭐 어떻다고? 뭐 그리 대단한 일도 아니야! 눈 깜짝할 순간이잖아! 암으로 죽는 것보다는 낫지. 바보짓 좀 그만하라고. 인간은 언젠가 죽게 마련이야. 이 일을 해내든지, 아니면 총살을 당하는 거야. 그래도 이 일을 하는 편이 훨씬 낫잖아?'

　이런 식으로 몇 시간 동안 스스로에게 다짐했습니다. 그러자 차츰 마음의 안정을 되찾을 수 있었습니다. 결국 피할 수 없는 상황을 받아들임으로써 불안과 공포를 극복한 것입니다.

나는 결코 이 교훈을 잊지 못할 겁니다. 자신의 힘으로는 바꿀 수 없는 것 때문에 고민하게 될 때마다 어깨를 한번 으쓱하고 '잊어버려'라고 중얼거립니다. 저 같은 과자 회사 영업사원에게 이 방법은 대단히 효과적입니다.

예수의 십자가 죽음 이외에 역사에 길이 남을 죽음은 소크라테스의 죽음일 것이다. 지금으로부터 100만 년 뒤에도 여전히 모든 문학작품 중에서 가장 감동적인 플라톤의 글을 읽으며 감동할 것이다. 질투와 선망의 대상이었던 맨발의 소크라테스에게 일부 아테네 인들은 그에게 온갖 죄를 뒤집어씌워 사형을 선고하였다. 소크라테스에게 호의적이었던 간수는 독이 든 잔을 소크라테스에게 건네며 이렇게 말했다.

"더 이상 어쩔 도리가 없는 상황에 대해서는 담담하게 받아들이시오."

소크라테스는 그의 말대로 했다. 그는 달관과 평정을 유지한 채 신성하게 죽음을 맞이하였다. 더 이상 어쩔 도리가 없는 상황에 대해서는 담담하게 받아들이라는 이 말은 예수 탄생보다 399년이나 앞서 나온 말이다. 그러나 고민거리로 가득한 오늘날의 세상에 있어서 이 말은 과거의 그 어떤 시대보다 절실한 말이다.

"더 이상 어쩔 도리가 없는 상황에 대해서는 담담하게 받아들이시오."

나는 조금이라도 고민의 해소방법을 다룬 책이나 잡지라면 거의 읽었다. 여러분은 내가 독서를 통해 얻은 고민에 관한 가장 좋은 충고가 무엇인지 알고 싶을 것이다. 아주 간단한 방법을 소개해 주겠다. 이것을 욕실 거울에 붙여 두고 세수를 할 때마다 마음의 고민들을 깨끗이 씻어버리면 어떻겠는가? 무엇과도 바꿀 수 없는 이 소중한 기도는 라인홀트 니부어 박사가 쓴 글이다.

주여, 제게
바꿀 수 없는 것을 받아들일 수 있는 마음의 평정과
바꿀 수 없는 것을 바꿔 갈 수 있는 용기와
그것을 구별할 수 있는 지혜를 허락하소서.

고민하는 습관을 근절해 버리는 네 번째 철칙

피할 수 없는 운명이라면 함께 하라.

고민에 제동장치를 채워라

여러분은 어떻게 하면 월스트리트에서 돈을 벌 수 있는지 배우고 싶지 않은가? 수많은 사람이 그 비법을 알고 싶어할 것이고, 내가 만약 그 해답을 알고 있다면 이 책에 1만 달러라는 가격을 매겨도 좋을 것이다. 그러나 실제로는 몇몇 실력 있는 중개인들이 이용하는 묘책이 있다. 이 이야기는 뉴욕에 사무실을 두고 투자 상담을 하는 찰스 로버트로부터 들은 이야기이다.

내가 처음에 텍사스에서 뉴욕으로 왔을 때 친구들의 돈 2만 달러를 받아 주식시장에 투자할 생각이었다. 나는 주식투자의 요령을 잘 알고 있었다고 생각했지만 큰 손해를 보고 말았다. 물론 큰돈을 번 적도 있었지만 결국에는 한 푼도 남지 않게 되었다.

내 돈을 잃은 것은 크게 개의치 않았지만 친구들의 돈을 날려버린 것은 비록 그들이 금전적으로 쪼들리지 않는다고는 하지만 미안한 마음 때문에 고개를 들 수가 없었다. 큰 손해를 본 뒤에 다시 친구들과 만나는 것은 괴로운 일이었지만 놀랍게도 친구들은 별거 아니라는 듯이 낙천적이었다.

나는 이미 내 방식이 주먹구구식 감에 의지하는 것이며 운이나 타인의 의견을 따랐을 뿐이라는 것을 잘 알고 있었다. '귀동냥 주식투자'를 했던 것이다.

나는 자신의 실수를 반성하고 다시 주식 투자를 하기 전에 그 실체를 규명하기로 했다. 나는 주식 매매에 있어서는 최고의 실력자라고 불리던 버튼 S. 캐슬즈라는 남자와 친분을 쌓게 되었다. 나는 그에게서 많은 것을 배울 수 있을 거로 생각했다. 그는 수년 동안 성공한 사람으로서의 명예를 누렸고 그런 실적들이 단순한 운이나 행운의 결과가 아니라고 생각했다.

그는 내게 지금까지의 방식에 관해 두세 가지 질문을 한 뒤에 이런 이야기를 해주었다. 그것은 다름 아닌 내가 주식 매매의 기본원칙이라고 생각했던 것이었다. '나는 어떤 거래라도 손절매(스톱로스 오더)라는 제동장치를 이용하고 있다. 예를 들어 1주에 50달러를 샀다고 한다면 45달러의 손절매 주문을 해 둔다.' 다시 말해 주식시장이 부진하여 산 가격보다 5포인트 하락하게 되면 자동적으로 매각시키는 것으로 5포인트의 손해만 볼 뿐이다.

'당신의 거래가 한 번이라도 성공한다면 아마도 평균 이익이 10이나 20포인트, 상황에 따라서는 50포인트까지도 될 수 있을 것이다. 그러므로 손해를 5포인트로 억제해 놓는다면 절반 이상의 거래에 실패

하더라도 이익이 훨씬 클 것이다.'

나는 당장에 이 원칙을 따랐고 지금까지도 애용하고 있다. 덕분에 내 투자자들은 물론이고 나 또한 큰 이익을 얻었다. 그리고 얼마 뒤 이 손절매 이론이 주식시장이 아닌 여러 상황에서도 이용할 수 있다는 것을 깨달았다. 이 제동장치 원리를 금융문제 이외에 다른 신경이 쓰이는 상황에서도 응용해 본 것이다. 모든 고민과 불쾌한 사건에 응용해 보니 마치 마법 같은 효과가 있었다.

예를 들어 약속을 잘 지키지 않는 친구와 점심을 먹는다고 가정해 보자. 예전에는 짜증을 내며 친구가 나타날 때까지 30분을 기다려야 했다. 그리고 나는 이 친구에게 손절매 이론을 설명해주고 이렇게 말해 주었다.

'빌, 자네를 기다릴 손매질 시간은 10분뿐이네. 자네가 10분 이상 늦는다면 우리의 점심 약속은 깨지는 거야. 나는 그냥 돌아갈 거라고.'

아, 이럴 수가! 내가 조금 더 현명했더라면 이미 오래전에 손절매 이론을 응용해서 성마름, 화, 독선과 후회 등의 정신적이고 정서적인 긴장감에 대처할 수 있었을 것을! 왜 내게 이런 지혜가 없었단 말인가! 마음의 평화를 흩트리는 상황을 올바르게 판단하여 '이봐, 카네기. 이 상황에서는 이 정도 짜증이면 충분하다고!'라며 스스로 자제했을 텐데…. 왜 그리 어리석었던 걸까?

하지만 나도 현명하다는 증거를 보여주겠다. 그것도 중대한 인생의 위기, 미래에 대한 야망과 계획, 오랜 노력이 수포가 될 뻔했던 중대 사건이었다. 그 내막은 이랬다. 나는 30대 초반에 소설가가 되기로 했다. 제2의 프랭크 노리스, 잭 런던, 토머스 하디가 되려 했다. 나는 이런 정열을 품고 유럽에서 2년을 지냈다. 당시에는 제1차 세계대전 직후의 인플레이션 시대였기 때문에 달러만 있으면 편안하게 생활할 수 있었다. 나는 2년 동안에 '눈보라'라는 대작을 완성했다. 이 제목은 딱 맞아 떨어졌다. 이 작품에 대한 출판사의 평가는 다코타 평원에 불어오는 눈보라에 뒤지지 않을 만큼 혹독하였다. 저작권 대리인으로부터 내가 소설가로서의 소질과 재능이 전혀 없다는 소리를 듣고 심장이 멈춰버리는 줄 알았다.

나는 망연자실하여 그의 사무실을 나왔다. 강도에게 뒤통수를 얻어맞았다고 하더라도 그렇게 충격적이지는 않았을 것이다. 마치 영혼이 빠져나간 듯 허탈했다. 인생의 갈림길에 서서 결단을 내려야 하는 순간이었다. 대체 어떻게 하면 좋단 말인가? 어디로 가야 한단 말인가? 그렇게 몇 주가 지나서야 이 정신적 충격에서 벗어날 수 있었다. 당시의 나는 '고민에 대한 손절매를 설정한다'라는 말을 들은 적이 없었다. 그러나 지금에 와서 돌이켜보면 정말로 똑같은 방법이었다는 사실을 알게 되었다. 나는 그 소설을 쓰기 위해 전력투구를 했던 2년 동안을 귀중한 체험으로 삼고 처음부터 다시 시작하였다. 다시 성인 강좌의 개설과 교육 업무로 복귀하고 짬이 날 때마다 전기와 논픽션 작품을 썼다. 지금 여러분의 손에 들려 있는 것이 바로 그 중에 하나이다.

내 결정에 후회하지 않느냐고? 당시를 회상할 때마다 너무 기뻐 춤을 추고 싶은 지경이다! 맹세컨대 그날 이후 내가 제2의 토머스 하디가 되지 못해 아쉬워한 적은 단 한 번도 없다.

1세기 전의 어느 날 밤, 월든 호숫가 숲에서 부엉이가 날카로운 울음을 울고 있을 때 헨리 소로는 수제 잉크에 깃털 펜을 적셔 일기에 이렇게 적었다.

'우리가 인생이라 부르는 모든 것은 짧게, 혹은 오랫동안 그 대가를 지급해야 한다.'

이것을 다른 말로 바꿔보자. 우리의 인생에서 어떤 일에 대하여 필요 이상으로 대가를 치르는 것은 어리석은 짓이다.

그런데 길버트와 설리번은 이 어리석은 잘못을 저질렀다. 두 사람은 밝은 말이나 음악을 만드는 능력은 탁월했지만 안타깝게도 자신들의 인생을 밝게 만드는 방법은 몰랐다. 그들은 '인내심' '피나포' '미카도' 등의 정말 즐거운 오페레타를 만들어 전 세계 사람들을 즐겁게 해 주었지만, 정작 자신들의 감정을 조절하지는 못했다. 두 사람은 카펫 한 장의 가격 때문에 몇 년 동안이나 싸웠다! 설리번은 자신들이 사들인 극장을 위해 새로운 카펫을 주문했다. 길버트는 청구서를 보고 불같이 화를 냈다. 두 사람의 싸움은 법정으로 이어졌고 죽을 때까지 서로 말을 하지 않았다. 설리번은 새로운 곡을 쓸 때마다 그것을 우편으로 길버트에게 보냈다. 그러면 길버트가 가사를 써서 다시 설리번에게 보냈다. 그러던 어느 날 두 사람이 동시에 커튼콜을 서야 했지만 각각 무대 양쪽 끝에 서서 서로 다른 쪽을 향해 인사를 하고 얼굴을 마주치려 하지 않았다. 그들은 링컨과 달리 자신들의 원한에 대하여 손절매를 이용할 줄 아는 현명함이 부족했다.

남북전쟁이 한창이던 때 링컨의 친구들이 자신의 정적을 신랄하게 비난하자 링컨은 이렇게 말했다.

"자네들은 나 이상으로 개인적인 원한에 사로잡혀 있는 것 같지만 나는 아무렇지 않게 여기고 있네. 그렇다고 해서 모든 것이 다 해결된 것은 아니네. 하지만 아까운 인생의 절반을 말씨름하며 허비할 만큼 한가롭지가 못하네. 누군가가 나에 대한 공격을 멈춘다면 나는 그들의 과거를 모두 잊어줄 걸세."

내 숙모님 에디스도 링컨과 같은 관용 정신을 모르는 분이었다. 숙모님과 프랭크 삼촌이 살고 있던 농장은 저당이 잡혀 있었는데, 농장에는 잡초가 무성했고 물이 부족하여 토양이 척박하였다. 어려운 살림 때문에 두 사람은 동전 한 푼이라도 아끼고 또 아꼈다. 그런데 숙모님은 휑한 집안을 꾸미기 위해 커튼이나 소품들을 사는 것을 좋아했다. 숙모님은 그런 물건들을 이웃 마을의 식료품 가게에서 외상으로 사들였기 때문에 프랭크 삼촌은 늘 빚에 쪼들려야 했다. 늘어가기만 하는 외상을 걱정하던 농부 기질의 삼촌은 숙모님 몰래 아내에게 외상을 주지 말라고 가게 주인에게 신신당부했다. 이 이야기를 들은 숙모님은 머리끝까지 화가 났다. 숙모님은 그 사건이 있고 난 후 거의 50년이 지난 지금까지도 여전히 화가 나 있었다. 나는 숙모님에게 재차 삼차 귀가 따갑도록 이 이야기를 들어야 했고, 마지막으로 들은 것은 숙모님이 이미 70대 후반에 들어서였다. 나는 숙모님에게 이렇게 말했다.

"에디 숙모님, 창피를 준 건 분명 삼촌이 잘못하셨어요. 하지만 반세기 가까이 과거의 일에 관해 지금까지 화를 내는 건 삼촌보다 훨씬 잘못하는 거예요." (물론 마이동풍이었다.)

에디 숙모님은 원한과 씁쓸한 추억을 마음에 품은 덕분에 꽤나 비싼 대가를 지불하였다. 다시 말해 바로 마음의 평화라는 대가를 지급한 것이다.

벤저민 프랭클린은 일곱 살 때 저지른 실수를 70이 넘어서까지 기억하고 있었다. 일곱 살의 어린 소년 벤저민은 호루라기의 매력에 푹 빠져버린 것이다. 애가 탄 그는 장난감 가게로 달려가 가격도 묻지 않고 가지고 있던 동전을 주인에게 모두 주고 호루라기를 집어들었다. 벤저민 프랭클린은 70년 뒤에 당시를 회상한 내용을 친구에게 보냈다.

'집에 돌아온 나는 호루라기를 샀다는 기쁨에 사로잡혀 집안 곳곳을 돌아다니며 호루라기를 불었다.'

그러나 형과 누나에게 호루라기 가격보다 훨씬 많은 돈을 냈다며 놀림을 당한 그는 분해하며 눈물을 흘려야 했다.

훗날 그는 저명인사가 되어 프랑스 대사가 되었을 때도 호루라기를 가격보다 비싸게 산 것을 회상하며 '호루라기로 인해 기쁨보다 분한 마음이 더 컸다'고 말했다.

그러나 프랭클린이 얻은 교훈과 비교한다면 훨씬 싼 것이었다.

'내가 성장하면서 조금씩 세상을 알게 되고 사람들의 행동을 관찰하게 되면서 매우 많은 사람이 나처럼 호루라기에 대한 대가를 지나치게 많이 지급한다는 사실을 깨달았다. 사람들이 불행한 대부분 이유는 대상에 대한 가치를 착각하여 평가하여 각자의 호루라기에 대해 대가를 과도하게 지급하기 때문이라고 생각한다.'

길버트와 설리번도 그들의 호루라기에 대해 대가를 과도하게 지급하였다. 에디 숙모님도 마찬가지이다. 데일 카네기도 물론 그렇다. 또한 '전쟁과 평화', '안나 카레니나' 같은 불후의 걸작을 남기고 불멸의 명성을 얻은 톨스토이도 예외는 아니었다. 『브리태니커 백과사전』에 의하면 톨스토이 노년의 20년에 관해서는 '아마도 세계에서 가장 존경받는 인물'이라고 적고 있다. 그가 타계할 때까지의 1890년부터 1910년의 20년 동안 그를 숭배하는 사람들은 줄을 지어 톨스토이를 찾았다. 어떤 이는 얼굴을 한 번이라도 보기 위해, 또 어떤 이는 목소리를 듣기 위해, 또 어떤 이는 그의 옷자락이라도 만지고 싶어했다. 그의 말 한 마디가 마치 '신의 계시'라도 되는 듯이 기록으로 남겨졌다. 그러나 일상생활의 면에서 그의 분별력은 70살이 넘어서도 여전히 일곱 살의 프랭클린에게 미치지 못했다. 그는 상식이 너무 부족했다!

좀 더 구체적으로 설명해 보자. 톨스토이는 사랑하는 소녀와 결혼했다. 두 사람은 정말로 행복했으며 마치 천국과 같이 더없는 기쁨으로 가득한 생활이 지속할 수 있게 해달라고 무릎 꿇고 기도할 정도였다. 그러나 톨스토이가 아내로 선택한 소녀는 질투심이 많았다. 그녀는 농부 차림을 하고 숲속 깊은 곳에서도 톨스토이의 행동을 감시했다. 두 사람은 자주 심한 말다툼을 하였다. 그녀의 질투는 갈수록 깊어만 갔고 그것은 자식들에게까지 영향을 끼쳐 딸의 사진에 총을 쏘기까지 하였다. 아편 병을 입에 물고 바닥을 뒹굴며 자살하겠다고 소리치는 일도 있었다. 그러는 동안 아이들은 방구석에 숨어서 공포에 떨며 울부짖었다.

그렇다면 과연 톨스토이는 어떻게 대처했을까? 설령 그가 가구들을 마구 부수었다고 하더라도 나는 그를 꾸짖을 생각이 없다. 왜냐하면 그에게는 화를 낼 정당한 이유가 있기 때문이다. 그러나 그는 가장 어리석은 행동을 하였다. 그것은 바로 비밀일기였다! 그렇다, 일기! 일기에 아내에 대한 온갖 험담을 늘어놓은 것이다! 이것이 바로 그의 '호루라기'였다! 그가 노린 것은 후대 사람들이 자신을 동정하고 아내에게 비난을 집중시키는 것이었다. 여기에 그의 아내는 어떻게 하였을까? 여러분의 예상대로 일기를 갈기갈기 찢어 불태워 버렸다. 그녀도 일기를 쓰기 시작하면서 남편을 악당이라 치부했다. 게다가 '누가 잘못했나'라는 소설까지 써서 자신의 남편을 한 집안의 악마로, 그리고 자신은 희생자로 묘사하였다.

대체 어쩔 생각이었을까? 어째서 이 두 사람은 자신들의 가정을 톨스토이가 말하는 '지옥의 전장'으로 만들어 버렸을까? 거기에는 몇 가지 이유가 있었다. 그 하나는 타인에게 자신에 대한 인상을 남기고 싶어 하는 억누를 수 없는 욕망이 있었다. 그렇다, 그들은 후대의 사람들이 어떻게 생각할지 신경이 쓰였다. 그렇다면 우리는 과연 누가 잘못했다고 지적하며 규탄할까? 아니다. 우리는 자기 일로 정신이 없기 때문에 잠시라도 톨스토이에 대하여 생각할 겨를이 없을 것이다. 이 불쌍한 두 사람은 자신들의 '호루라기' 때문에 얼마나 값비싼 대가를 치러야 했단 말인가! 50년이나 이어진 지옥 같은 생활, 그럼에도 불구하고 '이제 그만!'이라고 외칠 만큼 두 사람에게는 분별력이 없었다. 두 사람 모두 가치에 대한 올바른 판단력이 없었기 때문에 "이제 이런 짓은 당장에 손절매를 하자. 이런 삶은 인생을 낭비할 뿐이니 이제 그 정도만 하는 게 좋지 않겠는가!"라는 말을 떠올리지 못했기 때문이다.

나는 가치에 대한 올바른 판단력이야말로 진정으로 마음의 평화를 가져다주는 열쇠라고 굳게 믿고 있다. 그리고 우리가 흔히 말하는 개

개인의 황금률, 다시 말해 인생의 척도로 봤을 때 절대적인 가치 기준
이 되는 것을 확립시켜 놓기만 한다면 우리의 고민을 절반으로 줄일
수 있다고 믿고 있다.

고민하는 습관을 근절해 버리는 다섯 번째 철칙

살아가면서 유해한 것에 소중한 돈을 투자하고 싶다는 유혹에 사로
잡혔을 때는 한 번쯤 멈춰 서서 다음의 세 가지 질문을 생각해 보자.

• 1. 현재 자신이 고민하는 것이 실제로 어느 정도 중요한 것인가?
• 2. 이 고민에 대한 '손절매'를 어느 시점에 두고 그것을 잊어야 할
것인가?
• 3. 이 호루라기에 대하여 정확하게 얼마를 지급하는 것이 좋은가?
이미 실제 가치보다 더 많은 지급을 하고 있지는 않은가?

톱밥을 톱질하려 하지 마라

이 장을 쓰고 있는 동안 창밖을 내다보면 이판암과 자갈들 사이로 또렷하게 새겨진 공룡 발자국을 볼 수 있다. 이 공룡 발자국은 예일 대학의 피바디박물관에서 사들인 것으로 약 1억 8,000만 년 전의 것이라고 한다. 아무리 어리석은 사람이라 할지라도 1억 8,000만 년 전으로 거슬러 올라가 이 공룡 발자국을 바꾸겠다는 생각은 하지 않을 것이다. 그러나 그런 꿈을 꾸는 것이 차라리 고민하며 걱정하는 것과 비교한다면 낫다. 왜냐하면 우리는 180초 전으로 되돌아가 그것을 바꿀 수 없는데도 많은 사람들이 그러한 어리석은 행동을 하고 있다. 180초 전에 벌어진 일에 대한 결과를 바꿀 수는 있다. 그러나 실제로 일어나 버린 사건 그 자체를 바꾸는 것은 불가능하다.

과거를 건설적인 것으로 만드는 방법은 세상천지에 한 가지밖에 없다. 과거의 실패를 냉정하게 분석하여 교훈으로 삼고 나머지는 깨끗하게 잊어버리는 것이다.

이것이 옳다는 것을 우리 자신은 잘 알고 있다. 그러나 과연 이것을 실행할 수 있는 용기와 분별력을 항상 갖추고 있을까? 이 질문의 답을 찾기 위해 몇 년 전에 우연히 체험한 기묘한 이야기를 소개하기로 하겠다. 30달러라는 큰돈을 투자하고서도 1센트의 이익도 얻지 못한 이야기이다. 나는 성인 교육을 위한 대규모 사업에 뛰어들어 각 도시에 자매학교를 설립하고 경비와 광고비를 아낌없이 투자하였다. 나는 강의실에서의 수업에 쫓기고 있었기 때문에 재정적인 면까지 신경 쓸 시간과 여력이 없었다. 또한 사업의 초보자였던 나는 비용을 절약해줄 유능한 사무직원이 필요하다는 사실조차 깨닫지 못했다.

나는 1년이 지나서야 생각지도 못했던 실태를 파악하고 벌린 입을 다물 수가 없었다. 막대한 수입이 있음에도 불구하고 순이익은 제로에 가까웠다. 이 사실을 안 이상 내가 해야 할 일은 두 가지였다. 그 하나는 흑인 과학자 조지 워싱턴 카버의 지혜를 본보기로 삼는 것이었다. 그는 평생을 저축한 4만 달러라는 큰돈을 은행이 파산한 탓에 잃게 되었는데 누군가 그에게 은행의 파산 소식을 들었냐고 묻자 "듣긴 들었소"라고 대답한 뒤 수업을 계속하였다. 그는 큰돈을 모두 날린 것을 깨끗이 잊어버리고 두 번 다시 그 일을 입에 담지 않았다.

내가 해야 할 것이 또 한 가지 있었다. 실패의 원인을 분석하고 평생의 교훈으로 삼는 것이다. 그러나 솔직히 고백하자면 나는 이 두 가지 모두 실행하지 못했다. 그리고 고민의 소용돌이에 휘말려 몇 달 동안을 넋이 나간 채 살았다. 불면증에 시달리며 체중이 줄었다. 큰 실패에서 교훈을 얻기는커녕 저돌적으로 돌진하다가 크고작은 실패만 반복하였다.

이렇게 자신의 어리석음을 고백하는 것은 썩 보기 좋은 모습은 아니다. 그러나 나는 훨씬 전에 이런 사실을 깨달았다.

"20명에게 바람직한 행동을 지시하는 것은 간단하지만 그 20명의 한 사람으로서 자신의 가르침을 따르는 것은 어렵다."

뉴욕의 조지 워싱턴 고등학교의 폴 브랜드 박사에게 배웠던 앨런 손더스의 이야기이다. 손더스 씨는 위생학 담당이었던 폴 브랜드 박사로부터 무엇과도 바꿀 수 없는 소중한 교훈을 배웠다고 한다. 앨런 손더스는 이렇게 말했다.

"나는 스무 살 전까지만 해도 선천적으로 걱정을 많이 하는 성격이었습니다. 사소한 실수에도 쉽게 초조해하며 끙끙 앓았죠. 시험지를 제출해 놓고 혹시라도 낙제하는 것이 아닐까 불안해 잠이 들지 못한 채 손톱만 깨물었습니다. 내가 한 일에 관해 생각하며 다른 방법이 낫지 않았을까 고민하고, 이미 말했던 것을 떠올리며 달리 말하는 것이 좋지 않았을까 후회했습니다.

어느 날 아침, 우리 학급이 과학실험실에 모였을 때 이미 폴 브랜드 박사님은 책상 끝에 우유병을 놓고 앉아 계셨습니다. 저희는 자리에 앉아 우유병을 바라보며 대체 위생학 수업과 우유가 무슨 관계가 있을까 생각했습니다. 그런데 갑자기 선생님이 벌떡 일어나시더니 우유병을 개수대에 던지며 이렇게 외쳤습니다. '엎질러진 우유 때문에 고민하지 마라!'

박사님은 저희를 개수대로 부르고 병 조각을 바라보며 이렇게 말씀

하셨습니다. '여러분, 주목해 주기 바란다. 여러분은 이 교훈을 평생 잊지 말기 바란다. 우유는 이미 하수구로 흘러가 버렸다. 여러분이 아무리 난리를 치며 아까워해도 다시 돌이킬 수는 없다. 조금만 더 소중하게 다뤘다면 우유를 쏟지 않았을지도 모른다. 하지만 이미 엎질러진 물이다. 이제 우리에게 남은 것은 우유에 대한 기억을 깨끗이 잊고 다음 문제에 대하여 생각해야 한다.'

이 작지만 소중한 수업은 입체기하학이나 라틴 어를 잊어버린 지금까지도 제 머릿속에서 생생하게 각인되었습니다. 실제로 4년 동안 고등학교에서 배운 것 중에 이것만큼 실생활에서 도움이 되는 것이 없었습니다. 이 교훈을 통해 우선은 우유를 쏟지 않도록 주의하고, 만약에 쏟아서 하수구로 흘러가 버렸다면 깨끗하게 잊어야 한다는 것을 배운 것입니다."

독자 여러분 중에는 '엎질러진 우유를 안타까워해도 소용이 없다'는 진부한 격언이 뭐 그리 중요하냐고 비웃는 사람이 있을지도 모른다. 이 격언이 평범하고 오래전의 것이라는 점은 인정하겠다. 귀에 못이 박힐 만큼 많이 들은 격언일 것이다. 그러나 나는 이런 진부한 격언에는 모든 시대의 지혜와 핵심이 포함되어 있다는 점도 잘 알고 있다. 격언이란 인류의 생생한 경험을 통해 만들어져 수세대에 걸쳐 이어져 온 것이다. 가령 모든 시대의 철학자들이 고민에 관해 적은 글들을 전부 다 읽었다고 하더라도 '다리에 도착하기 전에 다리를 건너지 마라', '엎질러진 우유를 안타까워해도 소용없다'는 것과 같은 진부한 격언에 필적할 만큼 근본적이면서 의미심장한 내용과 마주할 수는 없을 것이다. 이 두 가지 격언을 비웃지 말고 잘 활용한다면 이 책을 읽을 필요가 전혀 없다고 해도 과언이 아니다. 실제로 옛 격언들을 잘만 활용할 수 있다면 거의 완벽에 가까운 삶을 영위할 수 있을 것이며, 지식은 실천해야 비로소 위력을 발휘하게 된다. 이 책의 목적 또한 여러분에게 전혀 새로운 것을 가르치는 것이 아니다. 이 책의 목적은 여러분이 이미 잘 알고 있는 것을 떠올리고 그것을 행동하고 실천할 수 있도록 채찍질하며 격려하는 데 있다.

나는 고 프레드 플러 셰드와 같이 옛 진리를 참신하고 다양한 방법으로 표현하는 능력이 탁월한 인물들을 존경한다. <필라델피아 블리틴>의 편집장이었던 그는 어느 대학 졸업 연설에서 이렇게 말했다.

"여러분들 중에서 톱으로 나무를 켜본 사람이 몇 명이나 되나요? 손을 한 번 들어보세요."

대부분의 학생이 손을 들었다. 그러자 그는 다시 질문하였다.

"그럼, 톱으로 톱밥을 켜본 적이 있는 사람은 몇 명이나 되나요?"

아무도 손을 들지 않았다.

"당연히 톱밥을 켜는 것은 불가능합니다!"

셰드 씨는 말을 이어갔다.

"톱밥은 톱질해서 생기는 것입니다. 과거에 대한 생각 또한 이와 마찬가지입니다. 이미 끝난 일에 대해서 끙끙 앓고 고민하는 것은 마치 톱밥을 톱질하는 것과 같습니다."

나는 야구계의 전설적인 인물 코니 맥이 80세가 되었을 때 진 시합 때문에 고민한 적이 있냐는 질문을 해보았다.

"옛날에는 줄곧 그랬지요. 하지만 최근 들어서는 그게 얼마나 어리석은 짓인지 깨달았지요. 아무리 고민해봤자 소용없는 일이라는 것을 깨달은 겁니다. 이미 흘러간 물로 방아를 찧을 수는 없는 거니까요."

그렇다, 톱밥을 켜는 것이 불가능한 것은 물론이고 흘러가 버린 물로 방아를 찧는 것도 불가능하다. 그러나 얼굴에 생긴 작은 주름이나 위궤양은 얼마든지 회복할 수 있다.

나는 작년 추수감사절에 잭 뎀프시와 저녁 식사를 함께했다. 그는 크랜베리 소스를 바른 칠면조를 먹으면서 터니에게 헤비급 벨트를 넘겨준 시합에 대하여 이야기해 주었다. 당연히 이 시합 때문에 그의 자존심은 큰 상처를 입었을 것이다.

"시합 도중에 갑자기 내가 늙었다는 사실을 통감했다. 나는 10라운드가 끝나고도 서있기는 했지만 그게 한계였다. 얼굴이 부어오르고 상처투성이에 눈은 거의 보이지 않았다. 주심이 터니의 손을 들어주며 그의 승리를 선언하는 모습이 눈에 들어왔다. 나는 더 이상 세계 챔피언이 아니었다. 빗속을 뚫고 집에 돌아갈 준비를 하였다. 인파를 헤치며 대기실로 돌아가는 도중에 몇몇 사람이 내 손을 붙잡으려 했고 누군가의 눈에서는 눈물이 글썽거리고 있었다.

1년 뒤 다시 터니와 시합을 하였지만 역부족이었다. 모든 것이 끝났다. 자칫하다가는 과거에 얽매여 살 것 같아 나는 스스로 이렇게 다짐했다. '나는 과거 속에 살 생각도 엎질러진 우유를 안타까워할 마음도 없다. 이 모든 시련을 턱으로 받아들이자. 나는 절대로 쓰러지지 않는다!'"

잭 뎀프시는 자신과의 약속을 훌륭하게 지켜냈다. 어떻게 했냐고? '더 이상 과거에 얽매이지 않겠다'고 몇 번이고 스스로 다짐했을까?

아니다. 그것은 단지 과거의 고민을 떠올리게 하는 결과가 되었을 것이다. 그는 모든 것을 받아들이고 마음속의 패배감을 훌훌 털어 버리고 최선을 다해 미래에 대한 계획을 세운 것이다. 그는 브로드웨이에서 잭 뎀프시 레스토랑을, 57번가에는 그레이트 노던 호텔을 경영하였다. 시합을 개최하고 공개 스파링 상대가 되어주기도 하였다. 끊임없이 무언가 건설적인 일에 몰두함으로써 과거에 대하여 고민할 틈을 주지 않으면서 훌륭하게 이겨낸 것이다. 그는 이렇게 말했다.

"나는 최근 10년 동안 챔피언 당시보다도 충실한 삶을 살아왔다."

뎀프시는 책을 거의 읽지는 않았지만 자신도 모르는 사이 셰익스피어의 이런 충고를 따랐다.

'현명한 사람은 앉은 채로 손해만 탄식하고 있지 않다. 씩씩하게 손해를 회복시킬 방책을 찾는다.'

나는 역사나 전기를 읽으면서 역경 속에서 살아가는 사람들의 모습을 볼 때마다 고뇌와 비극을 이겨내면서 새로운 행복한 삶을 향해 전진하는 능력에 놀람과 동시에 나 자신이 고무되는 것을 느낀다.

내가 이전에 싱싱교도소를 방문했을 때 가장 놀란 사실은 죄수들이 평범한 사람들과 전혀 다를 것 없이 행복해 보였다는 것이다. 내 생각을 루이스 로스 교도소장에게 말하자 그는 이렇게 말했다. 범죄자들이 처음에 싱싱 교도소로 들어왔을 때는 원망과 불평불만을 늘어놓지만, 사리분별력이 있는 죄수들은 몇 달만 지나면 자신의 불행을 털어버리고 안정을 되찾으며 조용히 현실을 받아들이고 가능한 한 즐겁게 생활하려 노력한다. 그리고 로스 소장은 정원사였던 한 죄수가 교도소 안에서 채소와 꽃을 기르며 콧노래까지 불렀다고 했다.

꽃을 기르며 콧노래까지 부른 이 죄수는 우리들보다 훨씬 사리분별력이 있다고 해야 할 것이다. 그는 이미 잘 알고 있었다.

'손가락'은 글을 쓰고 또 써 내려간다.
'지혜'도 '기도'도 그 손가락을 꾀어
한 줄의 반도 지우지 못하고,
아무리 눈물을 흘려도
'글씨' 하나조차도 씻어내지 못하리.

그러므로 쓸데없는 눈물을 거둬라. 물론 우리는 우리의 어리석은 행동과 실수에 대한 책임은 져야 한다! 그게 어떻단 말인가? 모두 다 똑같지 않은가? 나폴레옹조차 자신이 지휘한 전투의 3분의 1은 패배하였다. 나는 우리의 승률은 아마도 나폴레옹보다 낮다고 생각하는데 여러분은 어떻게 생각하는가?

어쨌거나 한 나라의 정예 요원을 총동원한다고 하더라도 과거를 되돌리는 것은 불가능하다.

이제 여섯 번째 철칙을 기억 속에 각인하기 바란다.

톱밥에 톱질하려 하지 마라.

Part 04

평화와 행복을 가져오는 정신을 기르는 방법

How to cultivate a spirit that brings peace and happiness

인생을 바꿔줄 방침

나는 몇 년 전에 한 라디오 방송에서 "지금까지 당신에게 있어 가장 큰 교훈은 무엇입니까?"라는 질문을 받은 적이 있었다. 내 대답은 간단했다. 내게 있어 가장 소중한 교훈은 '생각하는 것'의 중요성이다. 만약에 내가 여러분이 무슨 생각을 하는지 알 수 있다면 여러분이 어떤 사람인지 알 수 있을 것이다. 생각이 우리 자신을 만드는 것이다. 우리의 마음가짐이야말로 우리의 운명을 결정하는 제일 요소라고 할 수 있다. 에머슨이 말한 '밤낮없이 생각하는 것, 그것이 바로 인간이다'라는 말은 정말로 지당한 말이 아닌가?

나는 우리의 가장 큰 숙제가 올바른 사고방식을 선택하는 것이라고 자신 있게 단언할 수 있다. 만약 그럴 수 있다면 우리의 모든 문제는 해결의 길이 열리게 될 것이다. 로마 제국에 군림했던 위대한 철학자 마르쿠스 아우렐리우스는 이것을 우리의 운명을 좌우할 수 있는 짧은 문구로 요약해 주었다.

'우리의 인생이란 우리의 사고가 만들어낸 것과 다름없다.'

그렇다, 유쾌한 생각을 하면 유쾌해질 것이고 불행한 것을 생각하게 되면 불행해질 것이다. 두려운 생각을 품게 되면 공포에 질려 버리게 될 것이다. 병을 걱정하면 틀림없이 병에 걸리고 말 것이다. 실패를 두려워하면 반드시 실패하고 말 것이다. 이기적인 생각을 하면 남들이 꺼리며 멀리하게 될 것이다. 노먼 빈센트 필은 이렇게 말했다.

"당신은 당신 자신 스스로가 생각하는 그대로의 당신이 아니다. 그러나 당신이 생각하는 것은 당신 그 자체이다."

내가 지금 하는 말이 마치 속없는 낙천가가 되라는 것처럼 들리는가? 아니다, 불행하게도 인생은 그렇게 단순하지가 않다. 그러나 내가 주장하고 싶은 것은 소극적인 태도가 아니라 적극적인 태도를 익히는 것이다. 바꿔 말하자면 자신의 문제에 온 신경을 집중시켜야 하지만 고민할 필요는 없다. 그렇다면 신경을 집중시키는 것과 고민을 하는 것은 어떻게 다를까? 실례를 들어보자. 나는 교통이 번잡한 뉴욕의 거리를 횡단할 때면 항상 내 행동에 신경을 집중시키기는 하지만 고민하지는 않는다. 주의를 기울인다는 것은 문제의 본질을 직시하고 냉정하게 처리하는 것이다. 고민이라는 것은 정상궤도를 이탈하여 아무런 도움도 되지 않는 원 주변을 빙빙 도는 것이다.

인간은 자신의 중대한 사건에 온 신경을 집중하고 있더라도 가슴에 카네이션을 달고 정면을 바라보며 거리를 활보할 수 있다.

나는 로웰 토머스가 그런 상태였을 때 본 적이 있다. 그는 제1차 세계대전의 앨런비 로런스 작전이라는 유명한 영화를 발표했을 때부터 친분을 맺게 되었다. 그와 그의 동료들이 6개월 동안 전선의 상황을 담은 필름에는 T. E. 로런스가 이끄는 아라비아 병사들의 기록과, 앨런비가 이끄는 부대가 팔레스타인을 정복하는 기록영화였다. '팔레스타인의 앨런비와 아라비아의 로런스'라는 주제로 한 그의 강연은 런던은 물론이고 전 세계에서 큰 호평을 받았다. 런던의 오페라 시즌이 6주나 연장된 것도 손에 땀을 쥐게 하는 그의 모험담과 영화가 코벤트 가든 로열 오페라 하우스에서 개최되었기 때문이었다. 런던에서의 큰 성공을 거두고 나서 전 세계를 순회하였다. 그렇게 그는 인도와 아프가니스탄의 생활을 기록한 영화 제작을 준비하며 2년 동안 바쁜 나날을 보냈다. 그러나 온갖 믿기 어려운 불행의 연속으로 인해 절체절명의 위기에 봉착하고 말았다. 그는 런던에서 파산하고 말았다. 나는 당시에 그와 함께 있었다. 우리는 어쩔 수 없이 라이언스 코너 하우스라는 식당에서 싸구려 식사로 배를 채워야 했다. 그런 식사조차도 예술가로서 명성이 자자했던 제임스 맥베이라는 스코틀랜드 사람에게 돈을 빌린 토마스 덕분에 가능했었다. 이것이 중요한 점이다. 로웰 토머스는 막대한 빚을 지고 정신적 고통을 받고 있었지만 고민하지는 않았다. 그는 자신이 역경에 무릎을 꿇게 된다면 채권자는 물론이고 세상의 모든 사람들에게도 하등의 쓸모가 없는 사람이 된다는 사실을 잘 알고 있었다. 그는 매일 아침 외출을 하기 전에 꽃을 사서 가슴에 꽂고 정면을 바라보며 씩씩하게 옥스퍼드 거리를 활보했다. 그의 사고방식은 적극적이고 용감했으며 결코 실패에 좌절하지 않았다. 그에게는 지는 것 또한 게임의 일부로 정상을 향해 가고 있는 사람에게는 꼭 필요한 훈련이었다.

우리의 마음가짐에 따라 육체적인 능력은 믿기 어려울 만큼 달라진다. 영국의 유명한 정신분석학자 J. A. 헤드필드는 『힘의 심리학』이라는 54쪽 분량의 작은 책을 통해 이것을 훌륭하게 설명해 주었다.

'나는 세 명의 남자에게 부탁하여 악력계로 악력을 측정하면서 정신적인 암시가 악력에 어느 정도 영향을 끼치는지를 실험해 보았다.'

우선 그들은 있는 힘껏 악력계를 쥐게 하였다. 이것을 서로 다른 세 가지 조건으로 실험한 것이다. 일반적인 실험인 경우 평균 압력은 45.8킬로파스칼(kpa)이다.

그런 다음 그들에게 '당신은 나약하다'는 최면을 걸고 측정해 보니 겨우 13.2킬로파스칼로 평소의 3분의 1 이하였다(세 명 중에 한 사람은 권투선수였지만 최면 상태에서 나약하다는 암시에 걸리자 자신의 팔이 '마치 어린아이의 팔처럼 가늘었다'고 회상하였다).

헤드필드는 그렇게 세 번의 실험을 했다. 당신은 강하다는 암시를 하자 평균 압력이 64.6킬로파스칼에 달했다. 그들이 마음속으로 강인함을 자각했을 때는 육체적 능력이 50퍼센트 이상 비약적으로 증가한 것이다. 이것이야말로 우리의 정신상태가 가진 믿기 어려운 능력이다.

여력이라는 마법의 힘을 설명하기 위해 미국 역사상 놀라움을 금치 못할 이야기 하나를 소개하기로 하자. 이 이야기만으로도 책 한 권이 넘지만 여기서는 간단하게 소개하겠다. 남북전쟁이 끝나고 얼마 되지 않은 얼어붙을 것같이 추운 10월의 어느 밤, 거리의 방랑자로 보이는 한 걸인 여자가 매사추세츠 주 에임즈베리에 살고 있던 퇴역 해군 대령의 아내 마더 웹스터의 집 문을 두드렸다.

문을 연 마더 웹스터의 눈에 들어온 것은 창백한 피부에 뼈만 앙상한 45킬로그램 정도의 작고 여린 생명체였다. 글로버 부인이라는 이 낯선 여인은 밤낮없이 자신을 괴롭히고 있는 중대한 문제를 생각하며 해결하기 위해 머물 수 있는 집을 찾고 있다고 말했다. 그러자 웹스터 부인이 말했다.

"이 집은 어때요? 이 큰 집에 나 혼자 살고 있어요."

어쩌면 글로버 부인은 마더 웹스터와 함께 영원히 살고 싶었을지도 모른다. 그런데 때마침 뉴욕에 사는 웹스터 부인의 사위 빌 엘리스가 휴가를 보내기 위해 찾아왔다. 그는 글로버 부인의 모습을 보고 "우리는 부랑자에게 볼 일이 없소!"라고 소리치며 그녀를 쫓아버렸다. 밖에는 비가 거세게 내리고 있었다. 그녀는 빗속에서 2, 3분 정도 떨며 서 있다가 곧바로 비를 피할 수 있는 곳을 찾아 떠났다.

그리고 이 이야기는 전혀 예상치 못했던 방향으로 흐르게 된다. 빌 엘리스가 내쫓은 '부랑자'는 훗날 전 세계의 모든 여성에게 사상적으로 엄청난 영향을 끼치게 될 운명의 소유자였다. 그녀가 바로 수백만의 신도들에게 추앙받고 있는 <크리스천 사이언스>의 창시자 메리 베이커 에디이다.

그러나 이전까지 인생에 관해 그녀가 알고 있던 것은 질병, 슬픔, 비극이 전부였다. 첫 남편은 결혼하자마자 죽고 말았다. 두 번째 남편은 그녀를 버리고 유부녀와 도망을 쳤지만 나중에 빈민구제소에서 숨을 거두었다. 그녀의 유일한 가족이었던 외아들마저 네 살 때 가난과 질병과 시기 때문에 빼앗겨야 했다. 그렇게 아들의 소식을 전혀 모르고 살다가 모자 상봉이 이루어진 것은 그로부터 31년이 지나서였다.

선천적으로 병약했던 그녀는 이미 오래전부터 '정신요법의 과학'이라 불리는 것에 흥미가 많았다. 그리고 매사추세추 주 린 시에서 일생의 전환점이 되는 극적인 사건이 일어났다. 어느 추운 날 아침, 거리를 걸어가던 그녀는 얼음판에서 발이 미끄러져 넘어진 채 의식을 잃고 말았다. 척추를 심하게 다쳐 발작과 경련을 일으킨 것이다. 의사는 살아날 수 없을 것이고 설령 기적적으로 살아난다고 하더라도 다시는 걸을 수 없을 것이라고 진단을 내렸다.

메리 베이커 에디는 임종 때를 기다리듯이 침대에 누워 성경책을 펼쳐 들고 하느님의 계시에 따라 '마태오복음'의 한 구절을 읽었다.

사람들이 중풍 환자를 침상에 누인 채 예수에게 데려왔다. 예수는 중풍 환자에게 '안심하여라. 네가 죄를 용서받았다' 하고 말하였다. … '일어나 네 침상을 들고 집으로 돌아가라' 하고 명령하자 그는 일어나 집으로 돌아갔다.

그녀는 예수의 이 말 덕분에 육체의 활력과 신앙과 높은 파도와 같은 회복력이 솟아나더니 당장에 자리를 박차고 일어나 걸을 수 있게 되었을 정도라고 말했다. 에디 부인은 힘주어 말했다.

"그 경험 덕분에 제 건강을 되찾을 방법은 물론이고 타인의 건강을 지켜줄 방법을 찾았습니다. 나는 모든 원인이 정신 그 자체에 있는 것이고 모든 결과는 정신적인 현상이라는 과학적 증거를 찾게 된 거예요."

이렇게 해서 메리 베이커 에디는 새로운 종교의 창시자가 되어 고귀한 성직자가 되었다. 크리스천 사이언스는 그녀에 의해 확립된 유일한 종교적 신조이자 전 세계에 뿌리를 내리게 된 종교가 되었다.

여러분은 지금 혹시 이렇게 중얼거리고 있지는 않은가?

"데일 카네기라는 사내는 크리스천 사이언스를 광고하고 있어."

그런 일은 결코 없다. 나는 크리스천 사이언스의 신자는 아니지만 나이를 먹으면서 사고력이 지닌 위대한 힘에 대하여 점점 더 확신을 굳히고 있다. 30년 동안 성인 강좌를 운영해 본 결과, 자신의 사고방식을 바꾸기만 한다면 남녀를 불문하고 고민이나 공포, 그 어떤 질병도 불식시킬 수 있고 생활을 쇄신시킬 수 있다는 것을 알게 되었다. 단언컨대 나는 알고 있다! 이렇게 믿기 어려운 변화를 수백 건도 넘게 봐왔다. 그런 예를 이미 질릴 정도로 많이 봐왔기 때문에 이제는 그리 놀랄 일도 아니다.

내 수강생에게 일어난 사례도 사고력을 뒷받침해줄 믿기 어려운 변화의 하나라고 할 수 있을 것이다. 그는 신경쇠약에 걸려 있었다. 원인? 바로 고민 때문이다. 이 수강생의 이야기는 이렇다.

나는 세상 모든 일이 고민거리였습니다. 너무 마른 저 자신을 고민하고, 탈모가 시작된 것이 아닌지 고민하고, 충분한 결혼자금을 모으지 못해 걱정하고, 훌륭한 아버지가 될 수 없을 것 같았고, 결혼하고 싶은 여성에게 실연을 당할 것 같아 인생 자체에 전혀 자신감이 없어 고민만 하고 있었습니다. 또한 남이 내 흉을 보는 것은 아닐까 고민하다가 위궤양에 걸리지는 않을지 걱정했습니다. 그 때문에 전혀 일이 손

에 잡히지 않아 회사를 그만두게 되었습니다. 항상 긴장하는 상태라 마치 안전 마개가 없는 보일러와 같은 상태였습니다. 압력을 견디지 못하면 반드시 일이 터지게 되어 있는 것처럼 실제로 일이 터지고 말았습니다. 선생님이 신경쇠약에 걸린 적이 없으시다면 절대로 신경쇠약에 걸리지 않도록 기도하겠습니다. 그 어떤 육체적 고통도 마음의 번민에서 발생하는 고통과 비교한다면 아무것도 아닙니다. 나는 중증 신경쇠약이었기 때문에 가족과의 대화조차 힘들 정도였습니다. 제 생각을 정리하는 것도 불가능했기 때문에 완전히 공포에 질려 있었습니다. 작은 소리에도 깜짝 놀랐고 모든 사람을 피하게 되었습니다. 아무런 이유도 없이 펑펑 울기 일쑤였습니다.

하루하루가 고통의 연속이었습니다. 나는 사람들은 물론이고 신에게조차 버림받았다는 느낌이었습니다. 강물에 뛰어들어 모든 것을 끝내고 싶다는 충동까지 들었습니다.

나는 장소가 바뀌면 기분이 바뀔지도 모른다는 생각에 플로리다로 여행을 떠날 결심을 했습니다. 기차에 올라타자 아버지는 한 통의 편지를 제 손에 쥐어주며 플로리다에 도착하면 읽어보라고 하셨습니다. 플로리다는 관광 성수기였기 때문에 호텔에 머물 수가 없어서 창고에 딸린 방 하나를 빌렸습니다. 마이애미에서 출항하는 화물선의 승무원으로 취직하려 했지만 뜻대로 되지 않아 해변을 서성이며 시간을 보내야 했습니다. 플로리다에서의 비참한 삶은 집에 있을 때보다 혹독했습니다. 문득 아버지의 편지 생각이 나서 편지를 읽기 시작했습니다. 짧은 편지였습니다.

'아들아, 너는 집에서 2,400킬로미터나 떨어진 곳에 있지만 특별히 달라진 것이 없을 것이다. 나는 변하지 않으리라는 것을 잘 알고 있다. 왜냐하면 너와 동행한 것은 모든 고민의 유일한 근원, 즉 너 자신과 함께이기 때문이다. 너는 심신이 특별히 나쁜 곳은 없다. 네가 지쳐버린 것은 네 앞에 펼쳐진 상황이 아니라 그런 상황에 대처하는 너의 사고방식 때문이다.

〈인간은 자신이 생각한 대로의 인간이 된다!〉

아들아, 이 말을 이해하게 되면 집으로 돌아오너라. 그때는 이미 완치되었을 테니까.'

나는 아버지의 편지에 화가 났습니다. 내가 원했던 것은 동정이지 설교가 아니었으니까요. 화가 머리끝까지 난 나는 다시는 집으로 돌아가지 않겠다고 결심했습니다. 그날 밤, 마이애미 거리를 산책한다고 어느 교회 앞을 지나다 보니 예배를 드리고 있었습니다. 달리 갈 곳도 없던 나는 교회 안으로 들어가 '영혼을 제어할 수 있는 사람은 도시를 손에 넣은 사람보다 강하다'라고 하는 성서에 관한 설교에 귀를 기울였습니다. 신성한 하느님의 집에 앉아 아버지가 편지에 적어주신 내용과 똑같은 이야기를 듣고 있자니 제 머릿속에 산더미처럼 쌓여 있던 쓰레기더미가 말끔히 정리되었습니다. 나는 난생처음으로 정신을 차리고 나 자신이 얼마나 어리석었는지를 깨달았습니다. 빛 속에 홀로 서 있는 자신의 모습을 보고 당혹스러웠습니다. 지금까지 나는 이 세상과 이 세상에 사는 모든 인간을 바꾸고 싶다고 생각했습니다. 하지만 정작 바꿔야 할 것은 제 마음이라는 카메라의 렌즈 초점 거리였던 것입니다.

다음날 아침, 짐을 꾸려 집으로 돌아갈 채비를 하였습니다. 일주일 뒤에는 이전의 회사로 돌아갔고 4개월 뒤에는 차이는 것이 아닐까 걱정만 했던 그녀와 결혼을 하였습니다. 우리는 다섯 명의 자식을 낳고 행복하게 살고 있습니다. 신은 물질적인 면은 물론이고 정신적인 면에서도 저에게 많은 도움을 주셨습니다. 신경쇠약에 걸려 있을 때는 작은 아파트의 야간 경비 주임으로 열여덟 명의 부하 직원을 거느리고 있었지만, 지금은 450명의 종업원을 거느린 박스제조 공장의 사장이 되었습니다. 충실한 생활을 하며 많은 친구와 교류도 하고 있습니다. 이제야 인생의 진가를 만끽하고 있다는 느낌이 듭니다. 가끔 불안한 느낌이 들 때면 누구나 일상생활에서 느끼는 것으로 생각하고 카메라의 초점을 다시 맞추라고 스스로 암시를 하면 모든 일이 해결되었습니다.

솔직히 말해서 나는 신경쇠약에 걸렸던 것을 기뻐하고 있습니다. 오랜 고생 끝에 사고방식이 우리의 정신과 육체에 얼마나 큰 영향력을 끼치는지를 몸소 체험할 수 있었으니까요. 지금은 사고가 제 뜻을 거스르지 못하게 하면서 삶에 도움이 될 수 있게 하고 있습니다. 저의 모든 고민은 외부적인 것이 아니라 상황에 대한 저 자신의 사고방식에 달려 있다는 아버지의 충고는 옳았습니다. 그것을 깨닫는 순간 모든 것이 순조로웠습니다. 그날 이후 줄곧 변함없이 건강을 유지하고 있습니다.

이상이 이 수강생의 체험담이다.

내가 통감하는 것은 우리가 일상생활을 통해 얻을 수 있는 마음의 안정과 기쁨은 자신이 있는 장소나 사물, 자신에 의해 좌우되는 것이 아니라 마음먹기에 달려 있다는 점이다. 외부의 조건은 거의 관계가 없다. 예를 들어 하퍼스 페리에서 노예들을 선동하여 합중국의 무기고를 습격했다는 죄목으로 교수형을 당한 존 브라운의 경우를 살펴보자. 그는 관 위에 올라탄 채 교수대로 향했다. 그의 곁에 함께 있던 간수의 표정에서는 긴장과 불안감이 역력히 드러났다. 그러나 존 브라운은 매우 침착하게 버지니아 블루리지 산맥을 바라보며 이렇게 탄성을 질렀다고 한다.

'아, 얼마나 아름다운 나라인가! 지금까지 이렇게 아름다운 것을 음미할 기회가 없었다니.'

남극에 처음으로 도착한 영국인 로버트 팰컨 스콧과 그의 동료들의 경우도 마찬가지이다. 그들의 귀로는 인류가 경험한 가장 혹독한 여행이라고 해도 과언이 아니다. 식료품은 바닥이 나고 연료도 없었다. 그들은 더 이상 한 발짝도 앞으로 나아갈 수 없게 되었다. 혹독한 눈보라가 11일 동안 세상을 뒤덮었고, 거친 바람은 남극의 얼음덩어리까지 날려 버릴 정도였다. 스콧과 일행은 죽을 각오를 하고 있었다. 그들은 이러한 긴급사태에 대비하여 꽤 많은 아편을 가지고 있었다. 아편만 먹으면 두 번 다시 깨지 않을 달콤한 꿈나라로 갈 수 있었다. 그러나 그들은 아편에 의지하지 않고 즐거운 노래를 합창하면서 함께 죽는 길을 선택했다. 이 사실은 8개월 뒤에 수색대가 발견한 그들의 얼어붙은 시신을 만나게 되면서 밝혀졌다.

그렇다, 우리가 용기와 냉정함으로 창조적인 생각을 하게 된다면 자신의 관 속에 앉아 교수대로 향하는 도중에도 경치를 감상할 수 있고, 굶주림과 추위 속에서 죽어가면서도 쾌활한 합창 소리로 텐트를 흔들리게 할 수 있다.

장님이 된 밀턴도 300년 전에 같은 진리를 발견했다.

마음이야말로 내가 머무를 곳
그곳은 지옥을 천국으로,
천국을 지옥으로 만들어 놓는다.

나폴레옹과 헬렌 켈러는 밀턴의 말을 입증해주고 있다. 나폴레옹은 수많은 사람이 열망하는 영광, 권력, 막대한 부를 모두 손아귀에 넣었지만 세인트헬레나에서 이렇게 말했다.

"내 삶에서 행복했던 날은 6일도 되지 않았다."

반면에 장님에 벙어리였던 헬렌 켈러는 이렇게 말했다.

"인생은 진실로 아름답습니다!"

반세기의 삶을 통해 내가 배운 것은 '내게 평화를 가져다주는 것은 다름 아닌 나 자신이다'라는 말로 표현할 수 있다. 이것은 에머슨이 '자기 신뢰'라고 하는 에세이 속에서 맺음말로 적절하게 사용한 문구이다.

'정치적인 승리, 땅값의 상승, 질병의 완쾌, 오랫동안 만나지 못한 벗의 귀환, 이 외의 모든 외부적인 사상은 인간의 정신을 고양해 주어 행복한 날들이 올 것을 예감하게 한다. 이것을 믿어서는 안 된다. 그런 것은 결코 없다. 자신에게 평화를 가져다주는 것은 다름 아닌 자기 자신이다.'

스토아학파의 대철학자 에픽테토스는 '육체의 종양과 종기'를 짜내기보다는 마음속의 그릇된 사고를 짜내는 일에 신경을 써야 한다고 가르치고 있다.

에픽테토스는 1900년 전이나 앞서 이 말을 하였고, 현대의학 또한 이 말에 동조할 것이다. G. 캔비 로빈슨 박사의 말에 의하면 존 홉킨슨 병원에 수용된 환자 다섯 명 중의 네 명은 정신적 긴장과 스트레스가 원인 때문에 발병한 증상으로 고통받고 있다고 한다. 이것은 기질성 질환에서도 해당하는 경우가 적지 않다. 박사는 이렇게 강조하고 있다.

"결국 이러한 증상들의 원인을 살펴보면 일상생활이나 그에 부수되는 문제들을 제대로 대처할 수 없다는 것이 원인이다."

프랑스의 철학자 몽테뉴는 이런 말을 인생의 교훈으로 삼았다.

'인간은 일어난 일 그 자체보다 일어난 일을 어떻게 평가하는가에 따라 심하게 상처를 받는다. 그리고 일어난 일을 어떻게 평가할지는 우리의 마음가짐에 달려 있다.'

이것은 어떤 의미일까? 내가 어려운 문제 때문에 고생하면서 신경을 날카롭게 곤두세우고 있는 여러분 앞에다 역경 속에서도 여전히 의지의 힘으로 마음가짐을 바꿀 수 있다고 뻔뻔하게 주장하는 것일까? 바로 그렇다! 게다가 그뿐만이 아니다. 그것을 실천할 방법까지 전수할 생각이다. 그러기 위해서는 적은 노력이 필요하고 그 비결은 매우 간단하다.

심리학의 최고 권위자인 윌리엄 제임스는 이런 의견을 제시한 적이 있다.

'행동이 감정을 따르는 것처럼 보이지만 사실은 행동과 감정은 동시에 작용한다. 의지의 힘으로 보다 직접적으로 지배당하는 행동을 규제함으로써 의지에 쉽게 지배 당하지 않는 감정 또한 규제할 수 있다.'

윌리엄 제임스는 표현을 달리하여 '결심'함으로써 당장에 감정을 바꿀 수는 없지만 행동을 바꾸는 것은 가능하다고 하였다. 그리고 행동을 바꾸면 감정 또한 자연스럽게 바뀔 것이라고 했다.

제임스의 설명은 계속된다.

"그러므로 쾌활함을 잃었을 때 남에게 의지하지 않고 스스로 쾌활함을 되찾는 비결은 정말로 쾌활한 것처럼 행동하고 이야기하면서 이미 쾌활함을 되찾은 것처럼 행동하는 것이다."

이 단순한 비결이 정말 효과가 있을까? 그것은 여러분 스스로 시험해 보기 바란다. 얼굴 가득 미소를 머금고 어깨를 으쓱거리며 크게 심호흡을 하면서 노래 한 구절을 불러보는 것이다. 노래가 아니라 휘파람이라도 좋다. 휘파람을 불지 못한다면 콧노래라도 좋다. 그러면 당장에 윌리엄 제임스가 말하고자 하는 의미를 알 수 있을 것이다. 쉽게 말해서 행복감에 젖어 있는 듯이 행동하면서 동시에 심각하게 어두운 표정을 짓는 것은 육체적으로 불가능하다는 말이다!

이것이야말로 자연의 작은 섭리이자 우리의 삶 전반에 걸쳐 여러 기적을 가져다주는 것이다. 내가 아는 캘리포니아의 여성도 이 비밀만 이해하였다면 고민을 24시간 안에 해소할 수 있었을 텐데…. 그녀는 나이 많은 미망인이다. 슬픈 상황에 부닥쳐 있는 것은 사실이지만 정말로 유쾌하게 행동하려고 노력하는 것일까? 아니다. "안녕하세요?" 하고 인사를 하면 그녀는 "네, 별일 없어요"라고 대답할 것이다. 그러나 얼굴 표정과 슬픔이 묻어나는 말투에서는 "대체 내가 얼마나 힘든

지 어떻게 표현하면 좋단 말인가?"라고 호소하고 있다. 그녀는 마치 눈앞에 행복해 보이는 상대를 원망하는 것처럼 보인다. 세상에는 그녀보다 훨씬 불행한 사람이 얼마든지 있는데도 말이다. 그녀의 남편은 그녀가 남은 삶을 살 수 있을 정도의 보험금을 남겨 주었고, 이미 결혼한 자식들이 있어 함께 살 수도 있다. 그런데도 나는 그녀의 웃는 얼굴을 본 적이 없다. 그녀는 딸들의 집에서 몇 달이나 함께 살면서도 세 명의 사위 모두가 구두쇠에 제멋대로라고 투덜거린다. 게다가 그녀는 딸들이 선물을 주지 않는다며 불만 가득한 표정이다. 그런데 정작 그녀자신은 노후를 대비하여 열심히 돈을 모으고 있다. 그녀야말로 그녀자신은 물론 불행한 가족에게 있어서도 재난의 씨앗이다!

과연 이것은 어떻게 안 되는 것일까? 그녀는 마음만 먹는다면 비참함과 고생이 끊이지 않는 불우한 노파에서 존경과 사랑을 한 몸에 받는 가족의 일원으로 변신할 수 있다. 그리고 그렇게 변신하기 위해 그녀가 해야 할 일은 쾌활하게 행동하는 것이다. 제일 먼저 불행하고 초라한 자신에게만 쏟는 애정의 낭비를 멈추고 그 일부를 타인에게 나눠줄 수 있도록 행동하는 것이다.

인디애나 주 텔 시에 사는 H. J. 잉글러트는 이 비밀을 발견한 덕분에 지금까지 살 수 있었다. 그는 10년 전에 성홍열을 앓았다. 성홍열이낫자 이번에는 신장염에 걸렸고, 돌팔이의사를 포함해 수많은 의사에게 진료를 받았지만 아무런 소득도 없었다.

그렇게 불과 얼마 전까지도 고혈압으로 고통을 받아야 했다. 진찰한의사는 최고 혈압이 214까지 올라갔다고 말했다. 이것은 정말로 치명적인 것이다. 더군다나 악화할 조짐까지 있으니 마음의 준비를 하라는 권고를 받았다.

그는 이렇게 말하고 있다.

"나는 집으로 돌아와서 보험료 지급이 완료되었는지를 확인하고 하느님께 제 잘못을 모두 고백하고 명상에 깊이 잠겼습니다. 나는 모든 이들에게 불행만 전파하였습니다. 아내와 가족을 불행하게 했고 저 자신 또한 항상 의기소침해 있었습니다. 하지만 일주일 동안 자기 연민에 빠져 있던 나는 스스로에게 이렇게 다짐했습니다. '지금 네가 하는 짓은 정말 바보짓이야! 아직 1년 정도 더 살 수 있을지도 몰라. 왜 살아 있는 동안을 즐기려 하지 않는 거지?' 나는 어깨를 한 번 으쓱해 보이고 얼굴에 미소를 지으며 모든 일이 순조롭게 돌아가고 있다는 듯이 행동을 하였습니다. 처음에는 부자연스러웠지만, 일부러 즐겁고 씩씩한 척 행동하였습니다. 덕분에 가족은 물론이고 저 자신에게도 많은 도움이 되었습니다.

처음에 나타난 변화는 내가 행동하는 것 이상으로 기분이 좋아졌다는 것입니다. 덕분에 하루하루 건강도 좋아졌습니다. 예정대로라면 이미 몇 달 전에 무덤으로 가야 할 내가 지금까지 행복하고 건강하게 살아 있는 것은 물론이고 혈압까지 떨어진 것입니다. 나는 한 가지 확신을 가지고 있습니다. 내가 패배감에 젖어 '죽음'만을 생각하고 있었더라면 의사의 예언대로 틀림없이 죽었을 겁니다. 하지만 나는 제 몸에 스스로 회복할 기회를 준 것입니다. 이 모든 것이 마음가짐을 바꾼 덕분입니다!"

여러분에게 한 가지 질문을 하겠다. 그저 단순히 유쾌하게 행동하고 건강에 관해 적극적인 사고방식을 가질 수 있는 용기 덕분에 이 남자가 목숨을 구할 수 있었다면 약간의 우울증과 낙담 때문에 언제까지 고통스러워할 것인가? 쾌활하게 행동함으로써 행복한 삶을 누릴 수 있는데 어째서 자신과 주변 사람까지 불행하게 만드는 것인가?

꽤 오래전에 읽은 책을 통해서 나는 잊을 수 없는 깊은 감동을 받은 적이 있다. 제임스 앨런의 『사색하는 사람』이라는 제목의 책에 이런 내용이 적혀 있었다.

사람이 사물과 타인에 대한 사고방식을 바꾸면 자신에 대한 사물과 타인의 태도도 바꾼다는 것을 발견하게 될 것이다. … 근본적으로 자신의 사고방식을 바꾸어 보자. 그러면 생활의 외적 조건이 급변하는 데 놀라게 될 것이다. 인간은 자신이 욕망하는 것을 끌어들이는 것이 아니라 있는 그대로의 것을 끌어들인다. … 우리의 목적에 맞는 신은 우리의 내면에 있다. 이것이야말로 자기 자신에 불과하다. … 인간이 성취하는 모든 것은 그 인간 자신의 생각이 불러일으키는 직접적인 결과이다. … 인간은 자신의 사고를 고양함으로써 향상되고, 정복하고, 성취할 수 있다. 자신의 사고를 고양하지 않는다면 그 인간은 언제까지나 나약하고 비굴하고 초라한 삶 뿐이다.

창세기에 따르면 창조주는 인간에게 모든 세계의 지배권을 주었다. 강력한 선물이다. 그러나 나는 그런 제왕조차 능멸하는 특권에는 흥미가 없다. 내가 바라는 것은 오로지 나 자신을 지배하는 것, 내 생각을 지배하고, 내 공포심을 지배하고, 내 마음과 영혼을 지배하는 것이다. 그리고 너무나 다행스럽게도 나는 단지 나의 행동만을 제어하면 언제라도 내가 원할 때 이 지배를 훌륭하게 해낼 수 있다.

이제 우리는 윌리엄 제임스의 다음과 같은 말을 기억해야 할 것이다.

'흔히 말하는 잘못의 대부분은 그것 때문에 고민하는 사람의 마음가짐을 공포심에서 투지로 바꾸기만 한다면 축복받을 수 있는 강력한 행복으로 바꿀 수 있다.'

행복을 위해 싸우자!

가슴 벅차고 건설적인 사고방식을 가지기 위한 목표를 실천하고 우리의 행복을 위해 싸우자. 이것은 그러기 위한 목표이다. 여기에는 '오늘만큼은'이라는 제목이 붙어 있다. 나는 이 목표의 깊은 함축성에 주목하고 복사하여 수백 장을 뿌렸다. 이것은 36년 전에 시빌. F. 파트릿지가 작성한 것이다. 이것을 실천한다면 우리의 고민은 거의 사라지고 프랑스 인들이 입버릇처럼 말하는 '삶의 기쁨'을 무한대로 증폭시킬 수 있다.

오늘만큼은,

1. 오늘만큼은, 행복해하자. 링컨은 이렇게 말했다.

"대부분의 사람은 스스로 결심한 만큼만 행복해진다."

행복은 내면에서 발생하는 것이지 외부의 것이 아니다.

2. 오늘만큼은, 자신을 상황에 순응시켜 자신의 욕망만을 위해 모든 행동을 억제하자. 자신의 가족도 일도 운도 있는 그대로 받아들이며 그것에 맞추도록 하자.

3. 오늘만큼은, 몸에 주의를 기울이자. 운동하고 몸을 소중히 여기며 영양을 충분히 섭취하자. 육체를 혹사하거나 경시하는 것은 삼가

자. 그러면 신체는 자신이 원하는 대로 움직이는 완벽한 기계가 될 것이다.

4. 오늘만큼은, 정신을 단련시키자. 무언가 유익한 것을 배우자. 정신적 게으름뱅이가 되지 말자. 노력과 사고와 집중력이 필요한 것을 읽자.

5. 오늘만큼은, 영혼의 훈련을 위한 세 가지를 하자. 누군가에게 눈치채지 못하게 친절을 베풀자. 윌리엄 제임스가 말했듯이 수양을 위해 적어도 두 가지 정도로 자신이 하고 싶지 않은 일을 하자.

6. 오늘만큼은, 상냥한 태도를 하자. 가능한 한 밝은 표정에 부드러운 말투로 이야기하고 예의 바르게 행동하며 아낌없이 상대를 칭찬하자. 타인을 비평하거나 흠을 들추지 말고, 타인을 규칙에 얽매거나 잔소리하지 말자.

7. 오늘만큼은, 오늘 하루에 충실한 삶을 살며 인생의 모든 번거로운 문제에서 벗어나자. 평생을 해야 한다면 진저리가 날 문제라도 열두 시간이라면 참을 수 있다.

8. 오늘만큼은, 하루의 계획을 세우자. 처리해야 할 일을 한 시간마다 정리하자. 예정대로 진행되지 않을 수도 있겠지만 일단은 해보자. 그러면 성급하고 우유부단한 두 가지 나쁜 습관을 근절할 수 있을지도 모른다.

9. 오늘만큼은, 30분 동안 홀로 한가롭고 조용히 보낼 수 있는 시간을 만들자. 이 시간을 통해 때로는 신에 대해 생각해 보자. 인생에 대한 올바른 인식을 찾을 수 있을지도 모른다.

10. 오늘만큼은, 두려워하지 말자. 행복해지는 것을 두려워하고, 아

름다운 것을 즐기는 것을 두려워하고, 사랑하는 것을 두려워하고, 내가 사랑하는 사람이 나를 사랑하고 있다고 믿는 것을 두려워하지 않도록 하자.

평화와 행복을 가져다주는 첫 번째 철칙

쾌활하게 행동하면 저절로 유쾌해진다.

복수의 대가는 크다

 몇 년 전 옐로스톤 국립공원을 여행하던 어느 날 밤, 나는 다른 여행자들과 함께 전망대에 앉아 소나무와 전나무가 무성한 숲을 바라보고 있었다. 이윽고 학수고대하며 기다렸던 숲속의 폭군이라 불리는 회색곰이 눈부신 조명 속에서 나타나 호텔에서 버려진 잔반을 뒤지기 시작했다. 삼림경비대의 마틴데일 소령은 말에 올라탄 채로 들떠 있는 여행객 앞에 서서 곰에 관해 설명했다. 그의 말에 따르면 회색곰은 서반구에 있는 어떤 동물보다도 강하며 녀석과 필적할 수 있는 동물은 버펄로와 코디액 불곰 정도라고 했다. 그런데 나는 그날 밤, 회색곰이 숲속에서 나온 작은 동물 한 마리가 밝은 조명 속에서 음식을 먹는 것을 묵인하는 광경을 목격하였다. 녀석은 스컹크였다. 회색곰은 자신의 앞발로 한 대만 치면 스컹크를 죽일 수 있다는 것을 잘 알고 있을 것이다. 그런데 왜 그러지 않은 것일까? 회색곰은 아무런 이득도 되지 않는다는 것을 경험을 통해 잘 알고 있기 때문이다.

나 또한 이런 사실에 관해 잘 알고 있다. 농장에서의 어린 시절 미주리의 한 숲에서 덫을 이용해서 네 발의 스컹크를 잡은 적이 있다. 어른이 되어서는 뉴욕의 거리에서 두 발로 걷는 스컹크와 만난 적이 몇 번인가 있다. 내 경험으로 본다면 양쪽의 스컹크와 상대를 하면 아무런 이득이 되지 않는다는 것을 잘 알고 있다.

우리가 적에게 미움을 느끼게 된다면 오히려 적에게 지배를 당하게 된다. 그리고 그 지배력은 우리의 수면, 식욕, 혈압, 건강, 행복에까지 영향을 끼친다. 적은 우리를 고민하게 하고, 고통스럽게 하며 혹시라도 복수를 하려고 하는 것을 알게 된다면 덩실거리며 기뻐할 것이다! 우리의 증오는 적에게 아무런 상처를 줄 수 없을 뿐 아니라 오히려 우리 자신이 밤낮없이 지옥을 맛보게 된다.

아래의 글이 누구의 것으로 생각하는가?

'만약 이기적인 사람들이 당신을 이용하였다면 그런 자들과는 상종할 필요가 없다. 또한 복수도 생각해 봐야 한다. 복수하려 한다면 상대에게 상처를 입히기 전에 자신이 상처를 입고 만다.'

어쩌면 어리석은 이상주의자가 꿈같은 소리를 하는 것처럼 들릴지도 모르지만 절대로 그렇지 않다. 이것은 밀워키 경찰서가 발행한 관보에 실린 것이다.

복수로 인해 어떤 상처를 입는다는 것일까? 결과는 여러 가지이다. <라이프>지에 따르면 건강을 파괴할 수도 있다고 한다. <라이프>지는 이렇게 적고 있다.

'고혈압에 시달리고 있는 사람의 공통적인 성격은 쉽게 남을 원망한

다는 것이다. 타인에 대한 원망이 만성화되면 만성 고혈압과 심장병으로 이어진다.'

그러므로 예수가 '원수를 사랑하라'라고 말한 것은 단순히 도덕적인 설교가 아니고, 20세기 의학에서도 주장하는 것이다. '일곱 번씩 일흔 번이라도 용서하라'고 한 예수는 고혈압, 심장병, 위궤양을 비롯한 그 밖의 모든 병의 예방에 대하여 말한 것이다.

내 친구 한 명이 최근 중증 심장병에 걸렸다. 의사는 그녀에게 침대에서 벗어나지 말고 무슨 일이 있더라도 결코 화를 내서는 안 된다고 명령하였다. 의사들의 상식으로는 심장이 약해졌을 때 화가 폭발하면 사망에 이를 수도 있다. 그뿐 아니라 워싱턴 주 스포캔에 사는 한 레스토랑 경영자는 화를 폭발시킨 순간 세상을 등지고 말았다. 지금 내 손에는 워싱턴 경찰서장인 제리 스와타웃이 보낸 편지가 있다.

'몇 년 전에 이곳에서 커피숍을 운영하던 윌리엄 포커버라는 60세 남자가 분노를 폭발하여 죽고 말았다. 그의 요리사가 커피를 접시에 마시는 것을 참지 못한 주인은 화를 참지 못하고 권총을 들고 요리사를 쫓다가 결국 심장마비를 일으켜 죽고 말았다. 검시관은 화를 참지 못해 심장마비를 일으켰다고 판단하였다.'

예수는 '원수를 사랑하라'라고 말했을 때 어떻게 하면 우리가 좋은 표정을 지을 수 있는지를 설교하고 있었다. 나나 여러분이 알고 있는 사람 중에서도 증오와 원한 때문에 얼굴에 주름이 늘고 피부가 굳어져 잘생긴 얼굴을 망친 사람이 있을 것이다. 전 세계의 그 어떤 미용술도 관용, 친절, 애정이 넘치는 정신이 없다면 그 효과는 반감하고 말 것이다.

증오는 우리의 먹는 즐거움조차 앗아가 버린다. 성서에는 이렇게 적혀 있다.

'채소를 먹고 서로 사랑하는 것이 살찐 소를 먹고 서로 증오하는 것보다 낫다.'

우리가 적을 미워하는 것에 정력을 낭비하고, 신경질적으로 되고, 용모가 흉해지고, 심장병에 걸려 수명까지 단축된다는 사실을 알았다면 적들은 손뼉을 치며 크게 기뻐하지 않을까?

비록 원수를 사랑할 수는 없더라도 적어도 자기 자신은 사랑해야 하지 않을까? 적어도 우리의 행복과 건강과 용모가 적의 지배하에 들어가지 않을 정도로 자기 자신을 사랑하자. 셰익스피어는 이렇게 말했다.

적의를 너무 불태우지 마라.
네가 먼저 그을릴 테니.

'일곱 번씩 일흔 번이라도 용서하라'고 한 예수의 말은 사업상의 가르침이다. 지금 내게는 스웨덴 웁살라 시에 사는 조지 로나가 보내온 편지가 도착해 있다. 오랫동안 조지 로나는 빈에서 변호사로 일하고 있다가 제2차 세계대전 중에 스웨덴으로 피신했다. 한 푼도 없었던 그는 필사적으로 일을 해야 했다. 그는 몇 개 국어에 능통하였기 때문에 무역회사의 통신 담당 일을 하고 싶어 했지만 대부분의 회사에서 비슷한 답변만 돌아왔다. 지금은 전쟁 중이기 때문에 그런 업무가 필요 없지만 일단 이름은 적어두겠다는 답변이었다. 그러나 한 회사만은 다음과 같은 편지를 보내왔다.

　'당사의 업무에 대하여 당신은 잘못된 생각을 하는 데다 어리석기까지 하군요. 우리 회사에서는 통신 담당자가 필요 없습니다. 설령 필요하다고 하더라도 당신을 고용할 마음은 없습니다. 당신은 스웨덴 어조차 제대로 쓰지 못하는군요. 당신의 편지는 오자투성이입니다.'

　조지 로나는 그 편지를 읽고 마치 도널드 덕처럼 미친 듯이 화를 냈다. 이 스웨덴 놈이 내가 글자도 제대로 못 쓴다고 지적하고 있어! 제놈도 편지에 온통 오자투성이가 아니냐고! 조지 로나는 이 남자에게 따끔한 맛을 보여주기 위해 편지를 썼다. 그러나 잠시 생각해 보고는 이렇게 중얼거렸다.

　'잠깐만. 이 남자 말이 맞을지도 몰라. 내가 스웨덴 어를 공부하기는 했지만 모국어가 아니니 어딘가 나도 모르게 잘못 쓴 곳이 있을지도 몰라. 그렇다면 취직을 하기 위해 공부를 더 할 필요가 있겠지. 실제로는 어떤지 모르지만 내게 호의를 표해 준 거야. 방법은 잘못되었더라도 호의에는 감사해야겠지? 그래, 이 건에 대하여 감사 편지를 써보자.'

　이렇게 해서 조지 로나는 전에 쓴 편지를 버리고 다시 편지를 썼다.

　'통신 담당자가 필요 없는데도 불구하고 일부로 답장을 보내주셔서 감사합니다. 귀사에 대하여 오해하고 있던 점을 사과드립니다. 제가 귀사에 편지를 보내게 된 까닭은 귀사가 업계의 주도권을 쥐고 있다는 소문을 들었기 때문입니다. 저는 제 편지 속에 제가 깨닫지 못했던 문법상의 잘못을 범한 것을 대단히 부끄럽게 생각하고 있습니다. 앞으로 열심히 스웨덴 어 공부를 하여 실수를 저지르지 않도록 노력하겠습니다. 제 미래를 위해 해주신 충고에 대하여 고개 숙여 감사드립니다.'

이삼일 뒤에 조지 로나에게로 온 답장에는 한 번 만나보고 싶다고 적혀 있었다. 로나는 면접을 보러 가서 당장에 취직이 되었다. 조지 로나는 체험을 통해 '부드러운 답장 덕분에 화를 피할 수 있었다'는 사실을 깨달은 것이다.

성경과 달리 자신의 원수를 사랑하는 것은 무리일지도 모른다. 그러나 본인의 건강과 행복을 위해서라면 적어도 적을 용서하고 깨끗이 잊어버리는 것이야말로 현명한 일이다. 공자도 이렇게 말했다.

'학대당했거나 강탈당했건 간에 잊어버리면 그만이다.'

나는 아이젠하워 장군의 아들 존에게 아버지가 지금까지 원한을 품은 적이 있었냐고 물은 적이 있다. 그는 이렇게 대답했다.

"아니요, 아버지는 단 1분도 당신이 좋아하지 않는 사람을 생각하며 시간을 허비한 적이 없습니다."

'미련한 사람은 화를 못 내지만, 현명한 사람은 화를 내지 않는다'는 격언이 있다. 이것은 전 뉴욕 시장이었던 윌리엄. J. 게이너의 방침과 일치하였다. 신문 지상을 통해 맹비난을 당한 그는 어느 미치광이에게 저격을 당해 죽음의 문턱에 이르는 심한 중상을 입었다. 그는 병원에 누워 사경을 헤매면서도 이렇게 말했다.

"나는 매일 밤 모든 사람과 모든 일을 용서한다."

지나치게 이상적인 말일까? 너무 너그럽고 너무 밝은가? 그렇게 생각한다면 독일의 위대한 철학자이자 『염세주의 연구』의 저자 쇼펜하우어의 의견에 귀를 기울이자. 그는 인생을 무익하고 고통스러운 모험이라고 표현했다. 그가 걸음을 내디딜 때마다 그의 몸에서는 우울함이 흘러내렸다. 그럼에도 불구하고 쇼펜하우어는 소리쳤다.

"가능하다면 그 누구에게도 증오를 품어서는 안 된다."

버나드 바쿠르는 미국의 역대 대통령 윌슨, 하딩, 쿨리지, 후버, 루스벨트, 트루먼으로부터 절대적인 신임을 받은 대통령 고문이었다. 내가 그에게 정적의 공격 때문에 괴로워한 적이 없었냐고 묻자 그는 이렇게 대답했다.

"어느 누구도 나를 모욕하거나 괴롭힌 적이 없다. 그런 일은 내가 절대 용납하지 않으니까."

우리가 용납하지 않는다면 누구도 절대 나를 모욕하거나 괴롭힐 수 없다.

막대기나 돌멩이로는 내 뼈를 부술 수 있을지도 모른다.

그러나 결코 말로는 내게 상처를 입히지 못한다.

예부터 사람들이 존경하고 추앙하는 사람은 자신의 원수에게 아무런 악의도 품지 않는 예수와 같은 사람이다. 나는 캐나다의 재스퍼 국립공원에 갈 때마다 서반구에서 가장 아름다운 산을 바라보곤 한다. 이 산의 이름은 1915년 10월 12일에 독일군의 총살로 성자처럼 하늘나라로 간 영국 간호사 에디스 카벨에서 따온 것이다. 그녀의 죄는 무엇인가? 그녀는 벨기에의 자택에서 영국과 프랑스 부상병을 치료해준 뒤 네덜란드로의 도망을 도와주었다. 그해 10월의 어느 아침, 영국의 군종신부가 브뤼셀 군사재판소에 있는 그녀의 독방을 찾아 그녀의 임종 기도를 해줄 때 에디스 카벨이 했던 말은 청동과 화강암 비석에 새겨져 지금까지 전해지고 있다.

'나는 애국심만으로는 충분하지 않다는 것을 통감했다. 그 누구에게도 증오심을 품어서는 안 된다.'

4년 뒤 그녀의 시신은 영국으로 옮겨져 웨스트민스터 대성당에서 추모식이 거행되었다. 나는 1년 동안 런던에서 산 적이 있다. 영국 국립 초상화 미술관 건너편에 있는 에디스 카벨의 동상 앞에 서서 화강암에 새겨진 그녀의 말을 자주 곱씹어가며 읽었다.

'나는 애국심만으로는 충분하지 않다는 것을 통감했다. 그 누구에게도 증오심을 품어서는 안 된다.'

자신의 적을 용서하고 깨끗이 잊어버릴 확실한 방법은 자기 자신보다 더없이 큰 뜻을 품는 것이다. 그러면 우리가 당하는 모욕과 적의 등은 아무런 문제도 되지 않는다. 왜냐하면 우리가 품은 큰 뜻 이외의 다른 모든 것들은 전혀 개의치 않게 되기 때문이다. 그 일례로 1918년 미시시피의 소나무 숲에서 폭발하기 직전까지 갔던 비극적인 사건을 소개하겠다. 로렌스 존스라고 하는 흑인 교사이자 목사가 막 폭행을 당하기 일보직전의 사건이었다. 몇 년 전에 나는 로렌스 존스가 창립한 파이니우스 컨트리 스쿨을 방문하여 학생들 앞에서 강의한 적이 있었다. 현재는 이 학교가 전국적으로 널리 알려졌지만 지금 내가 이야기하고자 하는 사건은 그보다 훨씬 전의 일로, 사람들의 신경이 날카로워져 있었던 제1차 세계대전 당시에 일어난 사건이었다. 미시시피 중부에는 독일군이 흑인들을 선동하여 반란을 일으키려 하고 있다는 헛소문이 떠돌고 있었다. 폭력을 당할 뻔했던 로렌스 존스 역시 흑인으로서 흑인들의 폭동을 선동하고 있다는 낙인이 찍히고 말았다. 로렌스 존스가 교인들에게 이렇게 외치는 것을 교회 밖에 있던 몇몇 백인들이 들었다.

"인생은 전투이다. 전투에서 싸워 이기기 위해 흑인들은 모두 무장하고 용맹하게 맞서 싸워야 한다."

'싸워라!' '무장하라!' 이 말이면 충분했다!

흥분한 청년들은 밤새 돌아다니며 폭도들을 모아 교회로 가서 목사의 목에 밧줄을 걸고 1킬로미터 정도를 끌고 다니다가 장작더미 위에 목사를 세우고 성냥불을 그어 동시에 교수형과 화형에 처하려 했다. 그리고 누군가가 이렇게 외쳤다.

"타 죽기 전에 놈의 설교를 들어보자! 어서 말을 해라!"

로렌스 존스는 장작 위에서 목이 매달린 채로 자신의 삶과 신념에 대하여 말하기 시작했다. 그는 1907년에 아이오와 대학을 졸업했다. 그의 뛰어난 성품과 우수한 성적, 음악적 재능은 학생들은 물론이고 교수들 사이에서도 평판이 자자했다. 졸업과 동시에 그의 재능을 인정한 호텔 경영자와 음악적 재능에 매력을 느낀 어느 부자의 제안을 모두 거절했다. 왜였을까? 그에게는 위대한 포부가 있었다. 부커. T. 워싱턴의 전기를 읽고 영혼까지 매료된 그는 평생을 가난하고 배우지 못한 흑인들의 교육을 위해 헌신하기로 한 것이다. 그렇게 해서 그는 남부에서 가장 뒤처진 미시시피 주 잭슨 시 남쪽 40킬로미터 지점으로 들어간 것이다. 자신의 시계를 1달러 65센트에 저당 잡히고 숲속에서 나무 그루터기를 책상 삼아 학교를 열었다. 로렌스 존스는 분노에 사로잡혀 자신을 죽이려는 사람들에게 배우지 못한 아이들을 훌륭한 농부, 직공, 요리사, 주부로 가르치기 위해 얼마나 노력하였는지 이야기하였다. 그는 파이니우스 컨트리 스쿨을 창립하면서 함께 고생한 백인들과 자신에게 토지, 목재, 돼지, 소, 금전을 제공하여 교육사업의 발전을 위해 아낌없이 투자한 백인들에 대해서 말했다.

로런스 존즈는 훗날 거리를 끌려다니다 교수형, 화형을 동시에 처하려 했던 사람들을 증오하지 않느냐는 질문에 자기 일보다 더 큰 문제로 정신을 차릴 수 없이 바빴기 때문에 그들을 미워할 만큼 한가롭지 못했다고 대답했다.

"나는 타인과 논쟁할 시간도 후회할 시간도 없다. 또한 그 어떤 사람도 내게 굴욕을 느끼게 하고 증오를 심어줄 수 없다."

로런스 존스가 진심으로 자기 자신을 위한 것이 아니라 대의를 위해 열변을 토하는 것을 들은 폭도들의 태도도 어느새 누그러졌다. 이윽고 폭도들 속에 있던 전 남부군 병사가 말문을 열었다.

"이 사람이 하는 말은 모두 사실이다. 나는 이 사람이 말하는 백인들을 알고 있다. 이 사람은 훌륭한 일을 하고 있다. 우리가 오해하고 있었다. 죽일 것이 아니라 오히려 도와야 한다."

남부군 출신 사내는 모자를 벗어들고 파이니우스 컨트리 스쿨의 창립자를 처형하려고 모여든 군중 사이를 돌며 52달러 40센트의 기부금을 모았다. 이것은 모두 '나는 타인과 논쟁할 시간도 후회할 시간도 없다. 또한 그 어떤 사람도 내게 굴욕을 느끼게 하고 증오를 심어줄 수 없다'라고 설명한 사람을 위한 것이었다.

에픽테토스는 이미 1900년 전에 뿌린 대로 거둘 것이기 때문에 운명은 우리의 악행에 대하여 대가를 치를 것이라고 했다.

"결국 모든 인간은 자신의 잘못에 대하여 대가를 치러야 한다. 이 사실을 깨달은 사람은 누구에게도 화를 내지 않고, 아무도 원망하지 않고, 남의 흉도 보지 않고, 아무도 비난하지 않고 아무도 불쾌하게 하는 일 없고, 아무도 증오하지 않을 것이다."

아마도 미국 역사상 링컨만큼 많은 비난과 증오와 배신을 당한 사람은 없을 것이다. 그러나 링컨의 법률고문인 헌든은 자서전에서 링컨에 대해 이렇게 평가했다.

'상대를 자신의 호불호로 판단하지 않았다. 그는 어떤 일을 반드시 해내야 할 때 비록 정적의 힘이라도 빌려야 한다는 것을 잘 알고 있었다. 누군가 링컨의 흉을 보고 인신공격을 한다고 하더라도 그가 가장 적임자라면 자신의 측근과 전혀 다를 것 없이 대하였다. 그는 자신의 정적이기 때문에, 마음에 들지 않는다는 이유로 누군가를 해임한 이은 없었을 것이다.'

링컨을 비난하고 모욕한 사람은 링컨 자신이 고위직에 임명한 맥클랠런, 시워드, 스탠턴, 체이스와 같은 사람들이다. 헌든은 그럼에도 링컨은 절대 자신의 신념을 굽히지 않았다고 한다.

'누군가를 칭찬할 때는 그 사람의 업적을 기준으로 삼아서는 안 된다. 또한 그가 한 일, 그가 하지 않은 일을 비난해서도 안 된다. 왜냐하면 우리는 모두 그 상황에서의 사정, 조건, 주변의 상황, 교육, 몸에 배인 습관, 현재와 미래를 통해 인간을 형성하는 유전자 등이 만들어낸 산물이기 때문이다.'

아마도 링컨의 신념은 옳았을 것이다. 만약 우리가 적과 똑같은 육체적, 정신적, 정서적 특징을 물려받았다면, 그리고 적의 삶에 영향을 끼쳤던 것이 우리에게도 영향을 끼쳤다면 틀림없이 우리 또한 그들과 똑같이 행동했을 것이다. 절대로 다르게 행동하지 않았을 것이다. 관대한 마음으로 수족 인디언의 기도를 복창해 보자.

'오, 위대한 신이시여. 제가 2주 동안 저 사내의 가죽신을 신고 돌아다녀 보기 전까지는 제가 그를 판단하거나 비판하지 못하게 하소서.'

다시 말해 우리는 자신의 적을 증오하는 대신에 그의 입장에 서보고 우리의 인생이 그와 같은 삶이 아니라는 것을 신께 감사드리자. 적에게 비난과 원망을 퍼붓지 말고 그들을 위해 이해하고, 동정하고, 도와주고, 용서하고, 기도하도록 하자.

어릴 적 우리 집에서는 매일밤 성경을 읽고 성경의 한 구절을 암송한 뒤 무릎을 꿇고 '가정 기도문'을 암송하였다. 내 귓가에는 지금도 여전히 한적한 미주리 농장에서 성경의 한 구절을 반복해서 읽어주던 아버지의 목소리가 들려온다. 그것은 인간이 이상을 품고 있는 한 줄곧 암송해야 할 명언이라 할 수 있다.

'원수를 사랑하라. 너를 미워하는 사람에게 선행을 베풀어라. 너를 저주하고 모욕하는 사람을 위해 기도하라.'

아버지는 예수의 이 말을 몸소 실천하려 노력했다. 덕분에 아버지는 세상의 그 어떤 왕들과 고관대작들이 얻지 못했던 마음의 안식을 얻을 수 있었다.

평화와 행복을 가져다주는 두 번째 철칙

복수해서는 안 된다. 그것은 적에게 상처를 입히는 것이 아니라 자신이 상처를 입는 결과가 되기 때문이다. 우리는 싫어하는 사람에 관하여 생각하면서 단 1분이라도 헛되이 보내지 말자는 아이젠하워의 태도를 본받아야 한다.

배은망덕을 신경 쓰지 않는 방법

얼마 전 텍사스에서 배은망덕한 사람에게 화가 난 사업가를 만났다. 누군가 그를 만나면 15분도 되지 않아 반드시 그 이야기를 할 테니 조심하라고 했는데 과연 그대로였다. 이미 1년 전의 일이었지만 그는 여전히 화가 풀리지 않았다. 상대를 막론하고 참지 못하고 그 이야기를 해야만 했다. 그는 34명의 종업원에게 총액 1만 달러, 1인당 약 300달러의 크리스마스 보너스를 지급했지만 아무도 고맙다는 인사를 하지 않았다고 한다. 그는 토해내듯이 "땡전 한 푼도 주지 말 걸 그랬어!"라고 말했다.

공자가 '화가 난 사람은 독으로 가득 차 있다'라고 말했던 것처럼 이 남자는 온몸에 독이 퍼져 있는 상태였기 때문에 왠지 측은해 보였다. 그의 나이는 60세 전후로 보였다. 생명보험회사의 통계에 따르면 우리에게 남겨진 수명은 80세에서 현재의 나이를 뺀 수의 3분의 2 정도라고 한다. 그러므로 이 남자도 운이 좋으면 대략 14, 5년은 더 살 것이다. 그런데도 그는 이미 지나버린 일에 연연하며 화를 내고 후회하면서 남은 삶 중에 1년을 낭비한 것이다. 나는 너무나 딱한 생각이 들었다.

분노와 자기 연민에 빠지는 대신에 왜 고마워하지 않는가를 먼저 자문해야 했다. 종업원들의 입장에서는 힘든 노동에 비교해 월급이 턱없이 낮다고 여겼을 수도 있다. 그들은 크리스마스 보너스가 선물이 아닌 받아야 할 빚의 일부라고 여겼을지도 모른다. 그 사람이 잔소리가 심하고 다가가기 힘든 성격이라 아무도 감사 인사를 할 엄두도 낼 수 없었을 수도 있다. 종업원들은 어차피 낼 세금의 일부를 보너스로 지급했다고 생각할지도 모른다.

어쩌면 종업원들이 이기적이고 무례한 사람들이었을 수도 있을 것이다. 이 밖에도 이유는 얼마든지 생각해 볼 수 있다. 나 또한 자세한 사정을 알 수 없는 일이다. 내가 알고 있는 것은 새뮤얼 존슨 박사가 '감사의 마음은 꾸준한 수양을 통해 얻을 수 있는 열매이다. 때문에 교양이 없는 사람에게서 감사의 마음은 발견할 수 없다'라고 지적했다는 사실뿐이다.

내가 말하고 싶은 것도 이 점이다. 이 남자는 모든 인간이 흔히 저지르기 쉬운 잘못을 저지르고 감사 인사를 기대한 것이다. 그는 인간의 본성에 관해 잘 모르고 있었다.

당신이 한 사람의 생명을 구했다고 하자. 당신은 상대가 당연히 고마워할 것으로 생각하는가? 아마도 그렇게 기대할 것이다. 유명한 형사사건 변호사를 거쳐 판사가 된 새뮤얼 라이보비츠는 78명을 전기의

자에서 구해 냈다! 그 중에 몇 명이 그에게 감사의 마음을 전달하거나 크리스마스 카드를 보냈을 것으로 생각하는가? 잠시 생각해 보기 바란다. … 그렇다, 단 한 명도 없었다.

예수는 어느 날 오후에 10명의 나병 환자를 치료해 주었다. 그러나 그 중에 과연 몇 명이나 감사의 인사를 하였을까? 단 한 명이었다. '루가 복음서'에서 확인해 보기 바란다. 예수가 제자들에게 "다른 아홉 명은 어디에 있느냐?"라고 물었을 때, 그들은 이미 도망친 뒤였다. 한 마디 감사의 인사도 하지 않고 모두 사라진 것이다! 여기서 잠시 여러분에게 질문하겠다. 우리나 텍사스의 사업가나 자신들의 작은 호의에 대하여 과연 예수 이상으로 감사 인사를 기대할 만한 것일까?

게다가 금전적인 문제까지 연관이 된다면 어떨까? 아마도 더 많은 기대를 할 것이다. 찰스 슈워브는 공금을 횡령해서 주식투기를 한 은행 출납 담당자를 도와준 적이 있었다. 슈워브가 돈을 빌려준 덕분에 그는 교도소행을 피할 수 있었다. 과연 이 은행원은 고마워했을까? 처음에는 감사 인사를 하였지만 시간이 지나면서 반항적으로 변하여 자신을 구해준 사람을 험담하기에 이르렀다!

당신이 친척에게 100만 달러를 주었다면 그 사람이 당신에게 지속해서 고마운 마음을 가지고 있을까? 앤드루 카네기의 경우가 바로 그랬다. 그러나 만약에 카네기가 무덤에서 돌아왔다면 이 친척이 자신의 험담을 하고 다니는 모습에 놀랄 것이다! 왜 험담을 했을까? 카네기가 자선사업에는 3억 6,500만 달러나 기부했지만, 자신에게는 고작해야 100만 달러밖에 주지 않았다는 것이 이유였다.

이것이 인간이다! 인간의 본성은 언제나 그래 왔고 평생 변하지 않을 것이다. 그러니 있는 그대로 받아들여야 하지 않을까? 로마 제국의 지배자 중에서 현자라 불리는 마르쿠스 아우렐리우스를 본받아 현실적으로 생각하기로 하자. 그는 이런 일기를 남겼다.

'내가 잠시 후 만나야 할 것은 말이 많고 이기적이고 자기중심적이며 은혜를 모르는 인간들이다. 하지만 나는 전혀 놀라지도 당혹스럽지도 않다. 그런 인간들이 없는 세상은 상상해 본 적도 없기 때문이다.'

기가 막힌 명언이다. 배은망덕한 사람에 대한 불만을 토로한다면 대체 누구를 비난해야 할까? 인간의 본성일까? 아니면 인간의 본성을 깨닫지 못한 우리 자신일까? 감사 따위는 기대하지 말자. 그러면 아주 작은 감사에도 크게 기뻐하게 될 것이다. 또한 감사할 줄 모른다고 해서 크게 짜증을 낼 일도 없을 것이다.

내가 가장 강조하고 싶은 포인트는 바로 이것이다. 인간은 선천적으로 감사의 마음을 망각하기 쉽게 만들어져 있다. 그러므로 지속해서 감사를 기대하는 것은 스스로 자신의 마음에 상처를 주는 일이다.

나는 항상 불만스러운 얼굴로 고독을 호소하는 뉴욕의 한 여성을 알고 있다. 친척들은 아무도 그녀에게 다가가려 하지 않는다. 그녀를 찾아가면 언제나 자신이 얼마나 조카딸에게 잘해주었는지를 끝없이 들어야 했기 때문이다. 홍역과 볼거리와 백일해에 걸린 조카들을 정성껏 돌봐준 이야기. 조카딸들과 함께 오랫동안 동거한 이야기. 조카딸 한 명을 비즈니스 스쿨에 보낸 이야기. 또 다른 조카딸이 결혼할 때까지 부모를 대신하여 돌봐준 이야기….

과연 조카들이 그녀를 만나러 올까? 오긴 온다, 의무적으로. 그러나 조카들에게 이 방문은 무거운 마음의 짐이다. 그녀들은 거의 비난에 가까운 이야기를 몇 시간이나 들으며 불평과 자기연민으로 인한 한숨에 맞장구를 쳐주어야 한다는 것을 잘 알고 있기 때문이다. 그리고 이 여성은 더 이상 협박을 하고 투정을 하고 거들먹거려도 효과가 없다는 것을 깨닫자 심장발작이라는 '최후의 수단'을 꺼내 들었다.

심장발작은 정말이었을까? 사실이다. 의사는 그녀가 '심장신경증' 때문에 심계항진(심장의 두근거림)의 소견이 있다고 했다. 그러나 그녀의 발작은 정서적인 것이어서 의사는 아무것도 해줄 수가 없다.

이 여성이 바라고 있는 것은 애정과 배려이다. 그러나 그녀는 그것을 '고마움'이라고 부르고 있다. 그녀 자신이 먼저 그것을 요구하는 한 감사도 애정도 얻을 수 없을 것이다. 그녀는 그것을 자신의 권리라고 여기고 있기 때문이다.

세상에는 그녀와 마찬가지로 배은망덕과 고독과 무시 때문에 괴로워하는 여성이 너무나 많다. 그녀들은 사랑에 굶주려 있다. 그러나 이 세상에서 사랑을 받는 유일한 방법은 자신이 먼저 사랑을 요구하지 않는 것이고 답례를 기대하지 말고 조건 없는 사랑을 베푸는 것이다.

이것이 지나치게 비현실적이고 객관적인 이상주의라고 여겨지는가? 절대 그렇지 않다. 이것이 바로 상식이며 우리가 추구하는 행복을 발견하는 비결이기도 하다. 나는 우리 집에서 이 사실을 실감했기 때문에 잘 알고 있다. 내 부모님들은 남을 돕길 좋아했다. 늘 빚에 쪼들리는 가난한 삶이었지만 해마다 보육원에 기부금을 보냈다. 부모님은 아이오와 주 카운실 블러프스에 있는 크리스찬 홈 보육원을 한 번도 찾아간 적이 없었다. 편지를 제외하면 그 누구에게도 고맙다는 말을 들은 적이 없을 것이다. 그러나 부모님은 충분한 보상을 받았다. 아무런 보답도 기대하지 않고 아이들을 돕는다는 기쁨을 누릴 수 있었기 때문이다.

나는 독립하고 해마다 크리스마스면 부모님께 수표를 보내 가끔은 호사를 누리라고 했다. 그러나 부모님은 내 부탁을 거의 들어주지 않았다. 크리스마스에 집에 돌아가면 아버지는 언제나 많은 아이와 살며 먹을거리와 땔감 때문에 걱정이 끊이지 않는 미망인에게 석탄과 음식을 사다 준 이야기를 했다. 부모님은 이렇게 선물을 하면서도 아무런 보답도 바라지 않고 주는, 오로지 베푸는 기쁨에 빠져 있었다!

아리스토텔레스가 말하는 이상적인 인간, 다시 말해 진정한 행복을 누릴 수 있는 인간이란 바로 내 아버지와 같은 사람이 아닐까? 아리스토텔레스는 이렇게 말했다.

'이상적인 인간은 타인에게 호의를 베푸는 것에서 기쁨을 느낀다.'

이번 장에서 강조하고 싶은 두 번째 포인트는 다음과 같다. 행복을 발견하길 바란다면 감사나 배은망덕 같은 것은 생각하지 않고 베푸는 내면적 기쁨을 위해 베풀어야 한다.

1만 년 전부터 부모는 자식의 배은망덕함에 화를 냈다. 셰익스피어의 리어왕조차 '은혜를 모르는 자식이 있는 것은 뱀에게 물리는 것보다 고통스럽다'라고 소리쳤다.

그런데 대체 왜 자식들이 감사해야만 하는 것일까? 부모들이 그러라고 가르치지 않는데도 말이다. 오히려 감사하지 않는 것이 풀처럼 자연스럽다. 쉽게 말해 감사란 장미꽃과 같은 것으로 비료와 물을 주고 사랑해주고 품고 보호해 주어야 한다.

만약 우리 자식들이 은혜를 모른다면 누구를 비난해야 하겠는가? 당연히 우리 자신일 것이다. 우리가 남에게 감사하는 것을 가르치지 않았다면 아이들이 고마워할 리가 없는 것 아닌가?

시카고에 있는 지인이라면 의붓자식들의 배은망덕함에 충분히 불만을 품을 수 있다. 그는 상자를 만드는 공장에서 뼈빠지라고 일을 해도 주급 40달러를 버는 것이 고작이었다. 그는 한 미망인과 결혼을 했다. 그녀는 남편을 설득해서 빚을 내서까지 자신의 자식들을 대학에 보냈다. 그는 주급 40달러로 식비, 집세, 연료비, 의복비와 함께 이자까지 내야만 했다. 그는 4년 동안 노예처럼 일했지만 아무런 불평도 하지 않았다.

그는 과연 고맙다는 소리를 들었을까? 천만에 말씀이다. 그의 아내는 그것이 당연한 것이라고 여겼고 자식들은 더더욱 그랬다. 그들은 모든 것이 의붓아버지 덕분이라고 전혀 생각하지 않았기 때문에 전혀 고맙다는 생각을 하지 않았다.

과연 누구를 비난해야 하는 걸까? 의붓자식들일까? 그렇다. 그러나 가장 비난을 받아야 할 사람은 그들의 어머니일 것이다. 그녀는 자식들의 미래에 '채무에 대한 생각'을 심어주는 것은 굴욕이라고 생각했다. 자식들에게 '채무를 떠안고 출발' 시키고 싶지 않았다. 따라서 그녀는 절대로 '너희를 대학에 보내 주신 아버지는 정말로 훌륭한 분이시다'라는 말을 하고 싶지 않았다. 그리고 '그 정도는 당연한 거 아냐?'라는 태도를 보였다.

그녀는 자식들의 장래를 걱정한 것이겠지만 실제로는 자식들을 세상에 내보내면서 세상이 호락호락한 것이라는 위험한 사고를 심어주고 만 것이다. 이것은 대단히 위험한 사고방식이다. 그녀의 아들 중에 한 명은 고용주로부터 돈을 꾸려다 결국 교도소로 가고 말았다!

가정에서 자식들을 어떻게 교육하는가에 따라 달라진다는 것을 결코 잊어서는 안 된다. 예를 들어 미니애폴리스에 사는 비올라 알렉산더 이모님은 배은망덕한 자식이라는 불평 한 마디조차 흘러나오지 않게 한 여성의 표본이었다. 내가 어렸을 때 이모님은 친정어머니를 모셔다 정성껏 돌보셨다. 그리고 시어머니 또한 똑같이 모셨다. 눈을 감고 있으면 이 두 노 부인들이 이모님의 집 난로 앞에 앉아 있는 모습이 떠오른다. 이모님에게 이 두 사람은 과연 '귀찮은 존재'였을까? 때로는 그럴 때도 있었을 것이다. 그러나 이모님은 결코 그런 모습을 보이지 않았다. 이모님은 두 노부인을 사랑했다. 이 때문에 두 사람의 투정을 너그럽게 받아주며 편안하게 생활할 수 있게 배려했다. 더군다나 이모님에게는 여섯 명의 자식들이 있었지만 두 노부인을 모시는 것에 대하여 대단한 일을 하고 있다고 여기거나 감히 흉내 낼 수 없는 일이라고 생각한 적이 없었다. 이모님에게는 매우 자연스럽고 당연하며 자신이 먼저 앞장서서 진행한 일이었다.

비올라 이모님은 지금 어떻게 살고 계실까? 20년 전에 이미 남편과 사별하고 다섯 명의 자식들은 독립해 살고 있지만 서로 어머니를 모시겠다고 다투고 있다. 그들은 어머니를 진정으로 사랑하며 그 사랑은 끝이 없었다. 과연 '감사'의 마음 때문일까? 말도 안 된다고! 사랑, 순수한 사랑 이외에 아무것도 없다. 자식들은 어려서부터 자연스럽게 인간의 따뜻함과 인간애를 흡수하며 자란 것이다. 처지가 바뀐 지금 자식들이 사랑을 되돌려 주고 있는 것이 전혀 이상하지 않다.

그러므로 자식들에게 감사하는 마음을 심어주기 위해서는 자신들이 먼저 감사하는 마음을 가져야 한다는 것을 기억해 주기 바란다. '아이들은 귀가 밝다'는 속담을 떠올리고 말조심을 해야 한다.

예를 들어 자식 앞에서 타인의 친절을 흉보고 싶어졌다면 당장에 입을 닫아라.

'수가 크리스마스 선물이라고 보내온 행주 좀 봐라. 직접 짰다고 하는데 단돈 1센트도 들이지 않았어!'라는 식의 말은 결코 해서는 안 된다. 이런 의견이 우리 어른들에게는 별거 아닐지 모르지만 아이들은 이 말에 귀를 기울이고 있다. 그러니 이렇게 말하는 것이 좋다.

"수는 정말 많은 공들여 크리스마스 선물을 만들었구나! 정말 친절한 아이야. 당장에 감사 편지를 써야겠다."

이렇게 말하면 아이들은 자신도 모르는 사이에 칭찬과 고마워하는 습관이 몸에 밴다.

> **배은망덕에 분개하거나 마음의 상처를 입지 않기 위한 철칙**
>
> • A 배은망덕함에 신경을 쓰는 대신에 오히려 배은망덕함을 예견하자. 예수는 하루에 열 명의 나병 환자를 치료해 주었지만, 예수에게 고마움을 표현한 것은 단 한 사람밖에 없었다는 사실을 기억하자. 예수가 받은 것 이상의 감사를 기대하는 것은 억지가 아닐까?

• B 행복을 발견하는 유일한 방법은 감사를 기대하는 것이 아니라 나누는 기쁨 때문에 나눠주는 것이다.

• C 감사하는 마음은 후천적으로 '배우는' 특성이라는 것을 기억하자. 그러므로 자식들에게 감사하는 마음을 심어주기 위해서는 감사하는 마음을 가질 수 있도록 자식들을 가르쳐야만 한다.

100만 달러인가?
지금 가지고 있는 재산인가?

헤럴드 애벗은 오랫동안 알고 지내는 사이다. 그는 미주리 주 웹 시에 살고 있으며 이전에는 내 강연 여행의 매니저를 담당하였다. 어느 날, 우리는 캔자스 시에서 우연히 만나게 되었고 그는 나를 미주리 주 벨튼에 있는 내 농장까지 바라다 주었다. 가는 도중에 어떤 식으로 고민을 해결하느냐는 내 질문에 평생 잊지 못할 만큼 감동적인 이야기를 듣게 되었다.

예전에는 고민이 많았지만 1934년 어느 봄날에 웹 시 거리에서 한 광경을 목격한 뒤로 제 고민은 모두 사라졌습니다. 불과 10초 만에 일어난 일이었지만 제 삶의 방식에 대하여 과거 10년 동안보다 많은 것을 배울 수 있었습니다.

2년 정도 웹 시에서 식료 잡화점을 운영하다가 저금을 모두 탕진하고 빚까지 지면서 7년 동안 그 빚을 갚았습니다. 일주일 전 토요일에 가게를 정리한 나는 캔자스 시로 직장을 구하러 가기 위한 비용을 빌리기 위해 은행으로 가는 길이었습니다. 발걸음은 무거웠고 완전히 지쳐버린 상태였습니다. 그야말로 기력과 체력 모두 탕진한 상태였습니다.

그런데 문득 길 건너편에 두 다리가 없는 남자가 다가오는 모습이 눈에 들어왔습니다. 그는 롤러스케이트 바퀴를 단 작은 나무판 위에 앉아 있었습니다. 양손에 쥔 지팡이로 힘차게 거리를 활보하는 것이었습니다. 그는 길을 건너자 보도 위로 올라가기 위해 몸을 5, 6센티미터 정도 올리며 나무판을 기울이는 순간에 서로 눈이 마주쳤습니다. 그는 빙긋이 웃으며 제게 인사를 했습니다.

"안녕하세요. 오늘은 날씨가 아주 좋네요."

그의 목소리에는 활기가 가득했습니다. 나는 그 남자의 모습을 바라보며 내가 얼마나 큰 혜택을 받고 있는지 깨달았습니다. 제게는 두 다리가 있어 걸을 수가 있습니다. 나는 자신에게 너그러운 것이 부끄러웠습니다. 이 남자는 두 다리가 없어도 행복해 보이고 쾌활하고 자신이 넘치는데, 두 다리가 있는 내가 그러지 못할 리가 없다고 스스로 다짐했습니다.

어느샌가 용기가 생겼습니다. 처음에는 은행에서 100달러를 빌릴 생각이었지만 큰맘 먹고 200달러를 빌리기로 했습니다. 처음에는 캔자스 시에 가서 직장을 찾아볼 생각이라고 말하려 했지만 캔자스 시에 가면 직장을 구할 수 있다고 당당하게 말할 수 있었습니다. 덕분에 돈을 빌릴 수 있었고 직장도 구했습니다.

나는 지금도 욕실 벽에 이런 글을 붙여 두고 있습니다. 그리고 매일 아침 면도를 할 때마다 그 글을 읽고 있습니다.

신발이 없다고 풀이 죽어 있었다.
거리에서 두 다리가 없는 그 사내를 만나기 전까지는.

나는 에디 리켄베커에게 동료들과 함께 21일 동안 구명보트 위에서 구조를 기다리며 태평양을 떠다닐 당시에 배웠던 가장 큰 교훈이 무엇이냐고 물었다. 그는 이렇게 말해 주었다.

"그때 배운 가장 큰 교훈은 마시고 싶을 때 마실 수 있는 신선한 물과 먹고 싶을 때 먹을 수 있는 음식만 있다면 더 이상 불평을 하지 말아야 한다는 겁니다."

<타임>지에 과달카날에서 부상당한 부사관의 이야기가 실렸다. 그는 목에 포탄 파편을 맞아 일곱 차례에 걸쳐 수혈을 받았다. 그는 글로 적어 의사에게 "생명에 지장이 없나요?"라고 물었다. 의사는 "그렇다"고 대답했다. "목소리는 낼 수 있나요?"라고 묻자 다시 "그렇다"고 대답했다. 그는 다시 한번 펜을 집어들었다.

'그렇다면 나는 대체 무엇을 괴로워하는 걸까요?'

여러분도 잠시 하던 일을 멈추고 '나는 대체 무엇을 고민하는 걸까?'라고 자문해 보는 것은 어떻겠는가? 아마 지금 걱정하는 것들이 얼마나 사소한 것들인지를 깨닫게 될 것이다.

우리 삶의 약 90퍼센트는 정상적이고 10퍼센트에만 문제가 있다.

행복을 바란다면 당연히 정상적인 90퍼센트에 온 힘을 집중시키고 나머지 10퍼센트는 무시해 버리면 그만이다. 만약 걱정과 비참한 삶을 바라며 위궤양에 걸리고 싶다면 그릇된 10퍼센트에 온 힘을 집중시키고 영광으로 가득한 90퍼센트를 무시하면 된다.

영국 청교도파 교회의 대다수에는 '생각하고 감사하라'라는 문구가 새겨져 있다. 이 말을 우리 가슴속에도 새겨야 할 것이다. 우리는 감사하지 않으면 안 되는 모든 것에 대하여 생각하고 우리의 모든 이익과 은혜에 대하여 하느님께 감사해야 한다.

『걸리버 여행기』의 작가 조나단 스위프트는 영국 문학사상 가장 철저한 염세주의자였다. 이 세상에 태어난 것을 비관하면서 자신의 생일에 상복을 입고 단식을 했다. 그러나 절망 속에서도 여전히 건강의 원동력이라 할 수 있는 쾌활함과 행복은 칭송했다. 그리고 이렇게 말했다.

'세상에 제일 명의는 식사라는 의사, 평온이라는 의사, 그리고 쾌활함이라는 의사이다.'

우리는 자신들이 가지고 있는 믿기 어려운 재산, 알리바바의 보물들조차 발밑에 미치지 못할 만큼의 재산을 다시 보기만 한다면 매일 원하는 시간에 '쾌활함이라는 의사'의 무료봉사를 받을 수 있다. 당신의 눈을 10억 달러에 팔 수 있겠는가? 당신의 두 다리를 무엇과 바꾸고 싶다고 생각하는가? 두 팔은? 청각은? 자식은? 가족은? 당신 재산의 합계를 내보라. 그러면 이해할 수 있을 것이다. 아무리 록펠러, 포드, 모건이라는 3대 재벌의 금괴 모두를 가져다준다고 하더라도 자신의 것을 팔아치울 마음이 들지 않는다는 것을 말이다.

그러나 우리가 과연 이것들의 진가를 알고 있을까? 아쉽게도 전혀 모르고 있다. 쇼펜하우어가 '우리는 자신이 가지고 있는 것은 거의 생각하지 않은 채 항상 모자란 것에 대해서만 생각한다'고 했다. 분명 '자신이 가지고 있는 것은 전혀 생각하지 않은 채 언제나 부족한 것에 대해서만 생각하는 경향'이야말로 지상 최대의 비극이라 할 수 있다. 아마도 불행을 가져다준다는 점에서 인류 역사상 온갖 전쟁과 질병에 뒤지지 않을 것이다.

그 때문에 존 팔머는 '평범한 인간에서 불평불만 늘어놓는 노인'이 되어 자신의 가정을 잃을 뻔했다. 나는 그에게서 직접 모든 이야기를 들을 수 있었다.

팔머 씨는 뉴저지 주 패터슨 시에 살고 있다.

군대를 제대하고 얼마 되지 않아 장사를 시작했습니다. 밤낮없이 일에 몰두하여 모든 것이 순조로웠습니다. 그러다 곤란한 일이 일어나고 말았습니다. 부품과 재료를 살 수 없게 된 것입니다. 나는 사업을 지속할 수 없을까 봐 걱정을 하게 되었습니다. 걱정 때문에 평범한 사람에서 불평불만만 늘어놓는 노인이 되고 말았습니다. 당시에는 깨닫지 못했지만 차갑고 화만 내서 자칫하다가는 행복한 가정을 잃을 뻔했습니다. 그러던 어느 날, 제 밑에서 일하던 젊은 상이군인이 제게 이런 말을 하는 것입니다. '존 씨, 부끄럽지 않아요? 당신은 세상에서 혼자만 고생하고 있다고 착각하는 것 같군요. 설령 잠시 가게 문을 닫아야 한다고 하더라도 그게 어떻단 말이요? 경기가 좋아지면 재개할 수 있잖아요! 당신은 운이 좋은 편인데도 왜 항상 불평만 늘어놓는 겁니까? 나는 당신과 바꾸고 싶을 지경이요. 나를 봐요. 팔도 하나밖에 없고 얼굴도 포탄 때문에 절반이 날아갔지만 언제 불평한 적이 있나요? 어리석은 불평불만을 멈추지 않으면 장사는 물론이고 건강과 가정과 친구들 모두 잃게 될 거라고요!'

이 말을 듣고 정신이 번뜩 났습니다. 내가 얼마나 행운아인지를 깨달은 겁니다. 나는 당장에 원래의 저를 찾기로 하고 그렇게 실천했습니다.

내 친구 루실 블레이크는 비극적인 위기에 처해서야 비로소 자기가 가지지 못한 것에 관해 고민하는 습관을 버리고 자신이 가지고 있는 것에 만족하는 것을 배웠다.

루실과 만난 것은 오래전 일로 당시 우리는 콜롬비아 대학 언론학과에서 단편소설을 쓰는 법을 배우고 있었다. 그녀는 애리조나에서 살고 있을 때 그야말로 생명이 단축될 것 같았던 체험을 하였다. 그녀의 이야기는 이랬다.

나는 정신없이 바쁜 나날을 보냈어. 애리조나 대학에서는 오르간을 배웠고, 마을에서는 대화법을 가르쳤고, 하숙집이었던 데저트 웰로우 목장에서는 음악 감상에 대해 강의도 하고 있었지. 파티나 무도회에 가기도 했고 이따금 밤에 말을 타고 멀리까지 가기도 했어. 그러던 어느 날 아침에 심장 때문에 쓰러지고 만 거야! 의사는 1년 동안 침대에 누워 절대 안정이 필요하다고 했지. 다시 건강을 되찾을 수 있다는 위로는 해주지 않았어.

1년 동안 침대 생활! 이제 다시는 건강을 되찾지 못한 채 죽을지도 몰라! 나는 완전히 공포에 사로잡히고 말았지. 어째서 내게 이런 일이 생긴 걸까? 왜 이런 벌을 받아야 하는 걸까? 나오느니 한숨과 눈물뿐이었지. 나는 신경이 날카로워져 반항적으로 되었지만 의사의 지시대로 침대에 누워 있을 수밖에 없었어. 이웃에 사는 화가 루돌프 씨는 이런 말로 나를 위로해 주었어. '당신은 1년 동안 침대 생활을 해야 하는 것이 비극적이라고 생각할지 모르지만 전혀 그렇지 않아요. 생각할 시간을 충분히 가질 수 있으니 자신에 대하여 확실하게 알 수 있는 계기가 될 수 있지요. 정신적인 성장에서 본다면 향후 몇 달 동안이 앞으로의 인생에서 얻게 되는 전부보다 큰 효과를 가져다줄 겁니다!' 나는 약간 진정을 하게 되었고 새로운 가치관을 익히기 위해 노력했지. 그렇게 마음의 양식이 될 수 있는 책도 많이 읽었어. 하루는 라디오에서 누군가가 '인간이 표현할 수 있는 것은 자신이 의식하는 것뿐이다'라는 말을 듣게 되었지. 비슷한 말을 꽤 많이 들었던 것 같았지만 이때 비로소 마음속 깊은 곳을 파고들었어. 그리고 나 스스로 삶의 기쁨을 줄 수 있는 것, 다시 말해 기쁨과 행복과 건강만을 생각하기로 했지. 매일 아침 눈을 뜨자마자 감사드려야 할 모든 것을 떠올리기 시작했어. 고통스럽지 않은 것. 귀엽고 젊은 여자라는 것. 볼 수 있다는 것. 들을 수 있다는 것. 라디오에서 흘러나오는 아름다운 음악, 독서 시간, 맛있는 음식, 친구, 내가 활기를 되찾고 병문안을 오는 사람들이 너무 많아지자 의사는 일정 시간에 한 사람씩만 병실에 들어올 수 있게 했을 정도였지.

　그렇게 몇 년의 세월이 흐르고 보다시피 지금처럼 충실한 생활을 하

고 있어. 지금도 병실에 누워 있었던 그 1년의 세월에 고마워하고 있어. 그때야말로 애리조나에서 보냈던 시간 중에 가장 소중하고 행복한 시간이었지.

매일 아침 고마운 것들을 떠올리는 습관은 지금도 여전히 진행 중이야. 이것은 정말로 귀중한 재산 중에 하나야. 죽음의 문턱에까지 갔었던 공포를 맛보기 전까지는 진정한 삶의 의미가 무엇인지 깨닫지 못했던 내가 정말 부끄러워.

루실 블레이크가 깨달은 것은 약 200년 전에 새뮤얼 존슨 박사가 깨달았던 것과 같은 교훈이다. 존슨 박사는 이렇게 말했다.

'모든 사건의 가장 좋은 측면에 눈길을 돌리는 습관은 해마다 1,000 파운드의 소득보다도 가치가 있다.'

이 말이 낙천주의자로 정평이 난 사람의 입에서 나온 것이 아니라 20년 동안 불안, 초라한 행색, 굶주림을 체험하고 난 뒤에 가장 유명한 작가 중의 한 사람이자 고금을 통틀어 가장 이름 높은 화술가가 남긴 말이라는 것을 명심하기 바란다.

로건 피어설 스미스는 다음과 같은 간결한 명언을 남겼다.

'인생의 목표로 삼아야 할 것이 두 가지 있다. 첫째는 자신이 원하는 것을 손에 넣는 것, 둘째는 그것을 즐기는 것이다. 수많은 사람 중에 두 번째 것을 실천할 수 있는 사람은 현자뿐이다.'

부엌에서 설거지하는 일에서도 스릴을 만끽할 수 있는 체험으로 바꿀 수 있다고 하면 흥미를 느껴 주겠는가? 만약 흥미가 있다면 보길드 달이 쓴 명작 『나는 보고 싶었다』를 읽어라. 이 책은 가늠하기 어려울 정도의 용기와 고마움을 선물해 줄 것이다.

저자는 50년 동안 거의 장님과도 같은 삶을 산 여성이다.

'내게는 한쪽 눈이 있다. 하지만 그 눈마저 깊은 상처 때문에 왼쪽 눈꼬리의 작은 틈새로밖에 사물을 인식할 수 없다. 책을 읽으려면 얼굴을 책에 바싹 붙이고 눈을 찡그린 채 눈을 가능한 한 왼쪽으로 돌려야 했다.'

그러나 그녀는 남에게 동정받는 것을 싫어했고 특별대우를 받는 것을 거부했다. 그녀는 어릴 적에 친구들과 망까기 놀이를 좋아했지만 선이 보이지 않았다. 그녀는 친구들이 모두 돌아간 뒤에 땅바닥에 배를 대고 엎드려 선을 찾아 맴돌았다. 그녀는 친구들과 놀던 장소를 구석구석 확인하고 기억하여 달리기를 해도 지지 않았다. 집에서 책을 읽을 때는 큰 활자의 책을 눈에 바싹 가져다 대서 눈썹이 책에 닿을 정도였다. 그녀는 미네소타 대학 문학 학사와 콜롬비아 대학의 문학 석사라는 두 가지 학위를 땄다.

그녀는 미네소타 주 트윈 벨리라는 촌에서 교편을 잡았고 마지막에는 사우스다코타 주 수폴즈에 있는 어거스타나 대학의 언론학과 문학 교수가 되었다. 그녀는 13년 동안의 교직 생활 이외에도 수많은 책과 저자에 대하여 여성 동호회에서 강연하거나 라디오에서 이야기하였다. 그녀는 이런 글을 남겼다.

'나는 마음 한구석에 완전히 장님이 되지는 않을까 하는 걱정을 품고 있었다. 이것을 극복하기 위해 명랑한 태도로 삶과 마주했다.'

그리고 1943년, 그녀가 52세를 맞이하던 날에 기적이 일어났다. 그 유명한 메이요 클리닉에서 수술을 받고 이전의 40배나 잘 볼 수 있게 된 것이다.

새롭고 흥분되는 아름다운 세상이 펼쳐진 것이다. 부엌에서의 설거지조차 그녀에게는 흥분되는 일이었다. 그녀는 이렇게 적고 있다.

'나는 희고 부드러운 세제와 하나가 되어 놀았다. 손 가득 세제 거품을 떠올렸다. 거품을 빛에 비치자 거품 하나하나 속에서 작은 무지개가 아름다운 빛을 발산하고 있었다.'

또한 그녀는 부엌 창가에서 눈이 내리는 하늘로 회색 참새가 날갯짓하며 날아가는 것을 보았다고 적고 있다.

세제 거품과 참새를 보고 이렇게까지 감격한 그녀는 책 마무리에 이렇게 적었다.

'주여, 나는 작은 목소리로 말씀 올립니다. 하늘에 계신 우리 아버지, 나는 당신께 감사드립니다. 나는 당신께 감사드립니다.'

하느님께 감사를 드리자. 여러분은 설거지를 하면서 거품 속의 무지개와 눈 속을 날아가는 참새도 볼 수 있으니까 말이다.

우리는 자신을 좀 더 부끄러워해도 좋다. 우리는 해가 뜨건 지건 간에 아름다운 동화 속에서 살고 있지만 눈을 가린 채 보려 하지 않고, 질리도록 보았기 때문에 그것에서 기쁨을 느끼지 못하는 것이다.

고민을 해소하여 새로운 삶을 시작하고 싶은 사람을 위한 철칙

고민거리를 세지 말고 고마운 것들을 세어 보자.

자신을 찾고 철저하게 자신다워지자

노스캐롤라이나 주 마운틴에어리에 사는 올레드 부인에게서 이런 편지를 받았다.

나는 어렸을 때 매우 신경질적이고 수줍음이 많았습니다. 통통한 얼굴 때문에 그렇지 않아도 뚱뚱한 몸이 더 뚱뚱해 보였습니다. 구식이었던 어머니는 옷에 신경을 쓰는 것은 어리석다고 여겼습니다. 어머니는 입버릇처럼 '큰 옷은 입을 수 있어도 작은 옷은 찢어지고 만다'고 하셨기 때문에 나는 당연히 큰 옷만 입어야 했습니다. 나는 단 한 번도 파티에 가본 적이 없었고 즐거웠던 추억도 없습니다. 학교에 다니게 되어서도 친구들과 함께 밖에서 놀거나 운동을 하는 일도 없었습니다. 나는 병적일 만큼 소심했기 때문에 자신이 남과 다르고 모두가 저를 싫어한다고 여겼습니다.

어른이 된 나는 조금 나이가 많은 남자와 결혼했지만 별로 달라진 것은 없었습니다. 남편의 친척들은 모두 점잖고 당당한 사람들이었습니다. 내가 원했던 모습이 바로 그런 모습이었지만 결코 그렇게 될 수 없었던 모습입니다. 어떻게든 그들처럼 되려고 노력해 보았지만 제게는 불가능한 일이었습니다. 그들이 저를 틀 밖으로 끄집어내려 하면 할수록 나는 더욱더 틀 안으로 숨어들었습니다. 나는 신경질적이고 초조해졌습니다. 친구들에게서 도망쳤습니다. 심할 때는 초인종 소리조차 무섭게 느껴질 정도였습니다! 나는 팔불출이었고 저 자신도 그 사실을 잘 알고 있었습니다. 그런 자신이 남편에게 들킬까 봐 초조했습니다. 때문에 남들 앞에서는 지나치게 쾌활하게 보이려 연기를 했습니다. 저 스스로 연기를 하고 있다는 것을 잘 알고 있었기 때문에 며칠 동안은 저 자신이 처량하게 느끼며 지내야 했습니다. 결국 참지 못하고 더 이상 살 가치가 없다는 생각이 들어 자살을 결심하게 되었었습니다.

무엇이 이 불행한 부인의 인생을 확 바꾸어 놓았을까? 그것은 아주 간단한 말 한마디였다! 올레드 부인의 이야기가 이어진다.

별거 아닌 한 마디가 제 인생을 바꾸어 놓았습니다. 시어머니는 자식들을 어떻게 키웠는지 이야기하면서 이렇게 말씀하셨습니다. '어떤 경우라도 자신답게 행동하라고 강조했단다' … '자신답게 행동하라' … 이 한 마디가 결정적 계기가 되었습니다! 그 순간 나는 깨달았습니다. 지금까지 불행했던 원인은 모두 순응할 수 없는 틀 속에 자신을 가두려 했기 때문입니다.

나는 그날 밤 당장 변신을 했습니다! 저답게 행동하기 시작한 겁니다. 제 개성이 뭔지 연구하고 나다움을 발견하려고 노력했습니다. 제 장점을 생각하고, 제 체형에 맞는 색깔을 공부하고, 제게 어울릴 것 같은 옷을 입었습니다. 적극적으로 친구를 사귀었고 처음에는 작지만 모임에 참가하게 되었고 그곳에서 처음으로 제 이름이 프로그램에 올라간 것을 보고 깜짝 놀랐습니다. 하지만 사람들 앞에서 이야기할수록 조금씩 자신감이 생기게 되었습니다. 오랜 여정이었지만 지금은 이전에는 상상조차 할 수 없을 정도로 행복을 느끼고 있습니다. 제 아이들에게도 항상 저의 괴로웠던 경험에서 배운 교훈을 들려주었습니다. 어떤 경우라도 항상 자신답게 행동하라고 말이죠!

제임스 고든 길키 박사에 의하면 자신답게 행동하는 문제는 '역사와 함께 오래되었고, 인간 생활과 마찬가지로 보편적인 것'이라고 한다. 자신답게 행동하지 않는 것이야말로 모든 신경증, 정신이상, 감정억제의 잠재적 원동력이다. 안젤로 파트리는 아이들의 교육에 대하여 13편의 책과 수많은 신문기사 속에서 '가장 비참한 인간은 자신의 육체와 정신을 버리고 다른 인간이나 동물이 되기를 바라는 사람이다'라는 지론을 펼쳤다.

이렇듯 자신이 아닌 다른 사람이 되고자 하는 동경은 할리우드에서 만연하고 있다. 할리우드의 명감독 샘 우드는 야심 찬 젊은 배우들에게 자신다움을 키우라고 가르치는 것이 가장 힘든 일이라고 했다. 그들은 모두 이류 라나 터너, 삼류 클라크 게이블이 되기를 원한다. '대

중들은 이미 그 맛을 보았다. 이번에는 다른 맛을 원하고 있다.'

샘 우드는 입이 닳도록 그들을 가르치고 있다. 우드는 <굿바이 미스터 칩스>, <누구를 위해 종을 울리나?> 등의 영화를 감독하기 전 몇 년 동안은 부동산 중개업으로 생활을 연명한 덕분에 세일즈의 요점을 잘 알고 있다. 그는 비즈니스 세계에서나 영화계에서도 같은 원리가 통한다고 단언하고 있다. 원숭이처럼 흉내 내는 것은 절대로 통하지 않는다. 결코 앵무새가 되어서는 안 된다. 샘 우드는 이렇게 말했다.

"내 경험으로 볼 때 가장 안전한 방법은 거짓된 모습으로 위장하는 작자들은 최대한 빨리 잘라 버리는 게 상책이다."

나는 대형 석유회사의 인사 담당 중역 폴 보인트에게 구직자들이 저지르는 가장 큰 실수가 무엇인지 물어보았다. 그러면 분명히 알고 있을 것이다. 그가 면접을 본 구직자 수는 6만 명이 넘고 『직장을 얻기 위한 6가지 방법』이라는 책도 썼다. 그는 이렇게 대답해 주었다.

'취직 희망자가 저지르는 가장 큰 실수는 진정한 자기 모습을 버리는 것이다. 경계심을 풀고 솔직한 태도를 보여야 하지만 상대가 바라고 있을 것으로 생각하는 대답을 한다.'

그러나 이것은 아무런 효과가 없다. 아무도 모조품은 바라지 않기 때문이다. 모조품을 좋아하는 사람은 없다.

한 노면 전차 운전사의 딸은 고생 끝에 이 교훈을 배웠다. 가수를 꿈꾸던 그녀의 얼굴은 그리 매력적이지 못했다. 입은 너무 큰 데다가 뼈 드렁니였다. 뉴저지 나이트클럽에서 청중들을 앞에 두고 처음으로 노래를 하였을 때 윗입술을 내려 자신의 이를 감추려 했다. '매력적으로 보이기' 위해서였다. 과연 그 결과는? 그녀의 모습은 우스꽝스러웠기 때문에 정반대의 결과였다.

그러나 이 나이트클럽에서 그녀의 노래를 듣고 재능을 꿰뚫어본 사람이 있었다. 그는 숨기지 않고 말했다.

"나는 네 움직임을 바라보며 네가 감추려고 하는 것이 무엇인지 알았다. 너는 자신의 이를 부끄러워하고 있어!"

소녀는 당황하였고 남자는 말을 이어갔다.

"그게 어쨌단 말이냐? 뻐드렁니가 뭐가 나빠. 애써 감출 필요가 없다! 입을 크게 벌리고 노래해 보아라. 손님들은 당당한 네 모습을 보고 너를 귀여워할 것이다. 게다가 네가 그렇게 감추고 싶은 뻐드렁니 덕분에 운이 트일지도 모르잖니!"

사내는 이렇게 말하고 어깨를 으쓱해 보였다.

캐스 데일리는 이 사내의 충고에 따라 뻐드렁니를 신경 쓰지 않았다. 그리고 그녀는 청중들에게만 주의를 기울였다. 그녀는 입을 크게 벌리고 즐겁게 가창력을 뽐내며 영화와 라디오의 스타가 되었다. 지금은 그녀의 흉내를 내는 코미디언까지 있을 정도이다!

그 유명한 윌리엄 제임스가 평범한 사람들이 잠재된 지적 능력을 10퍼센트밖에 발달시킬 수 없다고 말한 것은 자기 자신을 발견하지 못한 사람들에 대한 지적이다. 그는 이렇게 적고 있다.

'우리는 진정한 자기 자신의 모습과 비교해 보면 고작해야 절반밖에 깨닫지 못한 상태에 불과하다. 우리가 이용하는 것은 육체적으로나 정신적으로나 가지고 있는 자질의 아주 적은 일부분이다. 간단하게 말하자면 인간은 자기 한계의 훨씬 못 미치는 곳에서 생활하고 있다. 그는 온갖 능력을 갖추고 있으면서도 항상 그 능력을 발휘하지 못한다.'

여러분이나 나나 그러한 능력을 갖추고 있다. 그러므로 자신이 남과 다르다고 해서 결코 비관해서는 안 된다. 당신은 이 세상에서 유일무이한 존재이다. 인간이 탄생한 이래 당신과 똑같이 생긴 사람은 없었으며 앞으로 어떤 시대가 오더라도 당신과 완전히 똑같은 사람은 나타나지 않을 것이다. 유전자 과학에 따르면 당신이라는 존재는 아버지로부터 물려받은 23개의 염색체와 어머니로부터 물려받은 23개의 염색체가 결합하여 만들어진 결과물이다. 이 46개의 염색체 속에는 당신이 물려받은 자질을 결정하는 모든 요소가 포함되어 있다. 암란 샤인펠트는 이렇게 말했다.

"각각의 염색체는 수십, 혹은 수백의 유전자가 있으며 때로는 단 하나의 유전자에 의해 개인의 모든 삶이 바뀔 수도 있다."

그야말로 우리는 두려움과 동시에 위대한 산물이다. 당신의 부모가 만나 결혼을 하였다고 하더라도 당신이라는 특정한 사람이 태어날 확률은 300조 분의 1 정도이다! 다시 말해 가령 300조 명의 형제자매가 있다고 하더라도 모두가 당신과는 다르다는 것이다. 이것이 그냥 단순한 추측일까? 아니다, 과학적인 사실이다. 좀 더 자세하게 알고 싶다면 암란 샤인펠트의 '당신과 유전'이라는 책을 읽어보라.

나는 자신답게 행동한다는 문제에 대해서 확신을 두고 말할 수 있다. 나 자신이 이것을 통감하고 있기 때문이다. 나는 내가 무슨 말을 하는지 잘 알고 있다. 힘든 경험과 높은 대가를 치르고 깨닫게 된 것이다. 예를 하나 들어보자. 나는 뉴저지의 옥수수밭을 벗어나 처음 뉴욕에 와서 '미국 연극 전문학교'를 다녔다. 배우가 되려고 했던 것이다. 배우만큼 간단명료하고 확실한 성공의 지름길이 없다고 생각했었다.

어째서 야심을 품은 청년들이 이 사실을 깨닫지 못하는지 이해가 되지 않을 정도였다. 내 계획은 이랬다. 먼저 당대 최고의 배우 존 드루, 월터 햄던, 오티스 스키너와 같은 사람들이 어떻게 성공하였는지를 연구하였다. 그다음 그들 각각의 장점들만 합쳐서 흉내 낸다면 최고의 배우가 될 수 있다는 것이었다. 이 얼마나 어리석은 생각이란 말인가. 그야말로 어리석음의 극치다! 이렇게 미주리 출신의 어리석은 촌놈인 내가 절대로 남이 될 수 없고 자신다워야 한다는 것을 통감할 때까지 남의 흉내를 내면서 몇 년의 세월을 허비하고 말았다.

이 뼈아픈 경험을 통해 절대로 잊을 수 없는 교훈을 배워야 했지만 그러지 못했다. 나는 어리석게도 또다시 같은 경험을 해야만 했다. 그렇게 몇 년이 지나고 비즈니스맨을 위한 화법 책을 쓰겠다고 마음을 먹은 나는 자신의 책이 둘도 없는 훌륭한 책이 될 거라는 착각에 빠지고 말았다. 나는 이 책을 쓰면서 한때 연극에서 범했던 어리석은 잘못을 반복하고 말았다. 나는 수많은 작가의 아이디어를 가져다가 한 권의 책으로 정리하려고 했다. 쉽게 말하자면 총망라한 책이다. 그렇게 화법에 관한 책 수십 권을 사서 그 책들의 아이디어를 1년 동안 원고로 정리하였다. 그러나 얼마 못 가서 또다시 나의 어리석음을 통감하게 되었다. 남의 아이디어를 긁어모아 만든 책은 전혀 자연스럽지도 재미도 없었기 때문에 아무도 읽을 것 같지 않았다. 나는 1년 동안 고생해서 만든 원고를 쓰레기통에 버리고 다시 처음부터 시작했다. 나는 이렇게 다짐했다.

'내 결점과 한계를 그대로 품고 있는 데일 카네기 본모습으로 돌아가는 거야. 나는 나 이외의 사람이 될 수 없어.'

이렇게 타인의 것을 짜깁기하는 것을 포기하고 심기일전하여 처음부터 진즉에 그렇게 했어야 할 일에 착수했다. 자기 자신의 경험과 관찰, 사람들 앞에서 이야기했을 때와 화법을 가르쳤을 때의 자신감을 바탕으로 대화 방법에 대한 교본을 만들어 냈다. 내가 항상 마음의 양식으로 삼고 있는 교훈은 월터 롤리 경이 배운 것과 똑같다. 여기서 말하는 월터 롤리는 여왕이 진흙탕을 건너기 쉽게 자신의 코트를 던져 주었던 그 풍류가가 아니라 1904년 옥스퍼드 대학의 영문학 교수가 된 월터 롤리를 말한다. 그는 이렇게 말했다.

"내게는 셰익스피어처럼 두꺼운 책을 쓸 능력은 없지만 나 나름의 책은 쓸 수 있다."

자신답게 행동하자. 어빙 벌린이 조지 거슈윈에게 했던 충고에 따라 행동하자.

두 사람이 처음 만났을 때 벌린은 이미 유명 인사였지만 거슈윈은 가난한 예술가들이 모여 사는 곳에서 35달러의 주급으로 힘겹게 살고 있던 작곡가 지망생이었다. 벌린은 거슈윈의 재능에 매료되어 자신의 음악 비서가 된다면 지금 받는 급여의 세 배를 주겠다고 하면서 '하지만 내 제안을 받아들이지 않는 게 좋을 거야'라고 충고했다.

"만약 내 제안을 받아들인다면 자네는 이류 벌린으로 끝날 수도 있지. 하지만 자네가 자네다움을 지켜낸다면 언젠가 반드시 일류 거슈윈이 될 거야."

거슈윈은 이 충고를 마음에 새기며 철저하게 자신의 개성을 살려 세계적인 작곡가가 되었다. 찰리 채플린, 윌 로저스, 메리 마거릿 맥브라이드, 진 오트리와 같은 수많은 사람들이 배워야만 했던 것도 내가 이

장에서 강조하는 교훈과 같다. 그들 역시 나처럼 역경을 극복하고 이 교훈을 배웠다.

찰리 채플린이 처음 영화에 출연하였을 당시 영화감독들은 하나같이 독일의 유명한 희극배우의 흉내를 내라고 주문했다. 그러나 찰리 채플린이 인정을 받게 된 것은 그다운 연기를 하면서부터였다.

밥 호프도 같은 경험을 했다. 몇 년 동안 노래와 춤을 결합한 연극을 했지만 모두가 허사로 끝나고 훗날 자신만의 독특한 풍자 만담을 통해 빛을 보게 되었다.

윌 로저스는 초기 버라이어티 쇼에서 말 한마디 하지 않은 채 로프만 돌렸다. 그가 성공하게 된 것은 자신만의 독특한 유머 감각을 살려 로프를 돌리면서 만담을 했기 때문이다.

메리 마거릿 맥브라이드는 라디오에 처음 출연했을 때 아일랜드계 희극작가 흉내를 냈지만 결국 실패로 끝나고 말았다. 그녀가 있는 그대로의 자신, 다시 말해 미주리 시골처녀의 모습을 보여주면서 비로소 뉴욕에서 가장 인기 있는 라디오 스타의 한 명이 될 수 있었다.

진 오트리가 텍사스 사투리를 안 쓰려고 애를 쓰면서 자신이 뉴욕 출신이라고 주장할 때마다 사람들의 비웃음을 샀다. 그러나 그가 밴조 우를 매고 카우보이의 발라드 노래를 부르기 시작하면서 출세의 길이 열렸고, 결국 영화와 라디오에서는 세계에서 제일 인기 있는 카우보이가 되었다.

여러분은 이 세상에 없는 자신만의 새로운 것을 가지고 있다. 그것에 감사해야 한다. 자연이 선물해 준 것을 최대한 활용해야 한다. 결국 모든 예술은 자서전적인 것이다. 당신이 노래할 수 있는 것은 지금 당신의 모습이고, 당신이 그릴 수 있는 것은 지금 당신의 모습 자체이다. 당신은 당신의 경험과 환경과 유전자가 만들어낸 작품이어야 한다. 좋든 나쁘든 당신은 자신의 작은 정원을 가꾸어야만 한다. 좋든 나쁘든 인생이라는 오케스트라 속에서 당신은 당신의 작은 악기를 연주해야만 한다.

에머슨은 『자기 신뢰』에서 이렇게 적고 있다.

누구나 교육을 받는 과정에서 질투가 무지이며 모방은 자살행위라는 확신이 들 때가 있다. 그것은 좋든 나쁘든 간에 인간은 자신에게 주어진 자연의 운명으로 받아들이는 확신이자 광활한 우주에는 훌륭한 것이 많으며 주어진 땅에서 스스로 노력을 해야 비로소 양식이 되는 곡물의 씨앗을 얻을 수 있다는 확신이기도 하다. 인간의 내면에 잠재된 힘은 원래 신선한 것이다. 자신이 무엇을 할 수 있는지 아는 사람은 자신밖에 없지만 스스로 시험해 보기 전까지는 알 수 없다.

시인 더글러스 말록 식으로 표현하자면 이렇게 된다.

언덕 위의 소나무가 되지 못한다면
계곡 아래 관목이 돼라.
하지만 강가의 가장 아름다운 관목이.
나무가 될 수 없다면 덤불이 돼라.
덤불이 될 수 없다면 한 줌 풀이 돼라.
그리고 거리를 즐겁게 해주어라.

송어가 될 수 없다면 배스라도 좋다.

하지만 호수에서 가장 활기찬 배스가!

우리는 모두 선장이 될 수는 없으니 선원이라도 좋다.

각자가 해야 할 일이 있다.

큰일도 있을 것이고 작은 일도 있을 것이다.

그리고 해야 할 일이 바로 앞에 있다.

대로가 안 된다면 골목길이라도 좋다.

태양이 안 된다면 별이 돼라.

성공과 실패를 좌우하는 것은 크기가 아니다.

무엇이든 최상의 것이 돼라!

> **고민에서 해방되고 자유와 평화를 얻기 위한 마음자세를 키우기 위한 원칙**
>
> 남의 흉내를 내지 마라.
> 자신을 찾고 철저하게 자신다워지자.

• 레몬이 손에 들어오면 레모네이드를 만들어라 •

이 책을 집필하던 어느 날, 시카고 대학을 찾아가 로버트 메이너드 허친스 총장에게 고민에서 벗어나는 방법에 관해 묻자 이렇게 대답해 주었다.

"나는 시어스 로벅 사의 사장이었던 고 줄리어스 로즌월드의 '레몬이 손에 들어오면 레모네이드를 만들어라'는 충고를 따르려 노력합니다."(역주: 레몬이라는 단어에는 불쾌한 것이라는 의미가 있다.)

이것이야말로 위대한 교육자가 실천할 만한 일이다. 그러나 어리석은 사람은 이것과 정반대로 한다. 그들은 인생의 선물이 레몬이라는 사실을 깨닫자마자 포기한 듯한 얼굴로 '나는 졌어. 이게 운명이야. 이제 기회가 없어'라고 포기하고 만다. 그리고 불평불만만 늘어놓으며 자기연민에 빠져버리고 만다. 그러나 현명한 사람이라면 레몬을 손에 들고 자문해 본다.

'이 불운에서 어떤 교훈을 배워야 하는 걸까? 어떻게 하면 주변 상황이 좋아질까? 어떻게 하면 레몬을 레모네이드로 바꿀 수 있을까?'

평생 인간과 인간의 잠재능력을 연구한 위대한 심리학자 알프레드 아들러에 따르면 인간의 놀랄 만한 특성 중의 하나는 '마이너스를 플러스로 바꾸는 능력'이라고 한다.

내가 알고 있는 한 여성은 이 사실을 훌륭하게 증명해 보인 재미있는 이야기를 소개하기로 하자. 그녀의 이름은 셀마 톰슨이고 다음은 그녀의 체험담이다.

전쟁 중에 남편은 캘리포니아의 모하비 사막 근처의 육군훈련소로 배치되었습니다. 나는 남편과 가까이 있고 싶어서 함께 이사를 하였지만 그곳이 정말 싫었습니다. 가슴이 꽉 막히는 것 같았고 그렇게 끔찍한 경험을 한 적이 없었습니다. 남편은 모하비 사막으로 훈련을 갔고, 나는 작은 오두막에 홀로 남겨졌습니다. 선인장 그늘조차도 섭씨 50도가 넘는 견디기 힘든 무더웠고 말할 상대가 아무도 없었습니다. 끝없이 열풍이 불어왔고 먹는 음식에도 호흡하는 공기에도 전부 모래, 모래투성이였습니다!

나는 자신의 비참한 삶을 한탄하며 부모님께 편지를 썼습니다. 더 이상 참을 수 없으니 집으로 돌아가고 싶다, 단 1분도 더 있고 싶지 않다, 차라리 교도소에 들어가는 편이 낫다고 호소했습니다. 제 편지에 대한 아버지의 답장은 단 두 줄이었습니다. 그 두 줄의 편지는 영원히 제 마음속에서 울릴 겁니다. 이 두 줄의 편지가 제 인생을 완전히 바꿔 주었으니까요.

"교도소 철창 사이로 두 남자가 밖을 내다보고 있었다.
한 명은 진흙탕을 바라보았고, 또 한 명은 별을 바라보았다."

나는 이 두 줄의 편지를 몇 번이고 읽고 또 읽었습니다. 나는 저 자신이 부끄럽게 느껴지면서 지금 상태에서 뭔가 유익한 일을 찾자고 결심하였습니다. 별을 찾고자 한 겁니다.

나는 원주민들과 친구가 되었고 그들의 접대 모습에 깜짝 놀랐습니다. 내가 그들이 짠 옷감과 도자기 등에 관심을 보이자 관광객들에게는 팔지 않는 소중한 것들을 제게 선물해 주었습니다. 특이한 모양을 한 선인장, 용설란, 죠슈아 트리에 대하여 연구했고, 프레리도그에 대하여 조사했고, 사막의 석양을 바라보았고, 사막 모래가 바다였을 수백만 년 전의 조개껍데기를 찾기도 했습니다.

대체 뭐가 저를 이렇게 놀랄 정도로 변하게 한 것일까요? 모하비 사막이 바뀌지는 않았습니다. 내가 변한 겁니다. 나는 마음가짐을 바꾸었습니다. 덕분에 나는 끔찍했던 경험을 내 생애 가장 재미있는 모험으로 바꿀 수 있었습니다. 나는 내가 찾아낸 새로운 세계에 자극을 받고 흥분이 되어 그 내용을 '빛나는 성벽'이라는 소설을 썼습니다. 나는 내가 만든 교도소 창살 너머에서 별을 발견한 겁니다.

셀마 톰슨 씨, 당신이 깨달은 것은 예수 탄생 500년 전에 그리스 인이 말했던 '가장 좋은 것은 가장 어렵다'라는 예로부터의 진리이다.

해리 에머슨 포스딕은 20세기가 되어 다시 한번 같은 말을 했다.

'행복은 쾌락이 아니다. 그것은 대부분의 경우 승리이다.'

그렇다, 그것은 성취의 감각, 정복의 감각, 레몬을 레모네이드로 바꾸는 감각이 가져다주는 승리의 기쁨이다.

　나는 이전에 플로리다로 독이 든 레몬까지도 레모네이드로 만들 수 있는 행복한 농부를 찾아간 적이 있다. 그는 처음에 자신의 농장을 손에 넣고 완전히 낙담하고 말았다. 황량한 토지는 과일나무의 재배는 물론이고 양돈조차 불가능했다. 그곳에는 무성하게 자란 작은 졸참나무와 방울뱀뿐이었다. 그는 곰곰이 생각한 끝에 이 골칫거리를 재산으로 바꾸는 것, 다시 말해 방울뱀을 최대한으로 이용하는 것에 착안해냈다. 그야말로 기상천외한 일이지만 방울뱀 고기를 통조림으로 만들기 시작한 것이다. 몇 년 전 내가 그곳을 찾아갔을 때, 이 방울뱀 농장은 해마다 2만 명이 넘는 관광객이 찾아온다고 했다. 그의 사업은 나날이 번창했다. 방울뱀의 이에서 채취한 맹독은 전국의 연구소로 보내져 해독제로 만들어지고 있다. 뱀 가죽은 여성용 구두나 핸드백 재료로 대단히 비싼 값에 거래되고 있었다. 방울뱀 통조림은 세계 각국으로 보내지기 위해 잔뜩 쌓여 있었다. 그곳에서 그림엽서를 사서 우체국에서 보낼 때 보니 이 마을의 이름이 '플로리다 방울뱀 마을'이라는 이름으로 바뀌어 있었다. 독이든 레몬이었던 마을을 달콤한 레모네이드로 바꾼 이 남자를 기리기 위한 것이었다.

　나는 쉬지 않고 미국 전국 방방곡곡으로 여행을 다니기 때문에 '마이너스를 플러스로 바꾸는 능력'을 발휘한 사람들을 셀 수 없이 만나왔다.

　『신에게 등을 돌린 12명』의 저자 고 윌리엄 볼리도는 이렇게 적고 있다.

'인생에서 가장 중요한 것은 이익을 활용하는 것이 아니다. 그것은 바보라도 할 수 있다. 정말로 중요한 것은 손해에서 이익을 창출하는 것이다. 그러기 위해서는 명석한 두뇌가 필요하다. 이것이 사리분별력이 있는 사람과 어리석은 사람의 갈림길이다.'

볼리도가 이 말을 하게 된 것은 그가 열차 사고로 다리 한쪽을 잃고 난 후였다.

나는 또 한 명 두 다리를 모두 잃고도 마이너스를 플러스로 전환한 사람을 알고 있다. 벤 포스턴이라는 남자이다. 나는 조지아 주 애틀랜타에 있는 어느 호텔의 엘리베이터 안에서 우연히 그를 만났다. 내가 엘리베이터 안에 들어서자 휠체어에 두 다리가 없는 남자가 미소를 지으며 앉아 있었다. 잠시 후 엘리베이터가 멈추어서자 조금만 비켜달라며 밝은 목소리로 부탁을 하였다.

"불편하게 해서 대단히 죄송합니다."

그는 이렇게 말하고 마음속에서 우러나오는 미소를 지으며 밖으로 나갔다.

방으로 돌아온 나는 그 쾌활한 장애인의 모습을 머릿속에서 지울 수 없었다. 나는 그의 방을 찾아가 사정 이야기를 들었다.

"1929년의 일이었습니다. 정원에 심어놓은 콩의 지지대로 쓰기 위해 나무를 하러 갔습니다. 나무를 싣고 집으로 돌아오는 도중에 급커브에서 갑자기 나무 하나가 떨어져 핸들을 꺾지 못했습니다. 차는 제방 아래로 굴러떨어지면서 나무에 맞아 척추가 손상되어 두 다리에 마비가 왔습니다. 사고는 24세에 일어났고 그 날 이후 한 걸음도 걷지 못하게 됐습니다."

불과 스물네 살에 휠체어에 앉아 평생을 살아야 할 운명에 빠지다니! 나는 그에게 어떻게 그 사고를 극복할 수 있는 용기를 낼 수 있었느냐고 물었다.

"아뇨, 제겐 그런 용기가 없었습니다. 한동안 너무 화가 나 미친 듯이 반항하며 제 운명을 저주했습니다. 하지만 몇 년의 세월이 흐르면서 반항할수록 스스로 괴롭히는 것밖에 되지 않는다는 사실을 깨달았습니다. 그러고는 결국 세상 사람들의 친절한 마음과 배려를 받아들일 수 있게 되었습니다. 그리고 저 또한 가능한 한 친절한 마음과 배려를 잊지 않도록 하고 있습니다."

오랜 세월이 흐른 오늘날까지도 당시의 사고를 무서운 재난이라고 생각하느냐는 질문에는 곧바로 'No'라는 답변이 돌아왔다.

"지금은 오히려 그 사고가 일어나 다행이라고 생각할 정도입니다."

그는 사고의 충격과 분노를 이겨내자마자 새로운 세계에서 살기로 했다. 위대한 문학 작품들을 읽으면서 문학에 대한 관심과 애정이 깊어졌고, 14년 동안에 1,400편의 책을 독파하였다고 한다.

이 책들은 문학적 시야를 넓혀 주어 상상을 초월할 만큼 그의 삶을 풍요롭게 해주었다. 음악과도 친숙해져 이전에는 따분하게만 느껴졌던 심포니에도 관심을 끌게 되었다. 그 중에서도 가장 큰 변화는 생각할 시간이 생겼다는 것이다.

"난생처음으로 세상을 바라보고 사물의 가치를 판단할 수 있게 되었습니다. 과거에 제가 갈망했던 것들이 얼마나 부질없고 가치가 없는 것이라는 것을 깨닫게 되었습니다."

그는 독서 덕분에 정치에 흥미를 갖고 사회문제를 연구하면서 휠체

어를 탄 채 유세를 하며 돌아다녔다. 그는 많은 사람들과 만났고 사람들에게 알려지게 되었다. 그리고 여전히 휠체어를 타고 있지만 지금은 조지아 주 주무장관을 역임하고 있다!

뉴욕에서 줄곧 성인반 강좌를 맡아오면서 성인들의 대부분이 가지 않은 것을 마음속으로 아쉽게 여기고 있다는 사실을 발견하였다. 그들은 대학 교육을 받지 못한 것이 자신에게 불리하게 작용하고 있다고 여기는 것 같았다. 하지만 나는 그렇게 생각하지 않는다. 세상에는 고등학교만 졸업하고도 성공한 사람이 얼마든지 있다. 그 때문에 나는 수강생들에게 자주 초등학교도 나오지 못한 남자의 이야기를 해준다.

그는 극빈한 집안에서 자랐다. 아버지가 돌아가셨을 때 친구들이 모아준 돈으로 관을 살 정도로 가난했다. 아버지가 돌아가신 뒤 어머니는 우산 공장에서 하루 열 시간을 일하고 다시 일거리를 받아다 집에서 밤 열한 시까지 일을 해야 했다.

이런 환경에서 자란 소년은 교회 연극반에 들어갔다. 그는 연극에 완전히 매료되어 웅변술을 익히겠다고 결심했다. 이것이 계기가 되어 정치에 입문했고 30세 전에 뉴욕 주의 의원으로 선출되었다. 그러나 안타깝게도 그에게는 이 직무를 다할 준비가 부족했다. 그는 자신이 무엇을 해야 하는지 전혀 몰랐다고 솔직하게 털어놓았다. 그는 찬반 투표를 위한 길고 복잡한 안건을 읽었지만 마치 인디언 부족의 언어로 적혀 있는 것과 마찬가지였다. 그는 숲속에 들어간 적이 없었지만 산림위원으로 선별되었고, 은행 계좌조차 없었는데도 주립 은행 법무위원으로 선별되었다. 그는 자신감을 잃고 괴로워하면서 의원직을 사퇴하려 하였지만 패배를 인정하는 것은 어머니에게 누를 끼치고 싶지 않았다. 절망 속에서 하루 여섯 시간을 공부하기로 한 그는 무식이라는 레몬을 지식이라는 레모네이드로 바꾸려 했다. 그 덕분에 그는 자신을 지방 최고의 정치가에서 국가적인 인물로 성장하였고 <뉴욕타임스>가 뉴욕에서 가장 인기 있는 시민이라고 칭송할 정도의 인물이 되었다.

이 이야기의 주인공은 앨 스미스이다. 앨 스미스는 독학으로 정치 공부를 시작한 지 10년 만에 뉴욕 주의 정치에 관한 한 최고의 권위자가 되어 네 번이나 뉴욕 주지사에 당선된 전대미문의 기록을 남겼고, 1928년에는 민주당의 대통령 후보까지 되었다. 콜롬비아, 하버드를 비롯하여 6개의 대학이 초등학교밖에 나오지 않은 남자에게 명예 학위를 수여했다.

앨 스미스는 만약 마이너스를 플러스로 바꾸기 위해 하루 여섯 시간의 공부를 하지 않았다면 아무것도 실현할 수 없었을 것이라고 말해 주었다.

니체는 초인에 관해 '궁핍을 견디는 것뿐만이 아니라 그것을 사랑하는 것이 초인이다'라고 정의했다.

성공한 사람의 경력을 연구할수록 한 가지 확신이 깊어진다. 다시 말해 노력과 성공의 자극제가 될 수 있는 악조건을 견뎌냈기 때문에 성공할 수 있었다고 하는 사람이 놀랄 만큼 많다는 것이다. 윌리엄 제임스도 이렇게 말했다.

"우리의 약점 자체가 놀랄 만큼 우리에게 도움을 주고 있다."

그렇다. 밀턴은 장님이었기 때문에 그렇게 훌륭한 시를 쓸 수 있었고, 베토벤은 귀가 들리지 않았기 때문에 보다 위대한 음악을 작곡할 수 있었는지도 모른다. 헬렌 켈러의 위대한 삶은 장님과 귀머거리를 통해 영감과 가능성이 부여되었는지도 모른다. 만약 차이코프스키가 불안과 초조함, 비극적인 결혼으로 자살 직전까지 몰리지 않았다면 '비창 교향곡'이라는 불후의 명곡은 탄생할 수 없었을 것이다. 만약 도스토옙스키와 톨스토이가 고난으로 가득한 삶을 보내지 않았다면 불멸의 소설은 세상에 나올 수 없었을지도 모른다.

지구상의 생명에 관한 학설을 완전히 뒤바꿔 놓은 학자는 이렇게 말하고 있다.

'만약 내가 그렇게 병약하지 않았다면 분명 그렇게 큰일을 성취할 수 없었을 것이다.'

이것이야말로 약점이 상상을 초월할 정도로 도움이 되었다는 사실을 고백한 찰스 다윈의 말이다. 다윈이 영국에서 태어났을 때 켄터키의 숲속에 있는 오두막에서 또 다른 아이가 태어났다. 그 또한 자기 약점의 도움을 받은 한 사람이다. 그의 이름은 에이브러햄 링컨이다. 만약 그가 상류 가정에서 자랐다면 하버드 대학에서 학위를 받고 행복한 결혼생활을 하였다면 게티즈버그에서 영원의 생명을 부여받아 영원히 기억될 말은 그의 가슴속 깊은 곳에서 떠오르지 않았을지도 모른다. 또한 두 번째 취임식에서 인간을 통치하는 사람의 입에서 나온 가장 아름답고 고귀한 '누구에게도 악의를 품지 않고 모든 이에게 자비를…'이라는 이 말 또한 마찬가지이다.

해리 에머슨 포스딕은 『통찰의 힘』이라는 저서에서 이렇게 말했다.

'북풍이 바이킹을 만들어 냈다.' 스칸디나비아의 이 속담은 인생에 대해 경종으로도 여길 수 있다. 안전하고 쾌락한 삶, 곤란이 없고 즐겁고 한가로운 삶만 지속한다면 인간은 자연히 행복해지고 선량해질 것이라는 생각은 대체 어디서 왔단 말인가? 오히려 자기연민에 빠진 사람은 안락한 침대에 누워있더라도 여전히 자기연민에서 벗어나지 못한다. 역사를 보면 잘 알 수 있듯이 인간이 자신의 책임을 지고 당당히 맞선다면 환경이 좋든 나쁘든 상관없이 명성과 행복은 반드시 찾아온다. 그 때문에 북풍은 늘 바이킹을 만들어낸 부모가 되어 준 것이다.

우리가 실망하고 낙담하여 더 이상 레몬을 레모네이드로 바꿀 기력을 상실하였더라도 두 가지 이유로 항상 현실을 타개할 시험을 해야만 한다. 다시 말해 어쨌든 간에 모든 것이 득이고 잃을 것이 전혀 없기 때문이다.

첫째 이유-성공할지도 모른다.

둘째 이유-비록 성공하지 못하더라도 마이너스를 플러스로 바꾸려고 하는 것만으로도 뒤를 돌아보지 않고 앞을 바라볼 수 있다. 적극적인 사고는 적극적인 행동이 되고 그것은 창의력을 자극하여 우리에게 지나간 것에 대한 미련을 갖게 할 시간과 여유를 갖지 못하도록 바쁘게 만들 것이다.

이전에 바이올리니스트로 세계적으로 명성이 자자한 올레 불이 파리에서 연주하고 있을 때 바이올린의 A현이 갑자기 끊어진 적이 있었다. 그러나 불은 3현으로 그 곡을 끝까지 연주했다. 해리 에머슨 포스딕은 이렇게 말했다.

"이것이 인생이다. A현이 끊어지는 것도 3현으로 연주를 끝내는 것도."

그것은 단순한 인생이 아니라 인생 이상의 것이다. 바로 승리로 넘치는 인생인 것이다!

만약 내게 권한이 있다면 나는 다음에 소개하는 윌리엄 볼리도의 말을 동판에 새겨 전국의 초등학교에 걸어둘 것이다.

인생에서 가장 중요한 것은 승리를 이용하는 것이 아니다.
그것은 바보라도 할 수 있다.
정말로 중요한 것은 손해에서 이익을 창출하는 것이다.
그러기 위해서는 명석한 두뇌가 필요하다.
이것이 사리분별력이 있는 사람과 바보로 나뉘는 갈림길이다.

평화와 행복을 가져다 줄 정신 상태를 만들기 위한 철칙

운명이 레몬을 주었다면 그것으로 레모네이드를 만들려 노력하자.

2주 만에 우울증을 고치자

이 책을 집필하는 동안 '나는 어떻게 고민을 극복하였는가?'에 대한 체험담을 모집하면서 가장 유익하고 감동적인 작품에 200달러의 상금을 걸었다.

이 콘테스트의 심사위원으로는 이스턴 항공 사장 에디 리켄버커, 링컨 기념대학 학장 스튜어트 맥클레런드, 라디오 뉴스 해설자 H. V. 칼텐본을 초청하였다. 그러나 응모작품 중에 두 편의 완성도가 뛰어나고 우열을 가릴 수 없었기 때문에 상금을 반으로 나누게 되었다. 그 중에 한 편 C. R. 버튼 씨의 이야기를 소개하기로 하겠다. 그는 미주리 주 스프링필드 휘저 자동차 대리점 직원이다.

나는 아홉 살 때 어머니를, 열세 살 때 아버지를 잃었습니다. 아버지와는 사별을 하였지만 어머니는 19년 전 어느 날 집을 나가 버렸습니다. 나는 그날 이후 어머니는 물론 어머니가 데리고 간 두 여동생과도 만난 적이 없습니다. 어머니는 집을 나가고 7년 만에 처음으로 편지를 보내왔습니다. 아버지는 어머니가 집을 나가고 3년 뒤에 사고로 돌아가셨습니다. 아버지는 한 남자와 동업으로 미주리에서 작은 레스토랑을 운영하고 있었지만, 아버지가 업무 차 여행 중에 그 남자는 레스토랑을 처분하고 도망쳐 버렸습니다. 아버지는 친구로부터 당장 돌아오라는 전보를 받고 서둘러 집으로 돌아오는 도중에 캔자스 주 살리나스에서 교통사고로 돌아가셨습니다. 두 분의 고모님은 가난한 데다가 나이가 많아 건강이 좋지 않았지만 세 명의 아이를 거두어 주셨습니다. 저와 어린 남동생은 거두어 줄 친척이 없었기 때문에 결국 마을 사람의 손에 맡겨졌습니다. 나는 고아 취급을 당하는 것이 가장 두려웠는데 그것은 곧바로 현실이 되고 말았습니다. 나는 한동안 마을의 가난한 가족과 함께 살았지만 불경기로 인해 아저씨가 실직하여 저를 부양할 능력이 없게 되었습니다. 그렇게 다시 마을에서 19킬로미터 떨어진 농장의 로프틴 부부에게 맡겨졌습니다. 로프틴 씨는 일흔의 노인으로 대상포진을 앓고 있었습니다. 그는 내게 '거짓말을 하지 말 것, 도둑질하지 말 것, 시키는 일을 잘 할 것' 이것만 지키면 데리고 있겠다고 말해주었습니다. 이 세 가지 약속은 제게 성경과도 같았고 나는 그것을 엄격하게 지켰습니다. 나는 학교에 다니기 시작한 첫 주에는 집에 돌아오자마자 갓난아기처럼 엉엉 울며 지냈습니다. 아이들은 제게 코가 크다고 놀리고 고아라며 괴롭혔습니다. 나는 화가 치밀어 싸우려고 마음을 먹었지만 로프틴 씨가 이렇게 말해 주었습니다.

"잘 들어라, 싸우지 않고 그 자리를 피하는 건 싸움을 하는 것 이상으로 용기가 필요한 거란다."

하지만 어느 날 한 친구가 운동장에서 갑자기 닭똥을 제 얼굴에 던졌을 때는 결국 화를 참지 못하고 폭발하고 말았습니다. 내가 그 아이를 흠씬 두들겨 패주자 두세 명의 친구가 나서서 녀석은 당연한 대가를 치렀다고 말했습니다.

나는 로프틴 부인이 사주신 새 모자를 의기양양하게 쓰고 다녔습니다. 그러던 어느 날, 키가 큰 여자아이 한 명이 제 모자를 빼앗아서 물을 부어 버렸습니다. 여자 아이는 모자에 물을 붓고 나서 '너 같은 돌머리는 젖은 모자를 쓰면 머리가 좋아져'라고 했습니다.

나는 학교에서는 절대로 울지 않았지만 집에 돌아와서는 큰소리로 엉엉 울었습니다. 하루는 로프틴 부인의 충고를 듣고 제 고민은 깨끗이 사라지고, 적이었던 아이들이 친구로 바뀌었습니다. 부인은 이렇게 말해 주었습니다.

"랠프야, 네가 아이들에게 흥미를 갖고 아이들이 좋아할 일을 찾아낸다면 아이들이 너를 괴롭히거나 고아라고 놀리지 않을 거야."

나는 이 충고를 따랐습니다. 나는 열심히 공부해서 우리 반에서 1등이 되었고, 아이들을 위해 가능한 한 최선을 다한 덕분에 아무도 저를 미워하지 않았습니다.

나는 몇몇 남자아이들의 작문을 도와주었고 토론 원고를 전부 써주기도 했습니다. 한 아이는 제게 도움을 받은 것이 가족들에게 알려지는 것이 창피해서 어머니께 항상 주머니쥐를 잡으러 간다고 하고 로프틴 씨의 농장으로 찾아와서 개를 창고에 묶어 놓고 저와 함께 공부했습니다. 나는 그 아이를 위해 책에 대한 비평을 써 주었고 한 여자아이를 위해서는 몇 날 밤을 산수를 가르쳐 주었습니다.

　마을에 갑작스러운 죽음이 찾아왔습니다. 두 명의 연로한 농부가 죽고 한 부인은 남편에게 버림을 받았습니다. 남자라고는 네 집 건너 한 명이 되었습니다. 나는 이 미망인들을 2년 동안 도와주었습니다. 학교를 오가는 도중에 그녀들의 농장에 들러 장작을 패주거나 우유를 짜고 가축들에게 물과 먹이를 주었습니다. 나는 흥 대신에 칭찬을 받으며 모든 사람의 친구가 되었습니다. 내가 해군을 제대하고 돌아오자 모두 진심으로 환영해 주었습니다. 내가 돌아왔을 때 200명이나 되는 농부들이 저를 만나주었습니다. 그 중에는 130킬로미터나 떨어진 곳에서 차를 달려온 사람도 있었고 그들은 마음 깊이 저를 배려해 주었습니다. 나는 남을 돕는 것이 즐겁고 바쁘기 때문에 고민할 틈이 없습니다. 그리고 최근 13년 동안은 '고아'라는 소리를 들은 적이 없습니다.

　버튼 씨 최고! 그는 친구를 어떻게 만들어야 하는지 잘 알고 있다. 또한 고민을 극복하고 인생을 즐길 줄 아는 사람이다.

　워싱턴 주 시애틀의 고(故) 프랭크 루프 박사도 마찬가지이다. 그는 통풍 때문에 23년이나 병상에서 지내야 했다. 그리고 <시애틀 스타>지의 스튜어트 피트 하우스는 내게 이런 글을 적어 보냈다.

　'나는 자주 루프 박사를 찾아가는데 박사만큼 아량이 넓고 인생을 즐길 줄 아는 사람을 본 적이 없다.'

　오랫동안 병상에 누워 있으면서도 어떻게 인생을 즐긴단 말일까? 두 가지 추측이 가능하다. 그의 즐거움이란 불평불만과 남의 흥을 보는 것일까? 아니…, 그렇다면 자기연민에 빠져 항상 남들의 이목을 끌고 싶어 하며 자신의 비유를 맞추도록 강요함으로써? 아니…, 둘 다 아니다. 그는 영국 황태자와 마찬가지로 '나는 봉사한다'는 말을 좌우명 삼아 즐거움을 얻고 있다. 그는 병으로 고통 받는 사람의 주소와 이름을 조사하여 위로 편지를 보냄으로써 환자와 자신을 동시에 격려하고 있다. 그는 환자들을 위한 편지 모임을 조직하여 서로 편지 교환을 시작하였고, 결국 그것을 '새장 속의 친구'라는 국제조직으로까지 발전시켰다. 그는 병상에서 1년에 평균 1,400통의 편지를 썼고, 외출할 수 없는 환자들을 위해 라디오와 책을 보내주어 수천 명의 환자를 기쁘게 해주었다.

루프 박사와 다른 대다수의 사람과의 가장 큰 차이는 어떤 점일까? 그것은 다음과 같다.

루프 박사에게는 하나의 목적, 혹은 사명을 가진 사람이 지녀야 할 내면적 열정이 있었다. 자기 자신보다 훨씬 고귀하고 훨씬 뜻깊은 신념을 바탕으로 봉사하고 있다는 자각에서 오는 기쁨을 가지고 있었다. 이것은 버나드 쇼가 '세상이 자신의 행복을 위해 전혀 도움을 주지 않는다고 투덜거리며 화내고 불평하며 허송세월하는 이기적인 소인배들'이라고 평가한 사람들과는 정반대이다.

다음 글은 위대한 정신분석의 알프레드 아들러가 쓴 놀라운 보고서이다. 그는 우울증 환자에게 항상 같은 말을 해주었다.

"이 처방대로 하면 틀림없이 2주 만에 완쾌될 수 있습니다. 그 방법은 매일 어떻게 하면 남을 기쁘게 할 수 있을지를 생각하는 겁니다."

이 말만으로는 믿기 어려울지도 모르니 아들러의 명저 『인생의 의미』에서 약간 인용해 보기로 하겠다.

우울증이란 타인에 대한 오랜 분노와 비난과 같은 것이다. 그러나 보호, 동정, 지지를 받고 싶기 때문에 환자는 자신의 죄의식 속에 빠져 드는 것처럼 보인다. 우울증 환자의 첫 번째 기억은 일반적으로 다음과 같다.

'나는 긴 의자에 누워 있고 싶었지만 형이 그곳에 앉아 있었기 때문에 큰소리로 울었다. 그러자 형은 하는 수 없이 의자를 내주었다.'

우울증 환자는 흔히 자살로 자기에게 복수를 하려는 경향이 있다. 이 때문에 의사들이 가장 먼저 주의해야 하는 것은 그들에게 자살할 구실을 주지 않는 것이다. 나는 그들의 긴장감을 완화해주는 치료의 첫 걸음으로 '하고 싶지 않은 것을 절대로 하지 마라'라고 말하고 있다. 이것은 매우 수동적인 것처럼 보이지만 모든 장해의 뿌리에 접근할 수 있는 것이라 믿고 있다. 만약 우울증 환자가 하고 싶은 일을 해도 된다면 아무도 원망할 수 없을 것이다. 자기 자신에게 화를 낼 수도 없다. 나는 이렇게 말해 준다.

'영화를 보러 가고 싶으면 가면 되고, 놀러 가고 싶으면 놀러 가면 그만이다. 도중에 싫어졌다면 안 가면 그만이다.'

이것은 모든 사람에게 있어서 가장 바람직한 상태이다. 이것은 어떻게 해서든 우월감에 젖어 있고 싶다는 마음을 충족시켜 준다. 자신이 신이고 하고 싶은 일을 할 수 있다고 말이다. 그러나 한편으로 그것은 그의 생활방식에 쉽게 스며들 수는 없다. 그는 타인을 지배하고 비난하고 싶지만 타인이 그의 뜻에 동의한다면 그들을 지배할 방법이 없는 것이다. 이 법칙은 그들의 불평을 제거해 주기 때문에 내 환자 중에는 자살자가 한 명도 없다.

대부분의 경우 환자들은 '하지만 특별히 하고 싶은 일이 없습니다' 라고 대답한다. 나는 이 소리를 많이 들어왔기 때문에 이미 준비가 되어 있다. '하고 싶지 않다면 굳이 하지 않아도 좋아요.' 때로는 '나는 온종일 자고 싶어요' 라고 대답하는 환자도 있다. 내가 그러라고 말하면 환자가 싫어한다는 사실을 알고 있다. 그것을 거부하면 발작을 일으킨다는 것도 알고 있다. 따라서 동의를 해준다.

이것이 제1 법칙이다. 다음으로는 보다 직접 그들의 생활방식에 대하여 공격을 한다.

"제 처방대로 따른다면 2주 만에 완쾌됩니다. 어떻게 하면 남을 기쁘게 해줄 것인지를 매일 생각하십시오."

이것은 그들에게 매우 중요한 의미가 있다. 그들은 '어떻게 하면 남을 괴롭힐 수 있을까?' 만을 생각하고 있다. 이에 대한 대답은 상당히 재미있다. 한 사람은 '그건 지금까지 해왔던 거라 간단해요' 라고 대답한다. 그들은 결코 실행으로 옮기지 않았다. 때문에 생각해 보라고 권하는 것이다. 그들은 생각조차 하려 하지 않는다. 그러면 나는 이렇게 말한다.

"밤에 잠이 오지 않는 시간을 이용해서 어떻게 하면 남을 기쁘게 해줄 수 있는지를 생각하면 됩니다. 그것이 회복을 위한 첫걸음입니다."

다음날 다시 물어본다.

"어제 권했던 것을 해보셨나요?"

그들은 이렇게 대답한다.

"침대에 눕자마자 잠시 들었습니다."

물론 이 모든 것은 부드럽게 친숙한 태도로 해야 하며 절대로 고압적인 태도를 보여서는 안 된다.

어떤 사람은 이렇게 대답한다.

"아무래도 안 돼요. 그만큼 괴로워하고 있습니다."

이 말에 나는 이렇게 말한다.

"고민을 멈출 필요는 없어요. 하지만 가끔 정도라면 남에 관해 생각할 수 있을 겁니다."

나는 항상 그들이 타인에게 관심을 두기를 바라고 있다. 또 어떤 사람은 이렇게 말한다.

"왜 남을 기쁘게 해줘야 하는 거죠? 그들은 나를 한 번도 기쁘게 해주지 않았는데 말이죠."

나는 "당신의 건강을 위해섭니다"라고 대답해 준다. '다른 사람들은 틀림없이 후회하게 될 겁니다'라거나 '선생님의 충고를 깊이 생각해 봤습니다'라고 대답하는 환자는 매우 드물다. 나는 환자들에게 사회적 관심을 증폭시키는 일에 최대한 노력을 기울였다. 병의 진짜 원인은 협력 정신이 부족하다는 것을 잘 알고 있기 때문에 그들에게 이 사실을 인식시켜 주고 싶었다. 그들이 주변 사람들과 평등하고 협조적인 입장에서 어울릴 수 있다면 그들의 병은 완치된다. 종교가 우리 인간에게 부여한 가장 중요한 책임은 항상 '당신의 이웃을 사랑하라'이다. 주변 사람들에게 관심을 가지지 못하는 사람이야말로 인생에서 가장 큰 고통으로 고민하고 남에게도 가장 큰 위해를 가하게 된다. 온갖 삶에서의 실패는 이러한 사람들 사이에서 발생한다. 우리가 한 인간에게 대해 요구할 수 있는 것, 동시에 그 인간을 대하게 할 수 있는 최고의 찬사는 '당신이야말로 함께 손을 잡고 갈 동료이자 모든 사람의 친구이며 연애와 결혼에서 진정한 반려자이다'라고 하는 말이다.

아들러 박사는 일일일선(一日一善)을 강조하고 있다. 그렇다면 선행이란 대체 무엇일까? 예언자 모하메드는 이렇게 말했다.

"선행이란 타인의 얼굴에 기쁜 미소를 짓게 하는 행위이다."

왜 일일일선을 하면 놀라운 효과를 얻을 수 있는 것일까? 타인을 기쁘게 해주려고 함으로써 자기 자신의 고민, 공포, 우울증의 근원이 무엇인지를 잊을 수 있기 때문이다.

뉴욕에서 비서 양성 학교를 운영하는 윌리엄 T. 문 부인은 자신의 우울증을 날려버리기 위해서는 타인을 기쁘게 해주면 된다는 것을 깨닫는 데는 2주가 채 걸리지 않았다. 그녀는 아들러 박사와 한 걸음, 아니 열 걸음 정도 차이를 벌렸다. 2주가 아니라 단 하루 만에 두 명의 고아를 기쁘게 해주겠다는 마음을 먹고 우울증을 단숨에 날려버린 것이다.

당시의 상황에 대하여 문 부인은 이렇게 말해 주었다.

5년 전 12월에 나는 슬픔과 자기연민에 빠져 있었습니다. 행복한 결혼생활하다가 남편과 사별을 한 겁니다. 크리스마스가 다가오자 슬픔은 점점 더 커져만 갔습니다. 이전까지 혼자 크리스마스를 보낸 적이 없었기 때문에 크리스마스가 다가오는 것이 무서웠습니다. 친구들이 함께 크리스마스를 축하하자고 초대해 주었지만 전혀 내키지 않았습니다. 나는 내가 파티에 가면 분위기를 망치리라는 것을 잘 알고 있었습니다. 때문에 친구들의 호의를 거절했습니다. 크리스마스이브가 다가올수록 점점 더 깊이 자기연민에 빠져들었습니다. 실제로 모든 사람들에게 고마운 점이 많았기 때문에 그분들에게 고마워해야 했습니다. 크리스마스 전날, 나는 오후 3시에 사무실을 나와 자기연민과 우울한 기분을 털어버리기 위해 5번가를 정처 없이 걷기 시작했습니다. 거리에는 밝고 행복해 보이는 사람들로 가득했습니다. 그 모습을 보니 즐거웠던 지난날의 추억들이 떠올랐습니다. 혼자 텅 빈 집으로 돌아가야 한다는 것을 생각할수록 끔찍한 생각이 들었습니다. 나는 당혹스러움에 눈물이 멈추지 않았습니다. 한 시간 정도 정처 없이 방황하다가 정신을 차려보니 버스 터미널이 보였습니다. 남편과 자주 모험심에 불타 무조건 버스에 올라탔을 때가 떠올랐습니다. 나는 어느새 제일 먼저 눈에 들어온 버스에 타고 있었습니다. 허드슨 강을 건너 한참을 간 뒤에 차장의 '부인, 종점입니다'라는 말에 버스에서 내렸습니다. 전혀 모르는 마을이었지만 조용하고 평화로운 곳이었습니다. 나는 다음 버스를 기다리는 동안 주택가를 걸었습니다. 교회 앞을 막 지나려는데 '고요한 밤'의 아름다운 선율이 들려왔습니다. 나는 교회 안으로 들어가봤습니다. 교회 안에는 오르간을 치는 사람 말고는 아무도 없었습니다. 나는 조용히 앉았습니다. 화려한 크리스마스트리 장식에서 반짝이는 빛 덕분에 주변의 장식품들이 달빛에 춤을 추고 있는 것처럼 보였습니다. 길게 꼬리를 늘어뜨리며 흐르는 선율은 아침부터 아무것도 먹지 않은 저를 꿈결로 인도해 주었습니다. 나는 심신이 다 지쳐 있었던 탓에 저도 모르게 잠이 들고 말았습니다. 문득 잠에서 깬 나는 내가 어디 있는지 알 수 없어 깜짝 놀랐습니다. 제 앞에는 크리스마스트리를 보러 온 듯한 두 아이가 서 있었습니다. 한 소녀가 저를 가리키며 '산타클로스가 데려오셨나?'라고 말했습니다. 내가 눈을 뜨자 아이들은 깜짝 놀랐고, 나는 괜찮다며 아이들을 안심시켰습니다. 아이들은 초라한 행색을 하고 있었습니다. 엄마 아빠는 어디 계시냐고 묻자 아이들은 부모님이 안 계신다고 대답했습니다. 저보다도 불쌍한 처지의 어린 두 고아가 있었던 겁니다. 아이들을 보니 슬퍼하며 자기연민에 빠져 있던 내가 부끄럽게 느껴졌습니다. 나는 아이들에게 크리스마스트리를 보여주고 가게로 데려가서 사탕과 선물을 사주었습니다. 그리고 저의 외로움은 마법처럼 사라졌습니다. 그 아이들은 제게 몇 달 만에 행복을 느끼게 해주었습니다. 아이들과 이야기를 나누면서 내가 얼마나 행복한지를 깨달을 수 있었습니다. 제 어린 시절 부모님의 사랑의 손길로 찬란한 크리스마스를 보낼 수 있었던 것에 대하여 신께 감사드렸습니다. 아이들은 내가 해준 것 이상으로 훨씬 더 많은 은혜를 제게 돌려주었습니다. 이 경험 덕분에 내가 행복해지기 위해서는 타인을 행복하게 해주어야 된다는 것을 깨달았습니다. 제 생각에 행복은 전염성이 있는 것 같습니다. 나눔으로써 받을 수 있는 겁니다. 남을 돕고 사랑을 나눔으로써 고민, 슬픔, 자기연민을 극복하고 새로운 인간으로 다시 태어날 수 있었습니다. 게다가 그것은 일시적이지 않고 평생 다시 태어나게 해주었습니다.

나는 자신을 망각함으로써 건강과 행복을 되찾을 수 있었던 사람들의 이야기만으로도 책 한 권을 쓰고도 남는다. 예를 들어 미국 해군 내에서 가장 인기가 있었던 여성 마거릿 테일러 예이츠의 경우를 살펴보자.

예이츠 부인은 소설가이지만 소설보다는 일본군이 진주만을 공격으로 공포에 휩싸였던 아침에 그녀에게 일어난 실화가 몇 배는 더 재미있다. 예이츠 부인은 심장이 좋지 않아 1년 전부터 하루 중에 22시간을 침대에 누워서 보냈다. 일광욕을 위해 정원으로 나가는 것이 제일 먼 여행이었다. 그조차도 하녀의 팔에 의지하며 걸어야 했다. 그녀의 말에 따르면 당시에는 죽는 그 날까지 환자로 살아야 할 것이라고 여겼다고 한다.

만약 일본군이 진주만을 공격해서 제 삶을 흔들어놓지 않았더라면 결코 변화는 꿈도 꾸지 못했을 거예요.

그 사건이 일어났을 때는 모든 것이 혼란했고 무질서했지요. 폭탄 한 발이 우리 집 근처에 떨어져 그 충격으로 나는 침대에서 벌떡 일어났어요. 군 장병들의 처자식을 학교로 피난시키기 위한 군용 트럭이 히컴 비행장, 스코필드 병영, 카네이오헤 공군기지 등으로 실어 날랐죠. 적십자에서 빈방에 피난민들을 수용해 달라는 전화가 왔어요. 적십자 직원은 제 침대 밑에 전화가 있다는 것을 알았기 때문에 제게 정보 센터가 되어 달라고 부탁했어요. 나는 장병들의 가족이 어디에 수용되어 있는지를 조사했어요. 한편 군인들은 적십자의 지시에 따라 제게 전화를 걸어 가족들의 소식을 물었죠.

나는 곧 남편인 로버트 롤리 예이츠 사령관이 무사하다는 소식을 들을 수 있었어요. 나는 남편의 안부를 걱정하는 부인들을 격려하는 한편으로 수많은 전사자 미망인들을 위로하기 위해 노력했어요. 해군 장

병 2,107명이 전사했고 960명이 행방불명이었죠.

처음에 나는 침대에 누워 전화만 받을 뿐이었죠. 그러다가 침대에 앉아 전화를 받게 되었고, 정신을 차릴 수 없을 정도로 바빠지자 흥분이 돼서 자신이 환자라는 사실을 까맣게 잊은 채 책상 앞에 앉아 있었어요. 저보다 불쌍한 사람들을 돕겠다는 일념으로 저 자신에 대해서는 까맣게 잊어버린 거지요. 그렇게 그 후로는 정해진 여덟 시간 외에는 잠을 자지 않고 두 번 다시 침대에 눕는 일도 없었어요. 지금 생각해 보면 만약에 일본군이 진주만을 공격하지 않았더라면 아마도 나는 평생 환자로 살다 죽었을 거예요. 항상 곁에서 도와주는 사람이 있었고 침대에 누워 있는 것은 편안했으니까요. 하지만 그 때문에 저도 모르는 사이에 스스로 재기하려는 기력을 잃어가고 있었던 것 같아요.

진주만 공격은 미국 역사상 가장 비극적인 일 중에 하나이지만 저 개인적으로는 최고의 순간 중에 하나라고 할 수 있죠. 그 끔찍한 비극이 저 자신도 깨닫지 못했던 힘을 일깨워준 거예요. 제 주의력을 저 자신이 아니라 남을 위해 집중시켜 주었죠. 살기 위해 필요한 적극적이고 중요한 목적을 가르쳐 준 거예요. 이제 나는 저에 대해 생각을 하거나 배려를 할 시간은 완전히 사라졌어요.

정신과 의사에게 달려가는 사람 중에 3분의 1은 마거릿 예이츠 부인을 본받기만 해도 아마도 완쾌될 것이다. 그것은 남을 돕는 일에 흥미를 갖는 것이다. 이것은 절대로 내 의견이 아니다. 칼 융도 이와 비슷한 말을 남겼다.

'내 환자의 삼 분의 일은 임상적으로는 진짜 신경증 환자가 아니라

삶의 보람과 인생의 무상함 때문에 괴로워하고 있을 뿐이다.'

다시 말해 그들은 엄지손가락을 치켜들고 공짜로 인생을 살려 하지만 자동차는 그것을 무시하고 지나쳐 버린다. 그러면 그들은 가치 없는 삶을 이어가면서 정신과 의사에게로 달려간다. 배 떠난 항구에 멍하니 서서 자신 이외의 모든 사람들을 욕하고 저주하면서 세상이란 이기적인 욕망을 충족시키는 것이 당연하다고 주장한다.

당신은 혼자 이렇게 중얼거리고 있을지도 모른다.

'이런 이야기가 무슨 소용이 있어. 나라도 크리스마스에 고아를 만난다면 관심을 가졌을 거야. 내가 당시에 진주만에 있었다면 마거릿 예이츠 부인처럼 했을 거야. 하지만 나는 조건이 전혀 달라. 나는 아주 평범하게 살고 있다고. 하루 여덟 시간 따분한 일을 하며 살지. 뭐 하나 극적인 일이 없다고. 어째서 남의 일에 신경을 써야 하냐고? 왜 그래야 하는 건데? 그런다고 무슨 효과가 있다는 거야?'

당연한 의문이다. 그럼 대답해 주겠다. 당신 삶이 아무리 평범하다고 하더라도 매일 누군가와 얼굴을 마주할 것이다. 당신은 그들에게 어떤 태도를 보이는가? 그냥 바라볼 뿐인가? 아니면 그들의 삶을 알고 싶어 하고 있을까? 집배원을 예로 들자. 매일 수십 킬로미터를 걸어 우편물을 배달하고 있지만 여러분은 그 사람의 주소를 궁금해한 적이 있는가? 또한 부인과 아이들의 사진을 보고 싶다고 생각한 적이 있는가? 피곤하냐고, 일이 따분하지 않느냐고 말을 건 적이 있는가?

식료품 가게 점원, 신문 판매원, 거리의 구두닦이는 어떤가? 이 사람들은 모두 인간이다. 고민, 꿈, 야망을 가슴에 품고 있는 사람들이다. 기회만 주어지만 누군가에게 그것을 말하고 싶어 한다. 그러나 여러분은 그런 기회를 준 적이 있는가? 그들과 그들의 삶에 대하여 진지하게 관심을 가진 적이 있었는가? 내가 말하고 싶은 것이 바로 이것이다. 여러분은 굳이 플로렌스 나이팅게일이나 사회혁명가가 될 필요는 없다. 여러분은 내일 아침 만나는 사람부터 시작하면 된다!

어떤 효과가 있느냐고? 더욱 큰 행복! 더욱 큰 만족과 자신감! 아리스토텔레스는 이러한 태도를 '계몽된 이기주의'라 부르고 있다. 또한 조로아스터는 '타인에게 선행을 베푸는 것은 의무가 아니라 환희다. 그것은 베푸는 사람의 건강과 행복을 증진한다'라고 적고 있다. 벤저민 프랭클린은 간략하게 요약하여 이렇게 말했다.

'남에게 선행을 베풀 때 당신 자신에게 최고의 선행을 베풀고 있다.'

뉴욕의 심리학 서비스 연구소 소장인 헨리 C. 링크는 이렇게 적고 있다.

'내가 볼 때 최근 심리학에서 가장 중요한 발견은 자기실현과 행복을 위해서는 자기희생과 훈련이 필요하다는 것을 과학적으로 증명한 것이다.'

남에 대한 배려는 자신의 고민을 해결해줄 뿐 아니라 많은 친구와 많은 즐거움을 얻는 데 도움이 된다. 나는 이전에 예일 대학의 윌리엄 라이온 펠프스 교수에게 구체적인 방법을 들은 적이 있다. 교수는 이렇게 말해 주었다.

호텔과 이발소, 그 밖의 모든 가게에 들어갈 때면 누구와 마주치더라도 내가 먼저 친절하게 말을 걸고 있다. 기계 속 톱니바퀴 중의 하나가 아니라 인간 대 인간으로 말을 거는 것이다. 가게 여점원에게는 눈동자가 아름답다거나 머릿결이 아름답다고 칭찬을 하고, 이발사에게 는 하루 종일 서서 일하면 다리가 피곤하겠다, 왜 이발사가 되었는가, 일을 한 지 얼마나 되었는가, 지금까지 대략 몇 명의 머리를 깎아 주었 는가 등을 물어본다. 그들에게 자신에 관해 생각해 볼 수 있도록 도움 을 주는 것이다. 사람은 누군가 자신에게 흥미를 느껴주면 기뻐하게 마련이다. 또한 빨간 모자를 쓴 수화물 운반원에게 악수를 청한다. 상 대는 그날 하루 즐거운 마음으로 자기 일에 최선을 다하게 된다. 어느 무더운 날이었다. 뉴햄프셔 철도의 식당 칸에서 식사를 하려 했지만 이미 만석인 데다가 찜통처럼 무더웠고 서비스도 엉망이었다. 급사가 메뉴판을 들고 겨우 내게 왔을 때, "이렇게 더운데 조리실에서 일하는 주방장은 정말 힘들겠어"라고 말하자 급사는 큰 소리로 말했다. 처음 에는 내게 화를 내는 줄 알았다.

"맞아요, 손님들은 그저 음식이 맛이 없다거나 서비스가 엉망이네, 덥고 가격만 비싸다는 등 불평을 합니다. 나는 여기서 19년이나 손님 들의 불만을 듣고 있지만, 찜통 같은 주방에서 일하는 주방장을 동정 해 주신 분은 과거에도 그랬고 앞으로도 손님뿐일 겁니다. 손님 같은 분만 계신다면 정말 좋겠습니다."

급사는 내가 흑인 주방장을 대형 철도 조직 속의 일개 톱니바퀴가 아니라 인간 대 인간으로 인정한 것에 대하여 놀랐다. 인간이라면 누 구나 아주 조금 인간으로서 주목받기를 바라고 있다. 나는 거리에서 아름다운 개와 함께 산책하는 사람을 만날 때마다 항상 그 개의 아름 다움을 칭찬한다. 그리고 잠시 뒤 뒤를 돌아보면 대부분의 경우 주인 은 개를 쓰다듬거나 어루만져 준다. 내가 칭찬해주자 주인도 다시 한 번 개를 칭찬하고 싶어진 것이다.

영국에 있을 때 양치기를 만나 크고 영리한 양치기 개를 진심으로 칭찬해 준 적이 있다. 나는 그에게 어떻게 개를 훈련하는지 물어보았다. 그리고 헤어지면서 살짝 돌아보니 개가 두 발로 서서 앞다리를 주인의 어깨 위에 올려놓고 있었고 주인은 만족스럽다는 듯이 쓰다듬어 주고 있었다. 내가 양치기와 그의 개에게 관심을 둠으로써 양치기를 행복하게 해준 것이다. 양치기 개 또한 좋아하는 것 같았고 나 또한 기분이 좋았다.

빨간 모자의 수화물 운반원과 악수를 하거나 더운 주방에서 일하는 주방장을 동정하고, 지나가는 개를 칭찬하는 사람이 험악한 얼굴로 괴로워하며 정신과 진료를 받으러 오겠는가? 그런 일이 절대로 없다. 중국의 속담에 이런 것이 있다.

'장미를 준 손에는 향기가 남는다.'

예일 대학의 펠프스 교수에게는 그런 말을 할 필요는 없다. 그는 이미 잘 알고 실행하고 있으니까.

남성 독자에게는 다음 구절이 재미없을 테니 읽지 않아도 상관이 없다. 늘 걱정만 하는 불행한 소녀가 어떻게 해서 많은 남성으로부터 청혼을 받게 되었는가 하는 이야기다. 이 소녀는 이미 노파가 되었고, 나는 몇 년 전에 이 노부부의 집에서 하룻밤 신세를 진 적이 있다. 그곳 마을에서 강연회가 있었기 때문이었는데 다음날 아침, 그녀는 차를 달려 80킬로미터나 떨어진 뉴욕 센트럴 철도의 본선 역까지 바라다주었다. 대화가 친구를 어떻게 만들 것인가로 흐르자 그녀는 이렇게 말문을 열었다.

"카네기 씨, 남편에게도 말하지 못한 이야기를 해드리지요."

그녀는 필라델피아 사교계에 이름이 올라 있는 집안에서 태어났다.

"어려서부터 결혼하기 전까지 가장 슬펐던 것은 집이 가난했던 거였죠. 우리 집에는 다른 친구들의 집과 같은 즐거움이 없었어요. 나는 항상 싸구려 옷만 입었는데 그것도 작아 몸에 맞지 않는 유행이 지난 것들이었죠. 무안하고 창피해서 밤이 되면 잠자리에 들어서 많이 울기도 했죠. 결국, 절망 끝에 생각해낸 것이 저녁 모임에서 만난 상대 남자들에게 그들의 경험과 생각, 장래의 계획 등에 관해 말해 달라고 했죠. 그들의 이야기에 특별한 관심이 있었던 것은 아니었어요. 단순히 상대가 초라한 제 모습을 눈치채지 못하게 하려는 것이 목적이었죠. 그런데 신기하게도 상대의 이야기를 듣다 보니 이런저런 것들을 알게 되었고, 차츰 이야기에 흥미를 느끼게 되면서 저의 초라한 행색 따위는 깨끗이 잊어버리고 말았죠. 그리고 저 자신도 깜짝 놀랄 만한 일이 일어난 거예요. 내가 상대의 이야기를 잘 들어주고 대화를 잘 이끌어주자 상대도 좋아했고, 나는 결국 우리 모임에서 가장 인기가 많았죠. 그리고 세 청년으로부터 청혼을 받게 되었어요."

이 챕터를 읽은 독자 중에 아마 이렇게 생각하는 사람이 있을지도 모른다.

'타인에게 흥미를 느끼라는 소리는 난센스에 공염불이 아닌가! 나는 전혀 관심이 없다. 나는 돈을 벌고 싶다. 나는 취할 수 있는 건 뭐든 지금 당장 취하고 싶다. 그러니 그런 헛소리는 당장 집어치워라!'

이게 당신의 진심이라면 맘대로 생각하라. 그러나 만약 당신 생각이 옳다면 예수, 공자, 석가모니, 플라톤, 아리스토텔레스, 소크라테스와 같은 유사 이래의 위대한 철학자와 현자들이 모두 틀렸다는 말이다. 그러나 당신은 아마도 종교적 지도자들의 교리를 비웃을 테니 무신론자의 주장을 들어보기로 하자. 먼저 케임브리지 대학교수 고(故) A. E. 하우스만이 1936년 케임브리지 대학에서 했던 '시의 언어와 본질'이라는 강연 중에 이런 구절이 있다. "동서고금을 통틀어 가장 심원한 도덕적 발견은 예수가 다음과 같이 했던 말이다. '자신을 위해 생명을 구하고자 하는 자는 잃을 것이고, 나를 위해 생명을 잃는 자는 오히려 생명을 얻을 것이다.'"

우리는 태어나 지금까지 많은 연설가가 이 말을 하는 것을 들어왔다. 그러나 하우스만은 무신론자, 염세주의자였고 자살 시도까지 한 사람이다. 그런 그조차도 자신밖에 생각하지 않는 인간은 인생에서 많은 것을 얻을 수 없다는 것을 알고 있었다. 그런 인간은 반드시 비참해진다. 그러나 타인에게 봉사하며 자기 자신을 생각하지 않는 사람은 인생의 참된 즐거움을 반드시 찾아낼 것이다.

하우스만의 말에도 마음이 움직이지 않는다면 20세기 미국에서 가장 유명한 무신론자인 시어도어 드라이저의 예를 들어보기로 하자. 그는 모든 종교를 동화라 비웃으며 이렇게 단정했다.

'어리석은 자들이 꾸며낸 이야기다. 무의미한 잡음과 분노만이 있을 뿐이다.'

그렇지만 그는 예수의 타인에 대한 봉사라는 위대한 교훈은 지지하였다. 그는 이렇게 말했다.

"인간의 짧은 삶에서 기쁨을 찾아내고 싶다면 자신보다는 타인에게 도움이 되는 것을 생각하고 계획해야 한다. 왜냐하면 자신에 대한 기쁨은 자신이 그들에게 베푼 기쁨과 그들이 당신에게 베푼 기쁨에 따라 결정되기 때문이다."

만약 우리가 드라이저의 주장처럼 '타인에게 도움이 되도록' 노력하려 한다면 당장에 착수해야 한다. 시간은 흘러간다.

'두 번 다시 이 길을 지나지 않는다. 그러므로 내가 할 수 있는 선행과 친절을 그 자리에서 실행하자. 주저하거나 태만하지 말자. 나는 이 길을 두 번 다시 지나지 않으니까.'

고민을 털어 버리고 평화와 행복을 추구하기 위한 일곱 번째 철칙

타인에게 흥미를 느낌으로써 자신을 잊자.
매일 누군가 얼굴에 기쁜 미소를 지을 수 있는 선행을 염두에 두자.

Part 05

고민을 완전히
극복하는 방법

How to Overcome Your Worries Completely

내 부모님의 고민 극복 방법

앞에서 말했던 것처럼 나는 미주리의 농장에서 태어나고 자랐다. 내 부모님 또한 당시의 여느 농민들과 마찬가지로 가난한 삶을 살았다. 어머니는 시골 선생님이었고 아버지는 12달러의 월급을 받으며 남의 집 밭일을 하였다. 어머니는 나와 우리 가족 모두의 옷을 빨기 위한 비누까지 직접 만드셨다.

우리 집은 1년에 한 번 돼지를 팔 때 말고는 현금이 거의 없었다. 가게에서는 집에서 만든 버터와 달걀을 밀가루, 설탕, 커피와 교환했다. 내가 열두 살이었을 때 1년 용돈은 50센트가 채 되지 않았다. 독립기념일 축제에서 아버지가 맘대로 쓰라고 10센트를 주셨을 때는 세계 최고의 부자가 된 기분이었다.

나는 매일 16킬로미터를 걸어서 교실이 하나밖에 없는 학교에 다녔다. 눈이 쌓이고 영하 28도를 밑돌 때도 걸어서 학교에 갔다. 열네 살이 될 때까지 고무신이나 장화는 신지 못했다. 길고 추운 겨우내 내 발은 항상 젖은 채 차가웠다. 나는 어린 마음에 겨울에는 발이 따뜻하고 마른 사람이 한 사람도 없을 것이라고 여겼다.

부모님은 하루 열여섯 시간 중노동에 시달리셨지만 여전히 빚에 쪼들려야 하는 불행한 삶을 살아야 했다. 아주 어릴 때의 내 기억 속에는 큰 홍수가 나서 옥수수밭과 목초지 모두를 파괴한 광경이 뚜렷하게 남아 있다. 7년 중 6년은 홍수 때문에 제대로 곡물을 수확하지 못했다. 해마다 돼지가 콜레라로 죽었고 나는 그 사체들을 태웠다. 지금도 눈을 감으면 역겨운 냄새가 생생하게 떠오른다.

수해를 입지 않은 것은 단 1년뿐이었다. 작물은 풍년이었고 가축을 사서 옥수수로 살을 찌웠다. 그러나 결과는 수해를 입었을 때와 변하지 않았다. 시카고 가축 시장에서 가격이 폭락하여 사육 비용을 정산해 보니 겨우 3달러가 남았다. 1년을 꼬박 일해서 겨우 2달러였다!

무얼 해도 손해만 봤다. 아버지는 새끼 노새를 사서 3년을 기른 뒤 사람까지 사서 훈련을 시켜 테네시의 메인 필드로 보냈다. 그러나 노새 가격은 3년 전 샀을 때보다 떨어져 있었다.

10년 동안 뼈가 부서지라 일을 했지만 한 푼도 남지 않고 빚만 늘었을 뿐이다. 밭은 저당 잡히고 아무리 일을 해도 이자는 연체될 뿐이었다. 은행에서는 아버지를 악성 채권자라며 밭을 빼앗으려 했다. 당시 아버지의 나이는 47세로 30년을 뼈가 빠져라 일한 결과는 빚쟁이라는 굴욕만 남겼다. 아버지는 더 이상 견딜 수가 없었다. 괴로워하던 아버지는 식욕을 잃은 채 식욕 촉진제에 의존하면서 매일 밭일에 전념하며 몸을 망치셨다. 그렇게 말라가던 아버지는 의사로부터 6개월의 시

한부 판정을 받았다. 고민하며 괴로워하던 아버지는 삶의 의욕을 잃게 되었다. 어머니는 말 여물을 주거나 소젖을 짜러 갔다가 늦어지기라도 하는 날이면 혹시 목이라도 매지 않았을까 걱정이 되어 헛간으로 달려가셨다고 한다. 어느 날, 아버지는 밭을 압류하겠다고 협박하는 은행에 다녀오는 길에 다리 위에 마차를 세우고 한동안 강물을 내려다보며 단숨에 뛰어내려 모든 것을 끝내 버릴까 고민하셨다.

훗날 아버지는 내게 그날의 일을 회상하며 신을 사랑하고 십계를 지키며 살기만 하면 모든 것이 좋아질 것이라고 굳게 믿고 계신 어머니 때문에 뛰어내릴 수 없었다고 털어놓으셨다. 어머니는 옳았다. 마지막에는 모든 것이 다 잘 풀렸다. 아버지는 그로부터 42년을 행복하게 사시다가 89세에 돌아가셨다.

이런 고통과 역경의 세월 속에서도 어머니는 고민하지 않으셨다. 어머니는 마음속의 고민을 모두 신께 맡기셨다. 매일 밤 어머니는 우리가 잠들기 전에 성경의 한 구절을 낭독하셨다. 때로는 부모님 중 한 분이 마음이 따뜻해지는 예수의 말씀을 읽어주기도 하셨다.

'내 아버지의 집에는 방이 많다…. 나는 여러분들을 위해 방을 준비하러 간다…. 내가 머무는 곳에 여러분들도 함께할 수 있게 하고자 함이다.'

그런 다음 우리는 한적한 미주리 농가의 의자 앞에 무릎을 꿇고 하느님의 사랑과 보호를 바라는 기도를 올렸다.

윌리엄 제임스가 하버드 대학 철학 교수로 있었을 때, 그는 '고민을 해결하는 데 가장 좋은 방법은 종교적 신앙이다'라고 한 적이 있다.

이 사실을 깨닫기 위해 하버드에 다닐 필요는 없다. 내 어머니는 미주리 농장에서 이 사실을 깨달으셨다. 홍수, 빚, 재난… 이 모든 것도 어머니의 행복하고 용감한 영혼을 굴복시키지 못했다. 나는 어머니가 일하시며 부르던 찬송가를 기억하고 있다.

평화, 평화, 위대한 평화여.
하느님이 주신 위대한 평화여.
내 영혼을 영원히 감싸주시어
끊이지 않는 사랑의 바다로.

어머니는 내가 평생을 종교와 관련된 일에 종사하기를 바라셨다. 나는 외국 선교사가 되기 위해 대학에 들어갔지만 해가 갈수록 생각이 바뀌었다. 나는 생물학, 과학, 철학, 비교종교학을 배웠고, 또한 어떻게 성경이 쓰이게 되었는지에 관한 책들을 읽었다. 그리고 많은 의문을 품게 되어 당혹스러워했다. 나는 월터 휘트먼처럼 '내 내면에서 갑자기 기묘한 의혹들이 일어나는 것을 느꼈다.' 무엇을 믿어야 할지 종잡을 수가 없어 인생의 목적을 잃고 말았다. 나는 기도를 버리고 불가지론자(不可知論者)가 되었다. 인생에는 아무런 계획도 목표도 없는 것이라고 믿었다. 인간이 2억 년 전에 땅 위를 기어 다니던 공룡보다 신성한 목적을 가지고 있다고 여겨지지 않았다. 인간도 언젠가 공룡처럼 멸종하고 말 것이다. 과학의 연구에 따르자면 태양은 조금씩 냉각되어 지구상에는 그 어떤 생명체도 존재할 수 없게 된다. 또한 하느님이 자신의 모습을 닮은 인간을 창조하였다는 말을 비웃었다. 나는 어둡고 생명이 없는 차가운 공간을 빙빙 맴돌고 있는 무수한 태양이 어떤 미지의 힘에 의해 만들어졌다고 믿었다. 창조된 것이 아니라 시간과 공간처럼 영겁의 존재로서 처음부터 존재하고 있었던 것인지도 모른다.

이러한 의혹에 관해 지금은 그 해답을 얻었느냐고 묻는다면 대답은 '아니다'이다. 우주의 신비, 생명의 신비를 밝혀낸 사람은 아무도 없다. 우리의 주변에는 신비로운 일들이 너무나도 많다. 인간의 신체 기능 또한 당신 집안의 전기, 갈라진 벽 틈에서 자라는 꽃, 창 너머로 보이는 푸른 잔디와 마찬가지로 신비롭다. GM연구소의 천재 지도자 찰스 F. 케터링은 자비를 털어 안티오크 대학에 해마다 3만 달러의 연구비를 지원하여 왜 풀이 초록색을 띠는지를 밝히려 했다. 그는 식물이 어떤 식으로 빛, 물, 이산화탄소를 당분으로 바꾸는지를 밝힐 수 있다면 인류 문명의 혁신을 일으킬 수 있다고 확신했다. 자동차 엔진의 작용조차도 대단히 신비로운 일이다. GM연구소에서는 긴 시간과 막대한 비용을 투자하여 실린더 속의 작은 불꽃이 어떻게 폭발하여 자동차를 움직이게 하는지를 연구하고 있다.

우리가 자신의 몸과 전기와 엔진의 신비에 관해 알지 못한다고 해서 그것을 효과적으로 이용하지 못하는 것은 아니다. 신앙심과 기도의 신비를 이해하지 못하더라도 신앙을 통해 더 풍요롭고 행복한 생활을 영위할 수 있다. 드디어 나는 '간은 인생을 이해하기 위해서가 아니라 인생을 살기 위해 만들어졌다'는 산타야나의 말을 이해하게 되었다.

나는 다시 신앙인으로 돌아와서, 아니 정확하게 말하자면 종교에 대하여 완전히 새로운 사고방식을 갖게 되었다. 나는 이제 교회를 분리하는 신념의 차이 따위에는 전혀 관심이 없다. 내 흥미는 이제 종교가 내게 무엇을 해줄 수 있는가이다. 그것은 전기, 물, 음식이 내게 제공

해주는 것에 관심을 두는 것과 마찬가지이다. 그것들은 내게 더 풍요롭고 충실하고 행복한 삶을 살 수 있도록 도와주고 있다. 그러나 종교는 더욱더 많은 것을 주고 있다. 그것은 내게 정신적인 가치를 제공해 준다. 윌리엄 제임스의 말을 빌리자면 '인생에 대한 새로운 열정…, 보다 많은 인생, 더욱 크고 풍요롭고 만족스러운 인생'을 내게 제공해 준다. 신념, 희망, 용기를 불러일으켜 주어 긴장, 불안, 공포, 걱정을 해소해 준다. 인생의 목적과 방향을 제시해 준다. 행복을 증진해주고 건강을 증진해준다. '모래바람이 불어오는 삶의 여정 속에서 평화로운 오아시스'를 만드는 데 도움을 준다.

프랜시스 베이컨이 300년 전에 '천박한 철학은 사람들의 마음을 무신론으로 향하게 하고 심원한 철학은 사람의 마음을 종교로 인도한다'고 한 말은 옳았다.

과학과 종교의 대립이 화제가 되었던 적이 있었지만 지금은 아니다. 최근의 과학인 정신의학은 예수의 가르침과 똑같은 것을 가르치고 있다. 왜일까? 그것은 인간의 질병 중 과반수 이상이 고민, 불안, 긴장, 공포에서 비롯된다는 것, 기도와 신앙은 그 원인을 제거해 준다는 사실을 정신분석학자들이 이해하고 있기 때문이다. 그들은 자신들의 스승 가운데 한 사람인 A. A. 브릴 박사가 '진정으로 신앙심이 깊은 사람은 정신병에 걸리지 않는다'라고 말한 것도 잘 알고 있다.

만약 종교가 진실이 아니라면 인생은 무의미하고 비극적인 연극에 지나지 않는다.

내가 헨리 포드를 인터뷰한 것은 그가 타계하기 몇 년 전의 일이었다. 인터뷰 전에 나는 오랜 세월 세계 최대의 사업 중의 하나를 창립하고 경영하면서 심신의 피로가 그의 얼굴에 새겨져 있을 것이라고 예상하였다. 그런데 78세의 그는 대단히 차분하고 건강하며 온화한 표정을 하고 있어 나를 놀라게 했다. 고민한 적이 없느냐는 내 질문에 그는 이렇게 대답해 주었다.

"없습니다. 모든 것은 하느님이 지배하고 있으며 내 생각은 필요 없었습니다. 하느님이 모든 것을 책임져 주시는 한 모든 일이 이상적으로 처리될 것이라 믿었습니다. 그러니 고민할 필요가 어디 있겠습니까?"

지금은 정신과 의사들조차 새로운 복음 전도사가 되었다. 그들은 우리에게 죽어서 지옥 불에 떨어지지 않기 위해 신앙심을 가지라고 말하지 않고, 현재의 지옥 불인 위궤양, 협심증, 신경쇠약, 정신병에 걸리지 않기 위해 종교인의 삶을 살도록 권하고 있다.

틀림없이 기독교는 인간에게 자극과 건강을 가져다주는 가르침이다. 예수는 '내가 온 것은 그대들에게 생명을 주고 그것을 풍요롭게 하기 위함이다'라고 했다. 예수는 그의 시대에 종교로써 통용되던 피가 흐르지 않는 형식과 무의미한 의식을 비난하고 공격했다. 그는 반역자였다. 그는 새로운 종교, 세상을 뒤집어놓을 위험천만한 종교를 주장하다 십자가에 못 박히게 된 것이다. 그는 종교란 인간을 위한 것이지 인간이 종교를 위한 것이 아니라는 점, 안식일이 인간을 위해 정해진 것이지 안식일을 위해 인간이 만들어진 것이 아니라는 것을 주장했다. 그는 죄에 대해서보다 공포에 관해 더 많은 이야기를 했다. 그릇된 공포는 죄악이다. 다시 말해 건강에 반하는 것은 죄악으로 예수가 역설했던 보다 풍요롭고 행복하고 용기 있는 인생에 반하는 것이 죄악이다. 에머슨은 자신을 '기쁨의 과학'의 전도사라 불렀다. 예수도 '기쁨의 과학'의 전도사였다. 그는 제자들에게 '기쁘고 흥분되는' 것을 명령하였다.

예수는 종교에는 진심으로 하느님을 사랑하는 것, 이웃을 내 몸처럼 사랑하라는 두 가지 것을 가르쳤다. 스스로 그것을 깨닫고 있든 아니든 간에 이것을 실천하는 사람은 신앙인이다. 예를 들어 오클라호마에 사는 내 장인 헨리 프라이스가 그렇다. 장인은 황금률을 생활 신조로 삼으면서 비열한 일, 이기적인 일, 정직하지 않은 일은 절대 하지 않는다. 그리고 교회에 다니지 않으면서 스스로 불가지론자라 부르고 있다. 그런 말도 안 되는 소리! 그럼 크리스천이 뭐란 말인가? 에든버러 대학의 석학이라 불리는 신학 교수 존 베일리에게서 그 대답을 들어보기로 하자.

"인간을 크리스천답게 해주는 것은 특정 관념을 지적으로 받아들이는 것도, 특정 율법을 신봉하는 것도 아니다. 특정 '정신'을 유지하고 특정 '생활'을 함께 하는 것이다."

이것이 크리스천의 자격이라면 헨리 프라이스는 훌륭한 크리스천 중의 한 명이다.

현대 심리학의 아버지 윌리엄 제임스는 친구 토마스 데이비드슨에게 나이가 들수록 깨닫는 것은 '신이 아니라 점점 살아가기 힘들어진 나'라고 편지에 적어 보냈다.

앞에서 수강생들에게서 체험담을 모집했을 때 두 편을 선정하였지만 우열을 가리기 어려워 상금을 나누어 주었다는 것을 말했다. 그 나머지 한 편을 소개하기로 하겠다. 이것은 '신앙이 없이는 살 수가 없다'는 것을 고생 끝에 깨달은 한 여성의 절대로 잊을 수 없는 체험담이다.

여기서는 이 여성을 메리 쿠쉬먼이라 부르겠다. 그녀의 이야기를 밝히게 되면 그녀의 자식들과 손주들이 곤란을 겪을 수도 있기 때문에 가명을 사용하기로 하겠다. 그러나 이 여성은 실존 인물이며 그녀는 이렇게 이야기했다.

대공황 시절 남편의 급여는 주급으로 평균 8달러였다. 하지만 남편은 잦은 병치레로 결근이 많아 실제 수입은 그 이하인 적이 많았다. 성홍열과 이하선염에 걸리거나 인플루엔자도 반복되었다. 남편이 손수 지은 작은 집도 남의 손에 넘어가 버리고 식료품점에는 50달러의 외상을 지게 되었고 5명의 아이까지 있었다. 나는 이웃집의 세탁물과 다림질 거리를 가져다 일을 했다. 구세군 매장에서 헌 옷을 사다 고쳐서 아이들에게 입혔다. 근심이 깊어진 나는 건강을 해치고 말았다.

그러던 어느 날, 열한 살 된 아들이 울면서 식료품 가게 주인이 연필 두 자루를 훔쳤다며 혼이 났다고 했다. 정직하고 내성적인 성격인 아들은 많은 사람들 앞에서 모욕과 창피를 당한 것이다. 나는 이 말을 듣고 참을 수가 없었다. 지금까지 참고 견뎌온 불행을 생각하니 장래에 대한 희망이 전혀 없었던 탓이었다. 아마도 나는 걱정 때문에 일시적 착란 증상을 일으켰을 것이다. 나는 세탁기를 멈추고 다섯 살이 된 딸을 침실로 데리고 가 창문을 닫고 빈틈을 종이로 꼼꼼하게 막았다. 딸은 "엄마, 왜 그래요?"라고 물었다. 나는 "찬바람이 들어와서"라고 대답한 뒤 가스히터를 틀었다. 하지만 불은 붙이지 않았다. 딸을 안고 침대에 눕자 딸은 "엄마, 왜 그래요. 좀 전에 막 일어났잖아요"라고 했다. 나는 "괜찮아, 잠시 낮잠을 자자꾸나"라고 하고 눈을 감았다. 히터에서 새 나오는 가스 소리가 들려왔다. 그때의 가스 냄새는 평생 잊을 수 없다.

그때 갑자기 음악 소리가 들려오는 듯했다. 나는 귀를 기울였다. 부엌에 있던 라디오 스위치 끄는 것을 잊었다. 하지만 그런 건 아무래도 상관이 없다. 음악 소리는 계속 들려왔다. 누군가 옛 찬송가를 부르고 있었다.

내 죄와 시름 친구이신 예수가 대신하시니
내 짊어진 모든 짐 주님께 맡기세.
어리석은 우리는 헛되이 고민하고 괴로워하니
영원한 주님의 품에 우리 목숨 맡기세.

이 찬송가를 듣고 있노라니 얼마나 비참한 잘못을 저지르고 있었는지를 깨닫게 되었다. 나는 홀로 모든 두려움과 맞서 싸우려 했다. 기도를 통해 모든 것을 주님께 맡기려 하지 않았다. 나는 벌떡 일어나 가스를 끄고 창문을 활짝 열었다.

나는 그 날 하루 눈물 속에서 기도를 드렸다. 계속해서 하느님의 도움만 갈구한 것은 아니다. 내가 받은 하느님의 축복, 건강한 아이들을 다섯이나 주신 것을 진심으로 감사를 드렸다. 두 번 다시 이런 배은망덕한 행동을 하지 않겠다고 하느님께 맹세했다. 그리고 그 맹세를 지켜왔다.

집을 잃은 우리는 시골 촌구석 학교의 건물을 매달 5달러에 빌려 살아야 했지만 이곳으로 옮길 수 있게 해주신 하느님께 감사드렸다. 어쨌거나 비와 추위를 피할 수 있는 곳을 찾을 수 있었던 것에 감사드렸다. 나는 더 상황이 악화하지 않은 것을 하느님께 감사드렸다. 그리고 하느님이 내 기도를 들어주셨다고 믿고 있다. 왜냐하면 당장은 아니었지만 조금씩 상황이 좋아지고 경기가 회복됨에 따라 약간의 금전적 여유까지 생겼다. 나는 꽤 큰 컨트리클럽의 모자 보관소에서 일하면서 한편으로는 양말을 팔게 되었다. 아들 하나는 고학을 각오하고 대학에 들어가 농장에서 아침부터 밤까지 열세 마리의 소젖을 짰다. 지금은 아이들 모두 어른이 되어 결혼했고 귀여운 손주도 세 명이나 있다.

가스 밸브를 열었던 그 끔찍했던 날을 떠올릴 때마다 위험한 순간에 정신을 차리게 해주신 하느님께 감사한다. 만약 그 날 자살을 하였더라면 지금의 행복은 맛볼 수 없었을 것이다! 이 멋진 날들을 영원히 잃고 말았을 것이다!

나는 죽고 싶다는 말을 입에 달고 사는 사람들에게 '죽지 마세요, 죽으면 안 돼요!'라고 외치고 싶다. 이를 악물고 살아야만 한다. 어두운 터널은 금방 지나갈 것이다. 그러면 이제 미래가 펼쳐질 것이다.

미국에서는 평균 35분에 한 명꼴로 자살을 하고 120초에 한 명꼴로 광란을 일으킨다. 자살의 대부분과 광기의 과반수에 이르는 사람들이 만약에 종교와 기도 속에서 평화와 위안을 찾았더라면 막을 수 있었을 것이다.

현대의 가장 뛰어난 정신분석의 가운데 한 사람인 칼 융 박사는 『영혼을 탐구하는 현대인』이라는 저서 속에서 다음과 같이 적고 있다.

나는 과거 30년 동안 수많은 문명국 사람들로부터 진찰 요청을 받아 많은 환자를 치료했다. 인생의 후반을 맞이한 환자들, 다시 말해 35세 이상 사람들은 모두 예외 없이 종교적 인생관에 마지막 구원의 손길을 구해야 하는 상태였다. 그들은 모든 시대에 존재했던 종교가 신자들에게 해주었던 것을 잃었기 때문에 병에 걸렸다고 해도 과언이 아니다. 동시에 그들이 종교적 인생관을 되찾지 않는 한 진정한 의미에서 치유되었다고는 할 수 없다.

윌리엄 제임스 또한 거의 같은 말을 하였다.

'신앙은 인간이 삶을 의지해야 할 힘 중의 하나이다. 그리고 그것이 완전히 사라진다는 것은 파멸을 의미한다.'

석가모니 이후 인도에 나타난 가장 위대한 지도자 마하트마 간디는 기도라는 내면적 힘이 없었더라면 틀림없이 파멸하고 말았을 것이다. 왜냐하면 간디 자신이 이렇게 말했기 때문이다.

'기도가 없었다면 나는 미쳐 버렸을 것이다.'

수천 명이 넘는 사람들이 똑같은 증언을 할 것이다. 앞에서 말했듯이 내 아버지도 어머니의 기도와 신앙이 없었더라면 다리에서 뛰어내려 익사하고 말았을 것이다. 아마 현재 정신병원에서 비명을 지르면서 영혼을 괴롭히고 있는 많은 사람들 또한 자신의 힘만으로 인생의 거친 파도를 이겨내려 하지 말고 보다 큰 힘의 도움을 받았더라면 구원을 받았을 것이다.

악전고투 끝에 자신의 한계에 봉착하게 되면 대부분의 사람은 절망하며 신에게 의존한다.

'야전 참호 속에는 무신론자가 없다'고 한다. 그런데 왜 최후의 순간까지 기다리려 하는가? 왜 매일 매일의 힘을 새로이 충전하지 않는가? 왜 일요일까지 기다리는가? 나는 꽤 오래전부터 주중 오후에 인적이 뜸한 교회에 들러본다. 시간에 쫓겨 2, 3분 만이라도 경건한 마음으로 생각에 잠길 시간이 없을 때면 나 스스로에게 이렇게 말한다.

'카네기, 잠깐만. 뭘 그렇게 서두르는 거야. 잠시 멈춰 서서 생각할 필요가 있다고.'

이럴 때면 눈에 띄는 가까운 교회로 들어간다. 나는 개신교 신자였지만 5번가에 있는 성 패트릭 성당에도 자주 들른다. 그리고 나는 고작해야 30년 뒤에는 죽겠지만 모든 종교의 위대한 가르침과 진리는 영원불멸한다는 것을 생각해 본다. 그렇게 나는 눈을 감고 기도를 드린다. 이렇게 하면 마음이 차분하게 가라앉으며 굳었던 몸이 풀리고 판단력도 정확해져 상황을 재검토하는 데 도움이 된다는 것을 잘 알고 있다. 여러분도 한 번 이렇게 해보는 것이 어떨까?

이 책을 쓰던 6년 동안에 나는 수백에 달하는 구체적인 실례와 체험담을 수집하면서 여러 부류의 사람들이 기도를 통해 어떻게 공포와 고민을 극복하였는지를 알 수 있었다. 내 책장에는 그런 체험담으로 가득 차 있다. 그 전형적인 예로써 실의에 빠져 있던 텍사스 주 휴스턴에 사는 책 영업사원 존 R. 앤서니의 이야기를 들어보겠다.

나는 22년 전 미국 법률 서적 회사의 주 대표가 되기 위해 운영하던

법률 사무소를 정리했다. 내 전문은 변호사에게 필요한 법률 서적 전집을 판매하는 것이었다.

나는 판매할 때의 대응방법과 모든 반대 의견을 설득할 수 있는 답변을 준비하는 등 충분한 훈련을 받았다. 판매가 가능할 것 같은 상대를 찾아가기 전에 미리 상대 변호사에 대한 평가, 어떤 소송을 전문으로 하는지, 정치 성향과 취미 등을 조사하여 상담 중에 이 지식을 활용하였다. 하지만 뭐가 잘못되었는지 판매로 이루어지지 않았다!

나는 점점 의기소침해지고 말았다. 나는 날이 갈수록 몇 배 더 노력했지만 지출을 감당할 수 있을 만큼의 판매 실적을 거두지 못했다. 불안과 두려움이 싹트기 시작했다. 사람을 상대하는 것이 두려워지기 시작했다. 사줄 만한 사람의 사무실 앞에 도착하면 공포감에 사로잡혀 복도를 서성이거나 건물 주변을 맴돌기만 한 적도 많았다. 이렇게 귀중한 시간을 낭비한 뒤에 의지의 힘으로 용기를 내서 떨리는 손으로 문고리를 잡는 순간 마음속으로는 제발 부재중이기를 빌었다!

대리점주는 더 이상 실적이 오르지 않으면 선수금을 줄 수 없다고 통고해 왔다. 집에서는 아내가 네 아이와의 생활비가 없다고 한탄하였다. 날이 갈수록 내 고민과 절망감은 점점 깊어만 갔다. 어떻게 하면 좋을지 종잡을 수가 없었다. 앞에서 말했 듯이 고향의 법률 사무소는 이미 정리를 하였기 때문에 소송 의뢰인은 더는 없다. 이제 파산하여 방값조차 낼 수 없는 처지가 되었다. 고향으로 돌아갈 기차표를 살 돈도 없었고, 설령 있다고 하더라도 패잔병으로 돌아갈 용기가 나지 않았다. 그렇게 최후의 실패를 맛보고 천천히 여관방으로 돌아갔다. 나는 완전히 지쳐 버렸다. 삶의 의욕을 잃은 채 어디로 가야 할지 방황했다.

이제 죽든 말든 아무 상관이 없었다. 세상에 태어난 것이 원망스러웠다. 그 날 밤 나는 어렵게 구한 우유 한 잔으로 저녁을 대신했다. 나는 왜 절망의 늪에 빠진 사람들이 호텔 창문에서 뛰어내리는지 그 기분을 알 수 있었다. 용기가 있었더라면 나도 그렇게 했을 것이다. 대체 인생의 목적이란 게 무엇일까 생각해 봤으나 알 수가 없었다. 내게 그런 문제를 해결하는 것은 무리였다.

의지할 데 하나 없던 나는 결국 하느님께 의지하며 기도를 드렸다. 나를 가두어 놓은 끝모를 절망의 어둠 속에 한 줄기 빛과 지혜를 달라고 애원했다. 하느님께 책을 많이 팔아 처자식을 부양할 수 있을 만큼의 돈을 달라고 읍소했다. 눈물의 기도를 마치고 눈을 떠보니 쓸쓸한 여관방의 거울 앞에 성경 기증 협회의 성경이 놓여 있었다. 나는 성경을 펼쳐 들고 수 세기에 걸쳐 헤아릴 수 없을 정도로 많은 사람들에게 격려와 위안이 되어 준 예수의 아름다운 불후의 명언, 그가 제자들에게 어떻게 하면 고민을 해소할 수 있는지를 이야기해 준 한 구절을 읽었다.

목숨을 연명하기 위해 무얼 먹고 무얼 마실지, 그리고 자신의 몸에 무얼 걸칠지 고민하지 마라. 목숨은 음식보다 중요하고 육신은 의복보다 중요하다. 하늘을 나는 새를 보아라. 씨앗을 뿌리지도 않고, 거두지도 않고, 곳간에 쌓아두지도 않는다. 그러나 하늘에 계신 너희의 아버지는 새들을 먹여 살린다. 너희는 새보다 훨씬 가치 있지 않은가? … 너희는 먼저 하느님의 나라와 하느님의 뜻을 따르라. 그러면 이 모든 것이 너희에게 주어질 것이다.

기도를 드리고 이 말씀을 읽는 동안 기적이 일어났다. 신경의 긴장이 풀리면서 불안, 공포, 고민은 따뜻한 용기, 희망, 빛나는 신념으로 바뀌었다.

나는 여관 방값을 지급하지 못하고 있었지만 행복했다. 고민에서 완전히 해방된 나는 침대에 누워 실로 몇 년 만에 잠을 깊이 잤다.

다음날 아침, 나는 고객의 사무실이 열릴 때까지 기다릴 수 없어 비가 와 쌀쌀하지만 아름다운 이 날 자신만만한 걸음으로 첫 고객을 찾아갔다. 문을 열고 사무실에 들어가 활기차고 적당한 위엄을 유지하면서 목표로 삼은 고객을 향해 곧장 다가가 웃는 얼굴로 "스미스 씨, 좋은 아침입니다. 저는 전미 법률 서적 회사의 존 앤서니라고 합니다"라고 인사했다.

상대는 의자에서 일어나 미소를 지으며 손을 내밀었다.

"어서 오세요. 기다리고 있었습니다. 앉으시지요."

나는 이날 과거 몇 주일 동안의 판매 실적을 훌쩍 뛰어넘는 주문을 받았다. 저녁이 되어 마치 개선장군처럼 당당하게 여관으로 돌아온 나는 다시 태어난 기분이었다. 그야말로 새로운 인간이 된 것 같았다. 그렇게 새로운 승리의 기분을 만끽했다. 그날 저녁식사는 우유 한 잔이 아니라 제대로 된 스테이크였다. 그리고 그날 이후 내 실적은 성공을 거듭하였다.

나는 22년 전에 텍사스 주 에머릴로의 작은 호텔에서의 절망적 밤에 다시 태어났다. 다음날에도 내 외모는 실패를 거듭했을 때와 바뀌지 않았지만 내면은 놀라울 정도의 변화가 일어났다. 나는 문득 하느님과의 관계를 깨달았다. 자신에게만 의존하는 사람은 패배의 쓴잔을 맛보기 쉽지만 마음속에 하느님의 힘을 품고 있는 사람은 절대로 지지 않는다. 그렇다, 나는 내 삶에서 그 힘이 작용하고 있다는 것을 깨달았다.

'구하라, 그러면 얻으리라. 찾으라, 그러면 찾을 것이다. 두드려라, 그러면 열릴 것이다.'

일리노이 주 하이랜드에 사는 L. G. 비어드 부인은 끔찍한 비극에 처했을 때 무릎을 꿇고 '주여, 당신 뜻대로 하소서'라고 기도를 드리고 평화와 안정을 찾을 수 있었다.

그녀는 편지에 이렇게 썼다.

그날 밤, 전화벨이 울렸어요. 벨 소리가 열네 번 울리고 나서야 용기를 내서 수화기를 들었죠. 병원에서 온 전화라는 것을 직감하고 두려웠어요. 제 아들이 혹시라도 죽어가고 있는 것이 아닐까 걱정했습니다. 뇌막염 때문에 페니실린 주사를 맞았기 때문에 체온이 오르락내리락하고 있었어요. 의사는 '뇌에까지 퍼졌을지도 모릅니다. 그렇게 되면 뇌종양으로 발전할 위험이 있고 힘들어질 겁니다'라고 했지요. 전화는 걱정했던 대로 병원에서 온 것으로 당장 오라는 내용이었죠.

대기실에서 기다리던 우리 부부의 심경은 잘 아실 거예요. 다른 사람들은 아기를 안고 있었지만 저희 부부는 다시 아기를 안을 수 있을지 걱정이었죠. 잠시 뒤 의사의 호출을 받고 진료실에 들어간 나는 의사의 표정을 보고 심장이 떨어질 것 같았어요. 의사는 저희에게 아기가 살 확률이 4분의 1밖에 되지 않는다는 날벼락 같은 말을 했어요. 그러면서 혹시 아는 의사가 있으면 불러서 확인해도 좋다고 했죠.

집으로 돌아오는 길에 남편은 흥분해서 주먹을 쥐고 핸들을 두드리면서 소리쳤어요.

"여보, 나는 아기를 절대로 포기할 수 없어!"

당신은 남자의 눈물을 본 적이 있나요? 결코 유쾌한 경험이 아니에요. 저희는 차를 세우고 이런저런 이야기 끝에 교회로 갔지요. 만약 저희 아기를 데려가는 것이 하느님의 뜻이라면 뜻대로 하라고 기도를 드리기로 했죠. 나는 무릎을 꿇고 앉아 눈물을 흘리며 '주여, 뜻대로 하소서'라고 기도를 드렸어요.

기도를 하고 나니 조금은 마음이 풀렸죠. 오랫동안 느낄 수 없었던 온화한 기분이 솟아났어요. 그렇게 기도를 하고 집으로 돌아가는 길에도 '뜻대로 하소서'를 반복했지요. 그날 밤은 오랜만에 잠을 푹 잘 수 있었어요. 이삼일 뒤에 의사로부터 아기가 고비를 넘겼다는 전화가 걸려왔어요. 나는 지금 네 살이 된 건강한 아들과 함께 있을 수 있는 것을 끝없이 하느님께 감사하고 있어요.

세상에는 종교를 여성, 아이, 설교자를 위한 것으로 치부하는 사람들이 있다. 그들은 자력으로 싸워 이길 수 있는 '진정한 사나이'라는 것을 자만하고 있다.

만약 그들이 세계적으로 유명한 '진정한 사나이'라도 매일 기도를 드린다는 사실을 알게 된다면 깜짝 놀랄 것이다. 예를 들자면 잭 뎀프시가 그렇다. 그는 매일 밤 잠자리에 들기 전에 기도를 드린다고 한다. 또한 식사 전에는 반드시 감사의 기도를 드린다. 시합을 앞두고 훈련 중에도 기도를 드린다고 한다. 그리고 시합 중에도 매 라운드를 알리는 공이 울리기 전에 기도를 올린다고 한다. 그는 이렇게 말했다.

'기도는 내게 용기, 자신감을 주어 싸워낼 수 있게 도와준다.'

'진정한 사나이' 코니 맥은 매일 밤 기도를 드리지 않으면 잠이 오지 않는다고 했다.

'진정한 사나이' 에디 리켄베커는 자신의 인생이 기도 덕분에 구원을 받았다고 믿고 있기 때문에 매일 기도를 빼놓지 않는다.

'진정한 사나이' GM의 최고 간부였고 국무장관이었던 에드워드 R. 스테티니어스는 내게 매일 아침과 밤에 지혜와 인도를 바라는 기도를 드린다고 말했다.

'진정한 사나이' J. P. 모건은 당대 최고의 자산가였지만 토요일 오후에는 월가 모퉁이에 있는 트리니티 성당으로 가서 기도를 드렸다.

'진정한 사나이' 아이젠하워는 영미 연합군 최고 사령관으로 임명되어 영국으로 갔을 때 한 권의 책만 가지고 갔다. 그것은 성경이었다.

'진정한 사나이' 마크 클라크 장군도 내게 전쟁 중에 매일 성경을 읽으며 기도를 했다고 말한 적이 있다. 장개석, 몽고메리 원수도 기도를 했다. 넬슨 제독도 트라팔가 해전에서 기도를 드렸다. 워싱턴, 리, 잭슨 등의 장군들도, 수많은 군 지휘자들도 마찬가지이다.

이 '진정한 사나이'들은 윌리엄 제임스의 '인간과 하느님 사이에는 상호관계가 있다. 있는 그대로의 자신을 하느님께 맡기면 우리는 더욱 심원한 운명을 성취할 수 있다'고 한 말의 진리를 깨닫고 있었다.

수많은 '진정한 사나이'들이 이 진리를 깨닫기 시작했다. 미국의 교인들은 7,200만 명에 달하며 이것은 역사상 가장 많은 기록이다. 앞에서 말했던 것처럼 과학자들조차 종교에 귀의하려 하고 있다. 그 일례로서『인간, 미지의 존재』의 저자이자 노벨상 수상자인 알렉시스 카렐 박사가 있다. 그는 <리더스 다이제스트>의 논문에서 다음과 같이 적고 있다.

기도는 인간이 만들어낼 수 있는 가장 강력한 에너지이다. 그것은 지구의 인력과 마찬가지로 현실적인 힘이다. 의사로서 나는 많은 사람이 온갖 방법으로 실패한 뒤에 기도라는 엄숙한 노력을 통해 질병과 우울증에서 벗어난 예를 목격했다. … 기도에는 라듐처럼 스스로 빛을 발산하는 에너지가 있다. … 인간의 기도는 한정된 에너지를 증폭시켜주기 위해 온갖 무궁무진한 에너지의 원천을 향해 다가가는 것이다. 기도할 때 우리는 우주를 회전시키고 있는 무한의 원동력과 결합한다. 우리는 이 힘의 일부를 필요한 만큼 자신에게 나눠줄 수 있도록 기도한다. 이렇게 기도만 하여도 우리의 인간적인 결함이 채워지고 강해지고 치유되어 일어설 수 있게 한다. … 간절한 기도로 하느님을 찾을 때마다 정신과 육체가 좋은 방향으로 흐르게 된다. 아주 짧은 기도라도 기도한 사람에게 반드시 무언가 좋은 결과로 이어지는 것이다.

버드 제독은 '우주를 회전시키고 있는 무한의 원동력과의 결합'이 무엇을 의미하는지 이해하고 있다. 그것을 이해할 수 있는 능력을 타고난 덕분에 그는 일생일대의 시련에서 벗어날 수 있었다. 그는 자신의 저서『나 홀로』에 이렇게 적고 있다. 1934년, 그는 남극의 오지(奧地) 로스 베리어 만년설에 파묻힌 오두막에서 5개월을 살았다. 그는 남위 78도선 이남에 있는 유일한 생명체였다. 거센 눈보라가 오두막

위에서 포효했다. 기온은 영하 82도까지 떨어졌다. 그는 끝없는 어둠 속에 갇혀 있었다. 게다가 난로에서 새어 나오는 일산화탄소에 서서히 중독되고 있다는 사실을 깨달았다. 대체 어떤 대책이 있겠는가? 가장 가까운 구조대도 190킬로미터 떨어져 있었다. 도착하려면 최소한 몇 달은 걸려야 했다. 그는 난로의 환기장치를 손봤지만 여전히 가스가 새어 나왔다. 그는 자주 일산화탄소 중독으로 의식을 잃고 바닥에 쓰러졌다. 먹지도 잠을 자지도 못했다. 침상에서 거의 벗어나지 못한 채 점점 쇠약해져 갔다. 다음날 아침까지 살아 있을지 장담할 수 없는 날들이었다. 그는 이 오두막에서 죽을 것이고 자신의 시신은 끝없이 내리는 눈에 파묻혀 버릴 것이라고 확신했다.

그런데 무엇이 그의 생명을 구했을까? 어느 날, 그는 절망 속에서 일기장을 꺼내 들고 자신의 삶을 정리하려고 했다. 그는 이렇게 적었다.

'인류는 우주 속에서 고독하지 않다.'

그는 하늘의 별과 별자리와 행성의 규칙적인 운행에 대하여 생각했다. 그리고 영원한 태양이 언제쯤이면 황량한 남극 지방 구석구석까지 비추기 위해 돌아올 것인가를 생각했다. 그리고 그는 일기장에 '나는 고독하지 않다'라고 적었다.

이 고독하지 않다, 세상 끝 얼음 구덩이 속에서도 자신은 고독하지 않다는 자각이야말로 리처드 버드를 구한 것이다. 그는 이렇게 말했다.

"이것이 내가 난국에서 벗어나게 해주었다. 살면서 자신의 몸속에 비축된 자원을 모두 써버리기 직전까지 내몰린 사람은 거의 없다. 인간에게는 힘을 비축해 놓은 깊은 우물이 존재하지만 그것은 결코 쓰이지 않는다."

리처드 버드는 하느님께 의지함으로써 비축된 우물에서 퍼올리는 것을 배웠고 그 자원을 이용하는 방법을 배웠다.

글렌 A. 아널드는 일리노이 주의 옥수수밭 한가운데서 버드 제독이 극지의 얼음 구덩이 속에서 깨달은 것과 같은 것을 배웠다. 일리노이 주 칠러코 시에서 보험중개업을 하던 아널드 씨는 자신이 어떻게 고민을 극복하였는지에 대하여 이렇게 말해 주었다.

나는 8년 전에 이것이 마지막이라고 생각하고 현관문을 열었다. 그리고 차를 달려 강으로 향했다. 나는 패배자였다. 한 달 전, 내 모든 게 무너져 내렸다. 경영하던 전자제품 가게는 매출 부진에 빠졌고, 어머니는 임종을 앞두고 계셨고, 아내는 둘째 아이를 낳으려 했다. 병원 청구서는 계속해서 쌓여만 갔다. 사업을 시작하면서 집은 물론 차와 가진 모든 것을 저당 잡힌 상태였다. 보험 증권까지 빚으로 넘어갔다. 내 모든 것이 사라지고 만 것이다. 더는 손쓸 방법이 없었다. 그렇게 강으로 차를 달려 허무하고 고달픈 삶을 마무리할 생각이었다.

나는 마을에서 몇 킬로미터 떨어진 곳에서 도로에서 벗어나 차에서 내려 땅바닥에 앉아 어린애처럼 엉엉 울었다. 그리고 진지하게 사색하기 시작했다. 공포심에 사로잡혀 끝없이 고민만 반복하는 것을 그만두고 건설적으로 생각하기 위해 노력했다. 대체 지금 사태가 얼마나 나쁜 것일까? 더 이상 얼마나 더 나빠질 것인가? 희망은 전혀 없는가? 조금이라도 상황을 호전시키려면 어떻게 하면 좋을까?

나는 그날 그곳에서 모든 문제를 하느님께 호소하고 모든 것을 하느님 뜻에 맡기기로 했다. 나는 기도하고 또 기도했다. 내 인생 전부가 기도에 달린 것처럼 기도했다. 그러자 희한한 일이 일어났다. 모든 문제를 위대한 힘에 맡기고 나자마자 최근 몇 달 동안 느끼지 못했던 마음의 평화가 느껴졌다. 나는 그곳에서 아마도 30분 정도 기도를 올리고 울부짖었던 것 같다. 그리고 집에 돌아와 어린애처럼 깊은 잠에 빠져들었다.

다음날 아침에 눈을 뜨자 자신감이 생겼다. 더 이상 아무것도 두렵지 않았다. 왜냐하면 하느님께 모든 것을 맡겼기 때문이다. 나는 백화점으로 가서 차분하고 자신감 넘치는 말투로 전자제품 판매 일을 맡겨달라고 부탁했다. 그리고 예상했던 대로 그 일을 하게 되었다. 전쟁으로 인해 전자제품 관련 사업이 불황을 타기 전까지 상당한 성공을 거둘 수 있었다. 나는 다시 하느님의 인도하에 생명보험 영업을 시작했다. 이것은 불과 5년 전의 이이었다. 지금은 모든 청구서를 밀리지 않고 지급하고 있다. 영리한 세 아이도 있고 집도 내 것이다. 새 차도 샀고, 2만 5,000달러의 생명보험도 들어 놓았다.

지금 그날을 생각해 보면 모든 것을 잃고 죽기 위해 강으로 차를 달렸던 것은 정말 잘한 일이었다고 생각한다. 왜냐하면 내게 일어난 비극이 하느님께 의지하는 것을 가르쳐 주었기 때문이다. 지금은 과거에 꿈조차 꿀 수 없었던 평화와 자신감이 생겼다.

어째서 종교적 신념이 우리에게 그러한 평화와 안정, 불굴의 정신력을 갖게 해주는 걸까? 윌리엄 제임스에게 그 대답을 들어보자.

'거친 파도도 깊은 바닷속까지는 흔들 수 없다. 넓고 영구적인 시야로 현실을 직시하는 사람에게는 끝없이 일렁이는 사사로운 파도는 비교적 무의미하게 보인다. 그러므로 진정한 신앙심이 있는 사람은 동요하지 않고 평정심을 유지하고 있다. 그리고 시대가 어떤 의무를 짊어지게 한다고 하더라도 평정심을 유지할 수 있다.'

만약 우리가 고민과 불안을 느꼈다면 하느님께 의지하는 것이 어떨까? 임마누엘 칸트가 말했던 것처럼 신앙이 필요하다면 하느님을 받아들이고 신자가 되면 된다. '우주를 회전시키고 있는 무한한 원동력'과 결합하는 것이 어떻겠는가!

만약 당신이 선천적이거나 교육의 결과로 종교적인 인간이 아니라 회의론자라고 하더라도 기도는 당신이 기대했던 것 이상으로 당신을 도와줄 것이다. 기도는 실용적인 것이다. 실용적이라는 것은 무슨 뜻일까? 쉽게 말해서 기도는 하느님을 믿거나 말거나 상관없이 모든 사람이 공유하는 매우 근본적인 세 가지 심리적 욕구를 충족시켜 준다.

1. 기도는 우리가 무엇 때문에 고민하는지를 말로 정확하게 표현하는 데 도움이 된다. 이미 제4장에서 말했던 것처럼 실체가 확실하지 않고 애매할 때는 그 문제에 대한 대처가 불가능하다. 기도는 어떤 의미에서 문제를 종이에 적는 것과 비슷하다. 만약 문제를 해결할 도움이 필요하다면 그 상대가 하느님이라도 그것을 말로 표현하지 않으면 안 된다.

2. 기도는 우리에게 혼자가 아니라 누군가 함께 짐을 나누어진다는 느낌을 준다. 인간은 무거운 짐이나 견디기 힘든 괴로움을 홀로 견뎌

낼 수 있을 만큼 강인하지 않다. 때에 다라서는 이웃이나 친구에게조차 털어놓을 수 없는 고민도 있다. 그럴 때는 기도밖에 없다. 정신분석 의사들은 입을 모아 압박감과 긴장감에 사로잡혀 있을 때나 깊은 고민에 빠져 있을 때 그것을 타인에게 털어놓으면 치료 효과가 있다고 말한다. 아무에게도 말할 수 없을 때는 언제라도 하느님께 털어놓을 수 있다.

3. 기도는 행위라는 적극적인 원리가 강요된다. 이것이야말로 행동으로의 첫걸음이다. 매일 무언가를 성취할 수 있도록 기도하는 것은 반드시 어떤 은혜를 받거나 적어도 성취하고자 노력하고 있기 때문이다. 알렉시스 카렐 박사는 이렇게 말했다. '기도는 인간이 만들어내는 가장 강력한 에너지이다.' 어째서 이것을 더 많이 이용하지 않는가? 자연의 신비한 힘이 우리를 지배하는 한 그것을 하느님이라 부르든 알라라 부르든, 혹은 영혼이라 부르든 간에 그 정의에 얽매일 필요는 없는 것이 아닐까?

지금 당장 책을 덮고 침실로 가서 방문을 닫고 무릎 꿇고 앉아 무거운 짐을 내려놓자. 만약 신앙을 잃었다면 전능하신 하느님께 다시 은혜를 베풀어 주기를 기도하면 그만이다. 그리고 700년 전 아시시의 성 프란치스코가 쓴 아름다운 기도문을 읽자.

주여,
나를 평화의 도구로 써 주소서
미움이 있는 곳에 사랑을

불의가 있는 곳에 용서를

분열이 있는 곳에 일치를

의심이 있는 곳에 믿음을 심게 하소서

오류가 있는 곳에 진리를

절망이 있는 곳에 희망을

어둠이 있는 곳에 빛을

슬픔이 있는 곳에 기쁨을 심게 하소서

위로받기보다는 위로하며

이해받기보다는 이해하며

사랑받기보다는 사랑하며

자기를 온전히 줌으로써 영원한 생명 얻으리니

Part 06

남의 비판에
신경 쓰지 않는 방법

A way of not paying attention
to a persons criticism

죽은 개를 걷어차는 사람은 없다

1929년에 미국 교육계를 흔들어 놓은 사건이 일어났다. 전국의 학자들이 이 사건의 진상을 파악하기 위해 시카고로 몰려들었다. 그 사건이 일어나기 몇 년 전 로버트 허친스라는 고학생이 급사, 벌목꾼, 가정교사, 빨랫줄 판매 등의 일을 하며 예일 대학을 졸업했다. 그로부터 불과 8년 뒤 그는 미국의 유력 대학 중에서 네 번째인 시카고 대학의 총장으로 취임했다. 30세의 나이였다! 나이 많은 교수진들은 고개를 절레절레 저었다. 혹독한 비난이 이 '신동'에게 쏟아졌다. 그들은 어리고 경험이 부족한 데다가 교육관이 편향적이라며 이러쿵저러쿵 말이 많았다. 신문들까지 그들에게 동조했다.

취임식 당일 한 친구가 로버트 허친스의 아버지에게 그 사실을 알렸다.

"오늘 아침 신문 사설에서 아드님을 공격하는 글을 써서 화가 났습니다.”

그러자 허친스의 아버지는 이렇게 말했다.

“정말 심하군. 하지만 아무도 죽은 개는 걷어차지 않는 거니까.”

그렇다, 사람들은 개가 크고 기운이 넘칠수록 걷어찰 때 더 큰 만족감을 느낀다. 영국의 황태자(훗날 에드워드 8세, 윈저 공)는 아슬아슬한 경험을 통해 이 사실을 깨달았다. 당시 열네 살이던 황태자는 데번셔에 있는 다트머스 대학(미국의 해군사관학교에 해당)의 생도였다. 어느 날 해군 장교가 울고 있는 그를 보고 이유를 물었다. 처음에는 대답하지 않았지만 다그쳐 묻자 후보생들에게 발길질을 당했다고 대답했다. 교장은 후보생들을 소집시켜 황태자는 불만이 없다고 했지만 왜 황태자에게만 그런 짓을 하였는지 그 이유를 알고 싶다고 했다.

한참을 우물쭈물하고 헛기침하며 발만 동동 구르던 후보생들은 결국 그 이유를 털어놓았다. 그들의 말에 따르면 자신들이 영국 해군의 사령관이나 함장이 되었을 때 왕에게 발길질한 적이 있다고 자랑하고 싶어서 그랬다고 한다.

그러므로 발길질을 당하거나 비난을 당했을 때는 상대가 그것을 통해 우월감을 느끼려고 하는 경우가 적지 않다는 사실을 기억해 두기 바란다. 역으로 생각해 보면 당신이 어떤 실적을 올려 남들의 주목을 받고 있다는 것을 의미한다. 세상에는 자신보다 교육을 많이 받은 사람이나 성공한 사람들의 흉을 보면서 야만적인 만족감에 젖는 인간들이 많다.

예를 들어, 나는 이 챕터를 쓰고 있을 때 한 여성으로부터 구세군 창시자 윌리엄 부스를 비난하는 편지를 받았다. 나는 예전에 방송에서 부스 대장을 칭찬한 적이 있었는데, 이 여성은 부스 대장이 가난한 사람들을 구제하기 위해 모은 성금 800만 달러를 유용했다고 적었다. 이것은 터무니없는 비난이고 그 여성은 진실을 알고 싶어 한 것이 아니다. 자신보다 훨씬 위대한 누군가를 비난함으로써 얻을 수 있는 왜곡된 쾌감을 추구하고자 한 것이다. 나는 이 엉터리 편지를 쓰레기통에 던져버리고 내가 그녀의 남편이 아닌 사실을 하나님께 감사드렸다. 그녀의 편지를 통해서는 부스 대장에 대해서 새로운 것을 전혀 알 수 없었지만 그녀가 어떤 사람인지는 잘 알 수 있었다.

쇼펜하우어는 이렇게 말했다.

'저속한 사람은 위인의 결점과 잘못을 큰 기쁨으로 여긴다.'

예일 대학 총장을 저속한 인간이라고 여기는 사람은 아마 없을 것이다. 그러나 전 총장 티머시 드와이트는 미국 대통령 후보자 한 사람을 비난하는 것에서 큰 즐거움을 느끼는 것 같았다. 예일대 총장은 이렇게 경고했다.

"만약 이 자가 대통령이 된다면 우리의 아내와 딸들은 합법적인 매춘부제도의 희생양이 되어 명예의 실추와 함께 타락, 우아함과 도덕성을 잃게 되어 하느님과 모든 인간이 꺼리게 될 것이다."

이것이 히틀러를 공격하는 연설처럼 들리는가? 아니, 그렇지 않다. 이것은 토머스 제퍼슨을 공격한 말이다. 어떤 제퍼슨? 설마 독립선언을 썼고 민주주의의 수호신이라 불리는 그 제퍼슨은 아니겠지? 그렇다, 바로 그 제퍼슨에 대한 것이다.

미국에서 위선자, 사기꾼, 살인마보다 조금 나은 사내라는 비난을 받은 사람이 누굴까? 한 신문의 만화에 그가 단두대에 서서 당장이라도 목이 날아갈 것 같은 모습과 그가 단두대를 향해 갈 때 군중들이 욕설을 퍼붓는 모습이 그려져 있었다. 그는 과연 누구였을까? 그는 바로 조지 워싱턴이다.

그러나 그건 이미 과거의 일이다. 지금은 그때보다 조금은 인간성이 향상되었을까? 그렇다면 피어리 제독의 예를 살펴보자. 그는 1909년 4월 6일 개 썰매로 북극을 정복하여 세상 사람들을 깜짝 놀라게 한 탐험가이다. 사람들은 북극을 정복하기 위해 수 세기 동안 고통과 굶주림과 싸우다 결국은 생명을 잃고 말았다. 피어리 또한 혹독한 추위와 굶주림으로 거의 죽을 뻔했다. 동상에 걸린 8개의 발가락을 잘라내야 했다. 끝없이 이어지는 고난의 연속으로 거의 미칠 것만 같았다. 그러나 워싱턴의 상관들은 피어리가 인기를 독점할 것 같아 기분이 언짢았다. 이 때문에 그들은 피어리가 학술 탐험이라 사칭하고 돈을 모아 '북극에서 허송세월만 하고 있다'고 비난했다. 어쩌면 그들은 정말로 그렇게 믿었는지도 모른다. 그렇게 믿고 싶어 하면서 믿지 않는 것은 거의 불가능하기 때문이다. 피어리를 모욕하고 계획을 저지하려는 그들의 의지는 맹렬했지만, 매킨리 대통령의 직접적인 명령 덕분에 피어리는 다행히 북극 탐험을 계속할 수 있었다.

피어리가 해군 본부에서 사무직에 종사했더라면 이런 비난을 받았겠는가? 아니다, 그랬다면 질투심을 유발할 만큼 중요한 인물이 아니었을 테니까.

그랜트 장군은 피어리 제독보다 훨씬 심한 경험을 했다. 1862년 그랜트 장군의 첫 승리는 북군에게 큰 기쁨이었다. 불과 반나절 만에 이뤄낸 승리, 그랜트를 하룻밤 사이에 국민적 영웅으로 만들어준 승리,

멀리 유럽까지 큰 반향을 일으킨 승리, 대서양 연안에서부터 미시시피 강에 이르기까지의 모든 교회에서 종을 울렸고 축하를 위한 화톳불을 지피게 한 승리였다. 그러나 북군의 영웅 그랜트는 이 승리로부터 6주도 지나지 않아 체포되어 군 지휘권을 박탈당했다. 그는 굴욕과 절망감에 오열했다.

왜 그랜트 장군은 승리의 절정일 때 체포를 당했을까? 그것은 바로 거만한 상관들의 질투와 시기를 유발했기 때문이다.

나는 '송곳눈' '지옥의 악마'라는 별명을 가진 스메들리 버틀러 소장과 만난 적이 있다. 미국 해군 중에서 가장 독특하면서 기운이 넘치는 사령관이었다.

그는 내게 이런 말을 했다.

"나는 젊었을 때 필사적으로 인기를 얻으려 노력하며 모든 사람의 호감을 사기를 바랐습니다. 당시에는 사소한 비난에도 신경이 날카로워져 고생했습니다. 하지만 30년이나 해군 생활을 하면서 많은 것이 변했습니다. 나는 겁쟁이, 독사, 스컹크라며 자주 욕을 얻어먹고 모욕을 당했습니다. 상급자들은 말로는 글로는 표현할 수 없을 만큼 온갖 심한 욕설을 퍼부었습니다. 그래서 내가 화를 냈을까요? 최근에는 아무리 욕설이 들려오더라도 상대의 얼굴은 쳐다보지도 않습니다."

아마도 '송곳눈'이라는 비난으로부터 졸업한 것 같다. 그러나 우리는 대부분 자신을 향한 조롱과 험담에 지나치게 신경을 쓰고 있다. 몇 년 전에 <뉴욕 선>의 기자가 내 선전 집회에 와서 나와 내가 하는 일에 대하여 풍자 기사를 쓴 일이 있었다. 내가 화를 냈을까? 나는 그것을 개인적인 모독이라고 생각했다. 나는 <선>지 회장 질 호지스에게 전화를 걸어 점잖게 사실만을 게재해 달라고 요구했다. 나는 기사를 쓴 기자에게 책임을 지게 하고 싶었던 것이다.

지금은 당시의 나의 행동을 부끄럽게 여기고 있다. 구독자의 절반 이상이 그 기사를 읽지 않았을 것이고 읽은 사람의 과반수는 그것을 단순한 농담 정도로 받아들였을 것이기 때문이다. 그리고 그 풍자 기사를 읽고 속이 후련하다고 생각했던 사람의 과반수는 몇 주 만 지나면 깨끗하게 잊었을 것이다.

지금의 나는 일반 사람들이 남의 일에 별로 신경을 쓰지 않는다는 것과 타인의 평판 따위에 무관심하다는 것을 잘 알고 있다. 인간은 아침이나 저녁, 그리고 자정이 지나도 오로지 자기 일에만 관심이 있다. 남이 죽었다는 뉴스보다도 자신의 가벼운 두통에 천 배는 더 신경을 쓴다.

설령 사기를 당하고, 바보 취급을 당하고, 배신을 당하고, 등 뒤에 칼이 꽂히더라도, 절친한 친구 때문에 노예로 팔려가는 한이 있더라도 그로 인해 자기 연민에 빠지는 것은 정말로 어리석은 짓이다. 예수의 경우를 떠올려 보라. 그가 가장 신뢰했던 열두 제자 중의 한 명은 지금 돈으로 고작해야 19달러 정도밖에 되지 않는 돈 때문에 예수를 배신했다. 또 한 명은 예수가 어려움에 부닥쳤을 때 모른 척 도망치고 세 번이나 예수를 모른다고 맹세까지 했다. 예수조차 이런 상황인데 우리가 그 이상을 바라는 것은 욕심이다.

남으로부터 부당한 비판을 피할 수 없는 것은 기정사실이지만 가장 중요한 것이 내게 가능하다는 사실을 몇 년 전에 깨달았다. 그것은 바로 부당한 비판 때문에 상처를 받을지는 나 자신에게 달려 있다는 것이다.

분명히 말하지만 모든 비판을 무시하는 것이 좋다고 주장하는 것은 아니다. 부당한 비판만은 무시하라는 것이다. 나는 이전에 엘리너 루스벨트에게 부당한 비난에 대해 어떻게 대처하는지를 물었다. 화이트하우스에서 살았던 여성 중에서 그녀만큼 열렬한 팬과 맹렬한 적을 가진 사람은 없었다.

소녀 시절의 그녀는 거의 병적으로 내성적이었기 때문에 남의 험담을 두려워했다고 한다. 남의 비난을 두려워했던 그녀는 어느 날 시어도어 루스벨트의 여동생인 고모에게 고민을 털어놓았다.

"고모님, 나는 하고 싶은 일이 있지만 혹시 욕을 먹을까 봐 걱정이에요."

고모는 그녀의 눈동자를 지긋이 바라보며 이렇게 말했다.

"네 마음속으로 옳다고 여겼다면 남의 말 따위에 신경을 써서는 안 돼."

엘리너 루스벨트의 말에 의하면 이 충고는 훗날 그녀가 화이트하우스의 여주인이 되었을 때 마음의 의지가 되었다고 한다. 또한 그녀는 모든 비난을 피할 수 있는 유일한 방법은 선반 위에 놓여 있는 드레스덴 도자기 인형처럼 가만히 있는 것이라고 했다.

"본인 마음속으로 옳다고 믿는 것을 하면 그만이에요. 해도 욕을 얻어먹고 안 해도 욕을 얻어먹죠. 어느 쪽이든 비판을 피할 수는 없어요."

나는 고(故) 매슈 C. 브러시가 아메리칸 인터내셔널 코퍼레이션의 사장이었을 당시 그에게 남들의 비판이 신경 쓰이는지 물어보았다.

"젊었을 때는 당연히 신경이 쓰였습니다. 회사 종업원들에게 완벽한 인물이라 여겨지고 싶었지만 그렇지 않다는 사실을 알고 고민에 빠졌었지요. 특히 내게 반감을 품은 남자의 호감을 사려 했다가 결과적으로 다른 사람들을 화나게 하고 말았습니다. 그와 타협을 하려 하자 다른 사람들의 기분을 상하게 하고 말았죠. 그렇게 개인적인 비난을 피하기 위해 반감을 달래고 억제하려고 노력할수록 점점 더 적이 늘어만 가는 것 같았습니다. 그리고 나는 깨달았습니다. '사람들 위에 서 있는 한 비난은 피할 수 없다. 신경을 쓰지 않는 방법밖에 없다.' 이것은 놀랄 만한 효과가 있었습니다. 그날 이후 나는 늘 최선을 다하려 노력한 뒤 낡은 우산이라도 쓰고 비처럼 쏟아지는 비난에 젖지 않도록 하고 있습니다."

딤스 테일러는 더욱 철저했다. 그는 공공장소에서 쏟아지는 비난에 젖은 채로 밝게 웃을 수 있을 정도였다. 뉴욕 교향악단의 일요일 오후 라디오 콘서트가 있었던 날의 일이다. 연주 짬짬이 대화를 나누고 있을 때 한 여성에게서 온 편지에는 그를 '거짓말쟁이, 배신자, 독사, 멍청이'라는 비난이 적혀 있었다. 그가 쓴 '사람과 음악에 대하여'에서 테일러는 이렇게 회상했다.

'아마도 내가 한 말이 맘에 들지 않았던 것 같다.'

다음주 방송에서 테일러는 이 편지를 낭독하여 수백만 청취자에게 들려주었다. 그리고 4, 5일 뒤에 그녀로부터 다시 편지가 왔다. 그 편지에도 여전히 테일러를 '거짓말쟁이, 배신자, 독사, 멍청이'라고 적혀 있었다. 나는 비난에 대하여 이런 태도를 보일 수 있는 사람에게 감탄하지 않을 수 없다. 나는 그의 평정심, 자신만만한 태도, 유머에 경의를 표한다.

찰스 슈워브는 프린스턴 대학 학생들 앞에서 연설할 때 자신이 배운 최고의 교훈 가운데 하나는 슈워브 철도공장에서 일하는 나이 많은 독일인에게서 배웠다고 했다. 이 독일 노인은 다른 공원들과 전쟁에 대하여 맹렬한 논쟁을 하던 끝에 공원들에 의해 강물에 던져졌다. 슈워브는 이렇게 말했다.

"나는 그가 흙탕물을 뒤집어쓴 채 내 사무실에 왔을 때 강물에 집어 던진 놈들에게 뭐라고 반박했냐고 물었다. 그러자 그는 '그냥 웃었을 뿐이오'라고 대답했다."

슈워브 씨는 그날 이후 '그냥 웃자'를 좌우명으로 삼고 있다고 한다. 이 좌우명은 부당한 비난을 당하고 있을 때 더욱 빛을 발한다. 공격해 오는 상대에게 반론할 수도 있겠지만 '그냥 웃는' 상대에게 무얼 어떻게 하겠는가?

링컨이 남북전쟁으로 인한 과로로 쓰러지지 않은 것은 자신에게 쏟아지는 신랄한 비난에 대하여 일일이 반박하는 것이 얼마나 어리석은 짓인지를 알고 있었기 때문일 것이다. 그가 어떻게 비난에 대처했는지를 묘사한 글은 그야말로 주옥 같은 문학작품, 고전이라 부르기에 걸맞는다. 맥아더 장군은 전쟁 중에 이 글을 복사하여 사령부 책상 위에 걸어 놓았다. 또한 윈스턴 처칠도 차트웰의 서재 벽에 이 글을 액자에 넣어 걸어 놓았다. 그 글은 다음과 같다.

내게 쏟아지는 모든 비난의 글을 읽거나 그것을 반박하느니 차라리 사무실을 닫아버리고 다른 일을 찾는 게 나을 것이다. 나는 내가 할 수

있는 최선을 다해 왔고 그것을 끝까지 밀고 나갈 생각이다. 그리고 최후의 결과가 좋다면 내게 쏟아지는 비난 따위는 문제가 되지 않는다. 만약 최후의 결과가 좋지 않다면 아무리 10명의 천사가 나를 변호해 준다고 하더라도 전혀 도움이 되지 않을 것이다.

부당한 비난을 당했을 때는 두 번째 철칙을 떠올리자.

최선을 다하자.
그런 다음 낡은 우산을 펼쳐 퍼붓는 비난이 목을 타고 등까지 흐르는 것을 막는 것이 상책이다.

내가 저지른 어리석은 행위

나는 내 개인 책장에 FTD라는 제목을 붙인 서류 하나를 보관하고 있다. 이것은 'Fool Things I Have Done.(내가 저지른 어리석은 행위)'의 약자이다. 여기에는 지금까지 내가 저지른 어리석은 행동에 대하여 낱낱이 기록되어 있다. 그리고 이따금 이 메모들을 비서에게 다시 타이핑을 부탁하지만 개인적이면서 정말로 부끄러운 것은 직접 기록하고 있다.

나는 15년 전에 내가 이 서류철에 넣었던 데일 카네기 비판의 몇 가지를 또렷하게 기억하고 있다. 만일 내가 나에 대하여 정말로 솔직했더라면 캐비닛은 나의 어리석은 행동을 적은 메모로 넘쳤을 것이다. 3,000년 전에 사울 왕이 '나는 어리석기 때문에 온갖 시행착오를 저지른다'라고 했던 말은 내게도 그대로 들어맞는다.

어리석은 행위 메모를 꺼내서 자신이 적은 자신에 대한 비판을 다시 읽는 것은 앞으로 자신이 당면해야 할 어려운 문제들, 다시 말해 데일 카네기를 관리하고 대처하는 데 도움이 된다. 나는 어려움에 부닥칠 때마다 남을 비난하는 일이 자주 있었지만 나이를 먹을수록 모든 것이 결국은 내 책임이라는 것을 깨달았다. 대부분의 사람도 나이를 먹을수록 이 사실을 깨닫게 된다. 나폴레옹은 세인트헬레나에서 이렇게 말했다.

"내가 실각한 것은 누구의 잘못도 아닌 내 잘못이다. 나의 가장 큰 적은 나 자신이며 내 비참한 운명의 근원이었다."

내 지인 중에 자기 평가와 자기 관리에 있어서 거의 예술가의 영역에 도달한 사람이 있다. 그의 이름은 H. P. 하웰이다. 1944년 7월 31일, 뉴욕의 앰배서더 호텔의 한 상점에서 그가 갑자기 죽었다는 뉴스는 월가를 경악시켰다. 재계의 지도자였던 그는 커머셜 내셔널 뱅크& 트러스트 컴퍼니 회장을 필두로 많은 대기업의 대표를 역임하고 있었다. 그는 작은 상점 점원에서 시작하여 US 스틸의 신용판매 부장이 되었고, 점차 지위와 세력을 키워 간 인물이다.

"나는 오랜 세월 하루하루의 목록을 작성했다."

내가 그에게 성공 비결을 묻자 이렇게 대답했다.

"가족들은 내가 토요일 밤마다 그 주의 반성과 평가를 하는 것을 잘 알고 있었기 때문에 토요일 밤 가족회의에 나를 포함하지 않았다. 저녁을 먹고 나면 나는 혼자서 그 중에 있었던 면담, 회의, 모임 등에 대하여 검토하고 자문한다. '그때 나는 무슨 잘못을 저질렀는가?' '무얼 올바르게 처리했는지, 어떻게 하면 개선이 가능할까?' '그 일을 통해 어떤 교훈을 얻을 수 있었는가?' 이 반성을 통해 때로는 불쾌한 감정을 다시 한번 맛보거나 자신의 터무니없는 실수 때문에 당황스럽기도 했다. 그러나 시간이 갈수록 실패는 점점 줄어들었다. 이 자기분석 방법만큼 도움이 된 것은 없다."

아마도 H. P. 하웬은 이 방법을 벤저민 프랭클린에게 배운 것 같다. 프랭클린은 토요일 밤까지 기다리지 않고 매일 밤 자기반성을 하여 열세 가지 중대한 실수를 발견했다. 그 중에 세 가지를 들어보면 시간 낭비, 사소한 일에 연연하는 것, 남을 비난하거나 반박한 일이었다. 현명한 벤저민 프랭클린은 이런 결점들을 고치지 않으면 크게 향상될 수 없다는 것을 깨달았다. 그는 가장 큰 결점과 일주일 내내 격렬한 싸움을 하고 누가 이겼는지를 기록했다. 2주 차에는 두 번째 결점에 도전하여 종료종이 울릴 때까지 계속해서 싸웠다. 이렇게 해서 프랭클린은 2년 동안 자신의 결점들과 싸워나갔다. 그런 그가 미국에서 가장 존경을 받으며 모범적인 인물이 된 것은 결코 우연이 아니다.

앨버트 허버드는 이렇게 말했다.

'누구나 하루에 적어도 5분은 바보가 된다. 지혜란 그 한계를 넘지 않는 데 있다.'

소인배는 사소한 비평에도 화를 내지만 현명한 사람은 자신을 비난하고, 공격하고 논쟁하는 상대로부터 배우려 한다. 월트 휘트먼은 그것을 이렇게 말했다.

'당신은 당신을 칭찬하고 친절하게 친구가 되어준 사람들에게서만 교훈을 배웠는가? 당신을 배척하고 당신의 반대편에 서서 당신과 논쟁한 사람들에게서도 소중한 교훈을 배우지 않았는가?'

상대의 비난을 기다리지 말고 그들보다 먼저 자기 자신에 관해 냉정한 비평가가 되자. 상대가 비난하기 전에 자신의 약점을 간파하고 고치자. 찰스 다윈은 이 방법을 실천하였다. 그는 15년의 세월 동안 자신을 비평하였다. 다윈은 불후의 명작『종의 기원』을 탈고하였을 때 천지창조에 관한 획기적인 개념이 사상계와 종교계를 뒤흔들어 놓을 것을 잘 알고 있었다. 그는 스스로 비평가가 되어 15년 동안 사실의 재검토와 추론의 재검토, 결론에 대한 비평에 시간을 할애했다.

누군가 당신에게 멍청한 놈이라고 욕을 한다면 어떻게 하겠는가? 링컨은 이렇게 대처하였다. 국방장관 에드워드 M. 스탠턴이 한 번은 링컨을 멍청이라고 욕을 한 적이 있었다. 링컨이 이기적인 어느 정치가를 만족시켜 주기 위해 일부 연대의 이동 명령에 사인을 했기 때문이었다. 그러나 스탠턴은 명령을 거부한 것은 물론이고 그런 명령에 사인한 링컨을 멍청이라고 욕을 한 것이다. 링컨은 어떻게 하였을까? 스탠턴이 욕을 했다는 소식을 전해 들은 링컨은 차분하게 "그가 내게 멍청이라고 했다면 나는 멍청이가 맞다. 그의 말은 틀린 적이 거의 없으니까. 어디 내가 직접 가서 확인해 봐야겠군"이라고 대답하고 스탠턴을 만나러 갔다. 스탠턴은 잘못된 명령이라고 설득하였고, 링컨은 명령을 취소시켰다. 링컨은 호의적인 이유와 지식을 바탕으로 한 성실한 비판이라면 겸허히 받아들였다.

우리도 이러한 비판은 기꺼이 받아들여야 한다. 왜냐하면 우리가 제대로 된 판단을 하는 것은 네 번 중에 많아야 세 번뿐이니까. 시어도어 루스벨트도 화이트하우스에 있을 때 이것을 인정했다. 위대한 사상가 아인슈타인조차도 자신의 결론이 평균적으로 99퍼센트는 틀리다는 것을 고백하였다.

라로슈푸코도 이렇게 말했다.

"나에 대한 나 자신의 의견보다는 적의 의견이 진실에 가깝다."

이 말은 거의 대부분의 경우 진실이라고 생각한다. 그럼에도 불구하고 누군가가 나를 비난하기 시작하면 무슨 소린지 전혀 이해하지 못하고 곧바로 자동으로 방어태세를 취한다. 이런 나 자신이 정말 싫다. 우리는 비난이나 칭찬이 부당하든 정당하든 개의치 않고 비난에 분개하고 칭찬에 기뻐하는 경향이 있다. 인간은 이성적이지 않고 감정적인 동물이다. 우리의 이성은 감정이라는 폭풍우 치는 바다 위에 떠 있는 카누와 같다.

누가 험담을 하면 자기 변호를 하지 말자. 자기 변호는 어리석은 사람들이나 하는 것이다. 좀 더 독창적이고 겸손하고 매끄럽게 대처하자. 그리고 '만약 비난하는 사람이 다른 결점들도 알고 있다면 훨씬 맹렬하게 공격할 것이다'라고 생각하고 상대를 당혹스럽게 하여 모든 사람으로부터 칭송을 받을 수 있게 하자.

앞 장에서 부당한 비난을 당했을 때 어떻게 대처해야 할지를 말했다. 그리고 또 한 가지 방법이 있다. 부당한 비난을 당해 화가 머리끝까지 치밀었을 때는 감정을 억누르고 이렇게 말하는 것이다.

"잠깐, 나도 완전무결한 인간이 아니니까. 아인슈타인조차도 99퍼센트의 실수를 한다고 스스로 고백했을 정도이나 적어도 나는 80퍼센트 이상 실수를 했을 수도 있다. 저 비난이 맞는 말일지도 몰라. 그렇다면 오히려 감사해야 할 일이다. 그리고 그 비난이 도움이 되도록 노력해야 해."

펩소던트 컴퍼니의 사장 찰스 럭맨은 밥 호프를 방송에 출연시키기 위해 해마다 100만 달러를 쓰고 있다. 그는 그 방송을 칭찬하는 편지는 절대로 보지 않고 비판적인 글만 읽는다. 그것이 참고된다는 사실을 잘 알고 있기 때문이다.

포드사는 관리와 작업에 관한 결함을 찾기 위해 매우 열심이다. 종업원 중에 몇 명을 선출하여 회사를 비판하는 회의에 초대할 정도이다.

나는 자신을 비판해 주길 바라는 비누 영업사원을 알고 있다. 그는 콜게이트사의 비누를 처음 팔기 시작했을 때 주문을 받지 못해 직장을 잃는 것이 아닐까 걱정해야 했다. 그는 비누의 품질과 가격에서 전혀 문제가 없다는 것을 잘 알고 있었기 때문에 자신에게 문제가 있다고 생각했다. 영업이 실패로 끝날 때면 뭐가 문제였는지를 생각하면서 거래처 주변을 맴돌았다. 요령이 없는 걸까? 열정이 부족한 걸까? 그는 이따금 거래처에 들를 때마다 이렇게 말했다.

"저는 비누를 팔러 온 게 아닙니다. 사장님의 비평과 의견을 듣고자 왔습니다. 좀 전에 제가 비누를 팔기 위해 한 행동 중에 잘못된 것이 있으면 지적해 주세요. 사장님은 저보다 훨씬 경험도 풍부하고 성공하신 분이시니 허심탄회하게 비판해 주십시오."

그의 이런 태도 덕분에 많은 친구와 함께 매우 소중한 충고를 얻을 수 있었다. 그는 현재 세계 최대 비누회사인 콜게이트사의 사장이 되었다. 그의 이름은 E. H. 리틀이다.

H. P. 하웰, 벤저민 프랭클린, 그리고 E. H. 리틀 등이 한 행동은 거물들이나 하는 것으로 생각할지도 모른다. 그렇다면 아무도 없는 곳에서 거울을 들여다보고 '너도 그런 거물이 될 수 있는 거 아니야!' 라고

자문해 보는 것은 어떻겠는가?

비난에 신경을 쓰지 않기 위한 세 번째 철칙

자신이 저지른 잘못을 기록하여 자아비판을 하자.

인간은 완벽할 수 없으니 E. H. 리틀의 방법을 본받자.

편견을 버리고 스스로 나서서 유익하고 건설적인 비판을 요청하자.

Part 07

피로와 고민을 예방하여
몸과 마음을
충실하게 해주는 방법

How to keep body and mind faithful
by preventing fatigue and worries

활동시간을 한 시간 늘리기 위한 방법

고민을 해결하는 책에서 왜 피로를 예방하는 방법에 대하여 한 장을 할애했을까? 그것은 피로가 고민을 만드는 원인, 적어도 고민에 쉽게 감염되게 만들기 때문이다. 또한 피로는 감기를 시작으로 온갖 질병에 대한 육체적 저항력을 떨어뜨린다. 정신분석의들은 피로가 공포와 걱정에 대한 감정 면에서의 저항력을 떨어뜨린다고 한다. 그러므로 피로를 예방하는 것은 고민의 예방으로 이어진다.

내가 '고민의 예방으로 이어진다'라고 말한 것은 조금 소극적인 표현이다. 에드먼드 제이컵슨 박사는 훨씬 강한 표현을 했다. 그는 휴식에 대하여 '적극적인 휴식 방법'과 '휴식의 필요성'이라는 두 권의 책을 썼다. 그는 시카고 대학 임상 생리학 연구소장으로서 오랜 세월 동안 치료의 일환으로써 휴식을 이용하는 연구를 계속해 왔다. 그는 모든 흥분과 감정의 고양은 '완전한 휴식 중에는 존재할 수 없다'고 단언하고 있다. 다시 말해 휴식 상태에서는 계속해서 고민할 수 없다는 것이다.

그러므로 피로와 고민을 예방하는 제1법칙은 피곤하기 전에 자주 휴식을 취하는 것이다.

어째서 휴식이 그렇게 중요한 걸까? 왜냐하면 피로는 무서울 정도로 빠르게 축적되기 때문이다. 미 육군은 많은 테스트 결과 오랫동안 군사훈련을 통해 단련된 병사들조차 한 시간에 10분 정도 군장을 내려놓고 휴식을 취하는 것이 행군 속도도 빠르고 내구력도 강해진다는 사실을 알게 되었다. 때문에 미 육군은 병사들에게 휴식을 명령하고 있다. 당신의 심장도 미 육군과 마찬가지로 현명하다. 당신의 심장은 매일 탱크로리 한 대분과 맞먹을 정도의 혈액을 몸 전체로 보내 순환시키고 있다. 그리고 24시간에 소비하는 에너지는 20톤의 석탄을 90센티미터 높이로 쌓아올리는 것과 같다. 이 믿기 어려운 중노동을 50년, 70년, 때에 따라서는 90년 동안이나 계속한다. 어떻게 이렇게 오랫동안 견딜 수 있는 것일까? 하버드 의대의 월터 캐넌 박사는 이렇게 설명하고 있다.

'대부분의 사람은 심장이 항상 움직이고 있다고 생각하지만 사실은 수축할 때마다 일정한 휴식을 취한다. 매분 90의 적정 속도로 고동친다고 할 때 실제로는 24시간 중에 불과 아홉 시간밖에 작동하지 않는다. 계산을 해보면 하루에 15시간을 충분히 쉬고 있다.'

제2차 세계대전 중에 윈스턴 처칠의 나이는 60대 후반에서 70대 초반이었지만 하루 16시간 일을 하며 영국군을 지휘하였다. 정말로 놀라운 기록이다. 과연 그 비결은 무엇일까? 그는 매일 아침 열한 시까지는 침대에서 보고서를 읽고, 명령서를 작성하고, 전화를 걸고, 중요한 회의를 하였다. 그는 점심 식사 후 두 시간 동안 낮잠을 잤다. 그는 피로 회복을 한 것이 아니라 회복할 필요가 없었다. 그는 철저하게 피로를 예방하였다. 몇 번씩 휴식을 취한 덕분에 밤늦게까지 활기 넘치게 일을 할 수 있었다.

존 록펠러 1세는 두 가지 엄청난 기록을 세웠다. 그는 한 세대만에 막대한 부를 축적하였고 98세까지 장수를 누렸다. 그는 어떻게 그럴 수 있었을까? 가장 큰 이유는 유전적 요인이고, 또 다른 이유는 매일 오후 사무실에서 30분 정도 낮잠을 자는 습관을 들 수 있다. 그는 매일 사무실의 긴 소파에서 낮잠을 잤다. 그리고 그가 코를 골고 있는 동안에는 미국 대통령이라 할지라도 전화로 그를 깨울 수 없었다.

『왜 피로한 걸까?』의 저자 대니얼 W. 조슬린은 책 속에 이렇게 적고 있다.

'휴식이란 아무것도 안 하는 것이 아니다. 휴식이란 회복하는 것이다.'

단 몇 분의 휴식만으로도 큰 회복력이 있으니 5분 동안 낮잠을 자는 것만으로도 피로를 예방하는 효과가 있다. 야구계의 원로 코니 맥은 시합 전에 낮잠을 자지 않으면 5회쯤 되면 지쳐 버린다고 털어놓았다. 그러나 5분이라도 낮잠을 잤을 때는 더블헤더라도 지치지 않고 끝까지 뛸 수 있었다.

일리노어 루스벨트에게 어떻게 화이트하우스에서 12년 동안이나 힘든 일을 견딜 수 있었느냐고 질문을 하자, 많은 사람과의 면담이나 연설 전에는 반드시 의자에 앉아 눈을 감은 채 20분 정도 휴식을 취했다고 대답해 주었다.

얼마 전 매디슨 스퀘어 가든 탈의실에서 세계 최고의 로데오 선수 진 오트리와 만났을 때 그곳에는 간이침대가 놓여 있었다.

"오후가 되면 여기 누워 한 시간 정도 잠을 잡니다. 할리우드에서 영화 촬영을 할 때는 안락의자에 앉아 2, 30분 정도 휴식을 취합니다. 그러고 나면 다시 기운이 솟아납니다."

에디슨은 자신의 놀랄 만한 에너지와 내구력이 잠을 자고 싶을 때 자는 습관 덕분이라고 했다.

내가 헨리 포드를 만난 것은 그가 80세 생일을 맞이하기 직전이었지만 그의 젊고 활기찬 모습에 적잖이 놀랐다. 내가 비결을 묻자 그는 이렇게 대답해 주었다.

"앉아 있을 수 있을 때는 절대로 서 있지 않고 누울 수 있을 때는 절대로 앉아 있지 않는다."

'현대 교육의 아버지' 호레이스 만도 나이가 들수록 이 방법을 이용했다. 그는 안티옥 대학 총장이었던 시절에 항상 긴 소파에 누운 채로 학생들과 만났다.

나는 할리우드 최고의 감독에게 이 방법을 써보라고 권유했다. 그는 기적이 일어났다고 고백했다. 그는 할리우드 최고의 감독 잭 처특이다. 몇 년 전 나를 만나러 왔을 때 그는 MGM 영화사의 단편 부장이었다. 피로에 지쳐 있던 그는 모든 대책을 다 써봤다. 강장제와 비타민을 시작으로 온갖 약을 다 먹어보았지만 아무런 효과가 없었다. 나는 그에게 매일 휴식 시간을 가지라고 권유했다. 어떻게? 사무실에서 작가들과 회의를 할 때라도 소파에 누워 몸을 편안하게 해주라고 권한 것이다.

2년 뒤 다시 만났을 때 그는 이렇게 말했다.

"주치의가 기적이라고 하더군요. 예전에 단편을 구상할 때는 몸이 굳은 상태로 의자에 앉아 있었지만 지금은 누워서 구상하고 있습니다. 최근 20년 동안 이렇게 몸이 편한 적이 없었습니다. 이전보다 두 시간이나 일을 더 하고 있지만 전혀 피로를 느끼지 않습니다."

어떻게 하면 여러분도 응용할 수 있을까? 당신이 속기사라면 에디슨이나 샘 골드윈이 했던 것처럼 사무실에서 낮잠을 잘 수는 없다. 회계사라면 누운 채로 부장에게 회계보고를 할 수 없다. 그러나 당신이 소도시의 시민이고 점심을 먹기 위해 집으로 돌아갈 수 있다면 식후 10분 정도는 낮잠을 잘 수 있을 것이다. 조지 C. 마셜 장군도 이 방법을 이용했다. 전시에는 군대 지휘로 정신없이 바빴지만 정오에는 반드시 휴식을 취해야겠다고 마음을 먹었다. 만약 당신이 50세가 넘었고 그럴 여유가 없다면 당장에 들을 수 있는 모든 생명보험을 들어두는 게 좋을 것이다. 요즘에는 장례비용도 싸지 않고 돌연사도 많다. 당신의 아내는 보험금을 타서 훨씬 젊은 남자와의 결혼을 기대하고 있을지도 모른다!

만약 점심 식사 후에 가면(假眠)을 취할 수 없다면 저녁 식사 전에 한 시간 정도 누워서 휴식을 취할 수는 있을 것이다. 칵테일 한 잔보다 싸고 장기간 지속한다면 5,467배나 큰 효과가 있다. 만약 다섯 시나 여섯 시나 일곱 시에 한 시간의 수면을 취한다면 당신의 일어나 있는 삶에 한 시간을 더할 수 있게 된다. 왜? 어떻게? 왜냐하면 저녁 전 한 시간의 수면과 밤 동안의 여섯 시간의 수면의 합계 일곱 시간은 연속

여덟 시간의 수면보다 훨씬 더 많은 이익을 가져다주기 때문이다.

육체 노동자는 휴식 시간을 늘리게 되면 더 많이 일할 수 있다. 프레더릭 테일러는 과학적 관리의 전문가로 베들레헴 철강회사에서 연구하고 있을 때 이 사실을 증명해 보였다. 그는 철강을 화차에 싣는 작업을 하는 노동자 한 사람당 12.5톤의 일을 할당했을 때 정오에 이미 지쳐 버린다는 것을 알게 되었다. 그는 모든 피로 요소들을 과학적으로 연구하여 노동자에게 하루 12.5톤이 아니라 40톤의 철강 적재 작업을 해야 한다고 주장했다. 그의 말에 의하면 이전보다 약 네 배의 작업을 하더라도 지치지 않는다고 했다. 그 증거는?

테일러는 슈미트라는 남자를 선택하여 스톱워치에 맞춰 일을 시켰다. 슈미트는 스톱워치를 들고 있는 남자의 명령에 따라 일을 했다. '자, 철강을 들고 가게 … 자, 앉아서 쉬게 … 자, 일하고, 쉬고' 하는 식이었다.

어떤 결과가 나왔을까? 다른 사람들이 하루 12.5톤밖에 운반하지 못했지만 슈미트는 매일 47톤의 철강을 운반했다. 그리고 그는 프레더릭 테일러가 베들레헴 철강회사에 있었던 3년 동안 줄곧 작업량을 유지하였다. 슈미트가 이렇게 할 수 있었던 것은 피곤해지기 전에 쉬었기 때문이다. 그는 한 시간 중에 약 26분을 일하고 30분을 쉬었다. 그는 일하는 시간보다 쉬는 시간이 더 길었지만 다른 사람들보다 4배나 일을 더 한 것이다! 이것이 단순한 우연일까? 아니다, 믿지 못하겠다면 프레더릭 테일러의 『과학적 관리법』을 읽어보기 바란다.

군대에서 하는 방식을 본받아 이따금 휴식을 취하자. 여러분의 심장처럼 피곤하기 전에 쉬어야 한다. 그러면 당신은 깨어 있는 삶에 하루 한 시간을 더하게 될 것이다.

피로의 원인과 대책

놀랍게도 인간은 정신적인 작업만으로는 피곤하지 않는다고 한다. 터무니없는 주장이라고 여길지 모르지만 과학자들은 인간의 두뇌가 피로를 느끼지 않고 얼마나 오래 일을 할 수 있을지를 알기 위한 실험을 했다. 그 결과 놀랍게도 뇌를 통과하는 혈액은 활동 중에는 전혀 피로를 느끼지 않는다는 사실을 발견했다. 작업 중인 일용직 노동자에게서 채취한 혈액에는 피로독소와 피로 생성물질로 가득 차 있었지만 만약 알베르트 아인슈타인의 뇌에서 채취한 한 방울의 피는 일과가 끝나더라도 피로 독소를 발견할 수 없다는 것이다.

뇌는 여덟 시간, 혹은 열두 시간 활동을 한 뒤에도 처음과 마찬가지로 활발하게 작용을 할 수가 있다. 뇌는 전혀 피로를 모른다. 그렇다면 무엇이 인간을 피곤하게 만드는 것일까? 정신분석 의사들은 피로의 대부분이 정신적, 정서적 태도 때문이라고 단언하고 있다. 영국의 유명한 정신분석의 J. A. 헤드필드는 『힘의 심리학』이라는 자신의 저서에서 이렇게 적고 있다.

'우리를 괴롭히는 피로의 대부분은 정신적 원인에서 발생한다. 순수하게 육체적 원인 때문에 발생하는 예는 거의 없다.'

미국에서 가장 뛰어난 정신분석의 중의 한 사람인 A. A. 브릴 박사는 좀 더 강하게 말했다.

'건강한 사무직 노동자의 피로 원인은 100퍼센트 심리적 요소, 다시 말해 정서적 요소 때문이다.'

어떤 종류의 정서적 요소가 사무직 노동자를 피곤하게 만드는 것일까? 기쁨? 만족? 절대 그렇지 않다. 따분함, 정당한 평가를 받지 못했다는 원망, 무기력감, 초조, 불안, 고민 등 이런 정서적 요소들이 사무직 노동자들의 피로 원인이고, 감기의 원인이고, 능률을 저하해 신경성 두통 상태로 집으로 돌아가는 결과로 이어진다. 우리는 자신의 감정이 몸속에서 만들어낸 정신적 긴장 때문에 피곤한 것이다.

메트로폴리탄 생명보험회사는 피로에 관한 소책자에서 이 사실을 지적하고 있다.

'심한 육체노동에서 오는 피로는 대부분 충분한 수면과 휴식으로 회복됩니다…. 고민, 긴장감, 감정의 혼란이야말로 피로의 3대 원인입니다. 흔히 육체적, 혹은 정신적 노동 때문이라고 여겨지는 경우에도 그것이 원인인 경우가 적지 않습니다…. 근육이 긴장하면 근육이 작용하고 있다는 사실을 잊어서는 안 됩니다. 당장 휴식이 필요합니다! 중요한 책임을 다하기 위해 에너지를 비축합시다.'

여기서 잠시 책의 내용에서 벗어나 잠시 당신의 모습을 확인해 주기 바란다. 지금 책을 읽으면서 혹시 인상을 찡그리고 있지는 않은가? 눈과 눈 사이의 미간에 뭔가 긴장감을 느끼지 않은가? 의자에 느긋하게 앉아 있는가? 어깨를 으쓱거리고 있지는 않은가? 인상이 굳어 있지는 않은가? 만약 온몸이 천으로 된 낡은 인형처럼 유연한 상태가 아니라면 당신은 이 순간에 신경성 긴장과 근육의 긴장 상태이다. 여러분은 신경성 긴장과 신경성 피로 상태를 유발하고 있는 것이다!

정신적 노동을 할 때 이런 불필요한 긴장감이 유발되는 이유는 무엇일까? 조슬린은 이렇게 말하였다.

'대부분의 사람은 힘든 일을 할 때는 최선을 다하겠다는 마음을 먹지 않으면 잘 될 수 없다고 착각하고 있지만 오히려 큰 장해물이 된다.'

때문에 정신을 집중할 때는 인상을 찡그리고 어깨를 으쓱거리며 '노력'이라는 동작을 하기 위해 근육에 힘만 들어갈 뿐 결코 우리의 뇌 작동을 도와주지 못한다.

정말로 안타까운 사실이 있다! 그것은 금전적 낭비는 꿈도 꾸지 않은 사람들이 술에 취한 뱃사람처럼 자신의 에너지를 엉망진창으로 낭비하고 있다는 것이다.

이 신경성 피로에 대한 대책은 무엇일까? 휴식, 휴식, 휴식! 일하면서 휴식을 취하는 법을 배워야 한다!

말처럼 쉽게 될까? 아니, 아마도 평생의 습관을 바꾸지 않으면 안 될 것이다. 그러나 당신의 인생에 일대 혁명을 기대할 수 있을 만큼 노력할 가치는 충분하다. 윌리엄 제임스는 '휴식의 복음'이라 제목을 붙인 에세이에서 다음과 같이 적고 있다.

'미국인들의 과도한 긴장, 변덕, 강렬함, 지치고 힘들어하는 표정…,

이런 것들은 몹시 나쁜 습관으로 아무런 의미도 없다.'

긴장은 습관이다. 휴식도 습관이다. 나쁜 습관은 타파할 수 있고 좋은 습관은 몸에 익힐 수 있다.

어떤 식으로 휴식을 취하느냐고? 마음에서부터 시작하는지, 아니면 신경에서부터 시작하는 것이냐고? 둘 다 아니다. 어떤 상황이라도 제일 먼저 근육이 휴식을 취해야 한다! 한 번 시험을 해보자. 방법을 이해하기 위해 먼저 눈부터 시작해 보자. 다음 한 구절을 끝까지 다 읽고 눈을 감는다. 그리고 조용히 눈에 이렇게 말해주는 것이다.

'쉬어라, 푹 쉬어라. 긴장을 풀어라. 인상을 찡그리지 말자. 쉬어라, 푹 쉬어라.'

1분 동안 조용히 반복해서 이렇게 말한다.

2, 3초 뒤에 눈 주변의 근육이 이 말을 따르기 시작했다는 것이 느껴지지 않았는가? 누군가의 손길에 의해 긴장감이 풀어지는 것처럼 느껴지지 않았는가? 믿기 어렵겠지만 당신은 1분 동안에 휴식을 취하는 기술의 모든 비결을 터득하였다. 턱, 얼굴 근육, 목, 어깨 등, 전신에 똑같이 대입시킬 수 있다. 그러나 가장 중요한 기관은 눈이다. 시카고 대학의 에드먼드 제이콥슨 박사는 우리가 눈 근육이 긴장을 완전히 풀어줄 수 있다면 모든 근심을 잊을 수 있을 것이라고까지 주장하고 있다. 이렇게까지 눈 신경의 긴장을 풀어주는 것이 중요한 까닭은 온몸에서 소비하는 신경 에너지의 4분의 1을 눈이 소비하고 있기 때문이다. 시력이 온전한 많은 사람이 '안정피로(眼精疲勞)'로 괴로워하는 이유도 이 때문이다. 그들은 눈을 긴장시키고 있기 때문이다.

유명한 소설가 비키 바움은 어릴 적 한 노인으로부터 매우 귀중한 교훈을 배웠다고 했다. 그녀는 넘어져서 무릎과 팔목에 상처를 입었다. 서커스단 어릿광대 출신이었던 노인은 그녀를 일으켜 세우고 먼지를 털어주면서 이렇게 말했다.

"네가 상처를 입은 것은 편안한 자세를 취하는 방법을 모르기 때문이란다. 낡아서 헐렁해진 양말처럼 몸을 부드럽게 만들어야 해. 이리 오거라, 할아버지가 방법을 알려줄 테니."

노인은 그녀와 다른 아이들 앞에서 넘어지는 요령, 재주넘기 요령, 물구나무서기를 해 보였다. 그리고 이렇게 말해 주었다.

"자신을 낡고 헐렁해진 양말이라고 생각하는 거야. 그러면 항상 편안해질 수 있단다."

당신은 언제 어디서나 휴식을 취하며 안정을 취할 수 있다. 그러나 그러기 위한 노력을 해야만 한다. 안정 상태란 모든 긴장과 노력이 사라져야만 가능하다. 마음을 편안히 하고 편안한 것을 생각하기 바란다. 먼저 눈과 얼굴 근육의 휴식부터 시작하여 '쉬어라…, 푹 쉬어라…, 편안해져라'라고 반복하자. 그러면 에너지가 얼굴 근육에서 몸의 중심부로 흘러가는 것을 느낄 수 있을 것이다. 그리고 갓난아기처럼 긴장에서 해방된 상태를 떠올리기 바란다.

위대한 소프라노 갈리쿠르치도 이 방법을 쓰고 있다. 헬렌 젭슨은 공연 전에 갈리쿠르치를 만날 때마다 그녀는 의자 깊숙이 앉아 아래턱을 축 늘어뜨리고 있었다고 한다. 훌륭한 습관이다! 이것이 무대에 오르기 전 그녀의 신경을 풀어준 것이다. 다시 말해 피로가 쌓이는 것을 막아준 것이다.

이제 긴장을 푸는 방법을 배울 때 도움이 되는 네 가지 방법을 소개하기로 하겠다.

1. 항상 긴장을 풀고 있을 것. 몸을 낡은 양말처럼 부드럽게 할 것. 나는 항상 유연함을 잊지 않기 위해 낡은 밤색 양말 한쪽을 책상 위에 놓아둔다. 양말이 없다면 고양이라도 좋다. 햇볕을 쬐며 잠든 새끼 고양이를 잡아 올리면 마치 젖은 신문처럼 네 다리가 모두 축 늘어진다. 인도의 요가 행자도 유연한 기술을 습득하기 위해서는 고양이를 본받으라고 한다. 나는 이제껏 피곤한 고양이, 신경쇠약에 걸린 고양이, 불면증, 고민, 위궤양에 걸린 고양이를 본 적이 없다. 당신이 고양이처럼 휴식을 취하고 양정을 찾는 방법을 알았더라면 이러한 재난을 피할 수 있었을 것이다.

2. 최대한 편안한 자세로 일할 것. 몸의 긴장은 어깨 결림과 신경피로를 일으킨다는 것을 잊지 마라.

3. 하루에 네다섯 번은 자신을 점검해 본다. '나는 필요 이상으로 쓸데없는 노동을 하는 것은 아닐까? 나는 이 일과 관계없는 근육을 사용하고 있는 것은 아닐까?' 자문해 보는 것이다. 이것은 틀림없이 편안한 습관을 몸에 익히는 데 도움이 될 것이다. 데이비드 헤럴드 핑크 박사도 이렇게 말했다.

'심리학을 터득한 사람 중에 두 명 중 한 명은 습관적으로 몸에 배어 있다.'

4. 하루를 마무리하면서 다시 한번 자문해 본다. '나는 얼마나 피곤해 있는가? 만약 피곤하다면 그 이유는 정신노동에 종사하고 있기 때문이 아니라 방법이 잘못되었기 때문이다.' 대니얼 조슬린은 이렇게 말했다. '나는 업무 성과를 판단할 때 하루를 마무리하면서 얼마나 피곤한지를 따지지 않고 얼마나 피곤하지 않은가를 기준으로 삼는다. 하루를 마무리하면서 심한 피로감을 느끼거나 초조하여 신경이 피곤함을 느껴졌을 때는 양적으로나 질적으로나 업무적 효율이 높지 않은 날이었다는 것을 알 수 있다.' 만약 미국의 모든 실업가가 이 같은 교훈을 배운다면 고혈압에 의한 사망률은 하룻밤 만에 극감할 것이다. 또한 피로와 고민 탓에 지친 사람들 때문에 요양소와 정신병원이 만원이 되는 일도 없을 것이다.

피로를 잊고 젊음을 유지하는 방법

작년 가을의 어느 날, 지인 중 한 명이 세계에서 가장 특이한 한 의료 강좌에 참석하기 위하여 보스턴으로 날아갔다. 의료교실? 그렇다, 보스턴 진료소에서 매주 한 번씩 열리기 때문에 그곳에 출석하는 환자들은 사전에 정기적이고 철저하게 건강진단을 받아야만 한다. 그러나 정작 이곳에서는 심리요법이 이루어지고 있다. 정식 명칭은 응용심리학 강좌(이전에는 창립 멤버가 생각했던 이름은 사고 컨트롤 클래스였다)라고 한다. 이곳의 진짜 목적은 '고민 탓에 병에 걸린 사람들'을 고치는 것이다. 그리고 환자 대부분은 정서적 장애가 있는 한 가정의 주부들이다.

어떻게 이 강좌가 발족하였을까? 윌리엄 오슬러 경에게 교육을 받은 조셉 프래트 박사는 1930년에 보스턴 진료소를 찾아오는 대부분의 사람이 신체적으로는 아무런 이상이 없지만 실제로는 온갖 질병의 증상을 가지고 있다는 것을 깨닫게 되었다. 어떤 부인의 손은 관절염으로 심하게 굽어 움직임이 자유롭지 못했다. 또 다른 부인은 '위암 징후'가 있어 고통을 받고 있었다. 다른 사람들도 요통, 두통, 만성 피로, 혹은 아무 이유도 없는 통증을 느끼고 있었다. 그녀들은 이러한 고통을 느끼고 있었다. 그런데 철저하게 건강진단을 해본 결과 육체적으로는 아무런 이상도 발견할 수 없었다. 옛날 의사였다면 기분 탓이나 지나친 상상 탓으로 돌렸을 것이다.

그러나 프래트 박사는 이 환자들에게 "집에 돌아가면 병에 관해 깨끗이 잊어버리세요"라는 말이 허사라는 것을 잘 알고 있었다. 이런 사람은 병이 걸리고 싶어서 걸린 것이 아니다. 쉽게 병에 관해 잊을 수 있었다면 진즉에 스스로 그렇게 했을 것이다. 그럼 대체 어떻게 하는 것이 좋을까?

이 때문에 그는 일부 의사와 관계자의 반대를 뿌리치고 이 교실을 개설하였고 훌륭한 성과를 거두었다. 이곳이 개설된 이래 18년 동안 수천 명의 환자가 '완치'되었다. 환자 중에는 마치 교회를 다니듯이 경건한 마음으로 해마다 출석하는 사람도 있다. 내 조수는 9년 동안이나 쉬지 않고 출석한 한 부인과 이야기를 나누었다. 그녀가 처음 진료소를 찾아왔을 때는 콩팥이 처지는 유주신(遊走腎)과 심장병을 자신이 앓고 있다고 여겼다. 그녀는 심통(心痛)과 긴장이 심해 때로는 눈앞이 깜깜해지면서 일시적으로 시력을 잃기도 하였다. 그러나 지금은 자신감이 넘치고 쾌활하게 건강을 유지하고 있다. 그녀는 40세가 약간 넘은 정도밖에 보이지 않지만 손주를 안고 있었다. 그녀는 이렇게 말했다.

"나는 복잡한 집안일 때문에 괴로워 그냥 죽어버리고 싶을 정도였죠. 하지만 이 진료소를 다니며 괴로워하는 것이 얼마나 무익한 것인지 깨달았어요. 고민을 끊어버리는 것을 배웠죠. 지금 제 삶은 평온 그 자체이지요."

이 강좌의 의학 고문인 로즈 힐퍼팅 박사는 고민을 줄이기 위한 가장 좋은 방법은 신뢰할 수 있는 누군가에게 고민을 털어놓는 것이라고 한다.

"우리는 이것을 카타르시스라고 합니다. 이곳에 온 환자들은 자신의 고민에 대하여 자세하게 털어놓고 나서야 그 고민을 마음속에서 몰아낼 수 있는 겁니다. 혼자 고민하며 가슴속에 품고 있는 한 신경은 더욱 긴장될 뿐입니다. 우리는 서로 자신의 고민을 나누어야 합니다. 고통을 나누어야 합니다. 세상에서 누군가가 자신의 고민을 들어주고 이해해 주고 있다는 것을 느낄 필요가 있습니다."

내 조수는 한 여성이 자신의 고민을 털어놓음으로써 속이 후련해하는 모습을 보았다. 그녀의 고민은 가정 문제였다. 그녀가 처음 고민을 털어놓을 때는 흥분이 극에 달해 있었지만 점점 이야기가 진행될수록 안정을 되찾았고 면담이 끝나갈 무렵에는 얼굴에 미소를 띠고 있었다. 그렇다면 문제가 해결된 것일까? 아니, 그렇게 간단한 문제가 아니었다. 그녀에게 생긴 변화는 누군가에게 고민을 털어놓고 약간의 조언과 동정을 받았을 뿐이다. 실제로 그녀의 심경에 변화를 불러일으킨 것은 말이 가진 치료 효과 때문이었다.

정신분석은 어느 정도 말이 가진 이런 치유력을 바탕으로 하고 있다. 프로이트 이후 정신분석의가 알아낸 것은 환자들이 고민을 털어놓기만 한다면 불안감에서 해방될 수 있다는 것이다. 왜? 아마도 고민을 털어놓음으로써 조금은 스스로의 고민에 대하여 통찰하고 상황을 판단하기 쉬워지기 때문일 것이다. 그러나 정답은 아무도 모른다. 우리는 누구나 비밀스러운 고민과 가슴을 탁 막고 있는 것 같은 이야기를 쏟아냄으로써 해방감을 맛볼 수 있다는 것을 알고 있다.

그러므로 앞으로 무언가 걱정거리가 생겼을 경우에는 고민을 털어놓을 수 있는 사람을 찾아야 하는 것이 아닐까? 물론 아무나 붙잡고 눈물 콧물을 흘리는 어리석은 행동을 해서 사람들의 웃음거리가 되라는 것이 아니다. 신뢰할 수 있는 사람을 선택하여 고민을 털어놓는 것이다. 친척, 의사, 변호사, 목사, 신부 등이 그럴 것이다. 그리고 상대에게 이렇게 말하는 것이다.

"나는 당신의 조언이 필요합니다. 지금 제 상황에 관해 이야기를 들어주세요. 아무런 도움이 안 될지도 모르지만 당신은 내가 깨닫지 못했던 다른 각도에서 제 문제를 봐주실 수도 있으니까요. 비록 그렇게 되지 못하더라도 제 이야기를 다 들어주는 것만으로도 정말로 고맙게 생각합니다."

고민을 시원하게 털어놓을 것. 이것이 보스턴 진료소의 강좌에서 활용하는 주된 방법이다. 그렇다, 우리는 마음의 안정을 취해야 한다. 희한하게도 딱딱한 바닥이 쿠션이 있는 침대보다 안정을 취하는 데 더 안성맞춤이다. 저항이 강하기 때문에 등에 좋다. 그럼, 이제 몇 가지 운동법에 대하여 알아보자. 일주일 동안 지속한 뒤에 당신의 표정과 기분에 어떤 효과가 있었는지 살펴봐 주기 바란다.

그밖에도 몇 가지 방법이 있다.

이것은 누구나 집에서 실행할 수 있는 방법이다.

1. 감명을 받은 작품을 위해 노트나 메모장을 준비할 것

그곳에 당신에게 감동을 주고 향상시켜 줄 시, 짧은 기도문, 인용 문구 등을 붙인다. 그러면 음침한 비 오는 오후 등, 왠지 기분이 울적할 때 노트 속에서 기분을 풀어줄 수 있는 시나 기도문을 발견하게 될 것이다. 앞에서 말한 진료소의 환자 중에서는 오랫동안 이런 노트를 만들고 있는 사람이 많다. 그들은 이것을 정신적인 '정맥주사'라고 부르고 있다.

2. 남의 결점에 언제까지 얽매이지 말 것

한 여성은 자신이 점점 잔소리가 심한 까칠한 모습의 아내로 변하고 있었지만 "남편이 죽으면 어떻게 할 거야?"라는 소리에 깜짝 놀라며 주저앉아 남편의 장점을 적어보니 의외로 많았다. 당신도 전제적 폭군과 결혼했다고 후회가 된다면 이렇게 해보는 것이 어떻겠는가? 상대의 장점을 모두 적어보면 현재의 배우자야말로 이상적인 배우자라는 것을 깨닫게 될 것이다.

3. 주변 사람들에게 관심을 가질 것

당신의 생활과 연관이 있는 사람들에게 우호적이고 건전한 흥미를 갖자. 매우 배타적인 성격에 자신은 친구가 한 명도 없다고 착각하고 있던 부인에게 제일 먼저 만난 사람에 대한 이야기를 꾸며보라고 명령

하였다. 그녀는 버스 안에서 눈에 들어온 사람들의 배경, 환경, 생활에 관해 상상해보기 시작했다. 그녀는 그들이 어떤 삶을 살고 있을지 골똘히 생각해보려고 노력했다. 그리고 가장 중요한 것, 가는 곳마다 남에게 말을 걸어본 것이다. 그 결과 현재 그녀는 아무런 고민도 없이 행복하고 활달한 성격에 호감을 주는 사람으로 변했다.

4. 오늘 밤 잠자리에 들기 전에 내일 일정을 짤 것

이 강좌를 통해 대부분의 사람들이 요령을 부릴 수 없는 일에 끝없이 쫓기며 고통을 당하고 있다고 착각하고 있다는 것을 알 수 있었다. 그 때문에 하루가 끝났다는 느낌이 들지 않고 시간에 쫓기고 있다. 이렇게 쫓기는 기분과 고민을 해결하기 위해 매일 밤 다음날의 일정을 짜도록 지시했다. 그 결과 어떻게 되었을까? 많은 일을 정확하게 해결하고 피로가 줄어들면서 자부심과 성취감이 오르면서 즐겁게 쉴 수 있는 휴식시간이 생기게 되었다.

5. 끝으로 긴장과 피로를 피하고 휴식과 안정을 취할 것

긴장과 피로만큼 당신을 빨리 노화시키는 것이 없다. 이것처럼 당신의 젊음과 얼굴의 윤기를 빼앗아가는 것이 없다. 내 조수는 한 시간의 보스턴 사고 조절 강좌에서 폴. E. 존슨 박사가 이 책에서 소개한 것과 비슷한 마음의 휴식을 취하기 위한 각종 원리에 관한 강의에서 몸을 풀어주는 유연체조를 10분 동안 한 뒤에 의자에 앉은 채로 잠이 들었다고 한다.

몸을 풀어주는 것을 왜 이렇게 강조하는 것일까? 그것은 고민을 몰

아내기 위해서는 마음의 휴식이 무엇보다 중요하다는 것을 보스턴 진료소는 물론이고 다른 의사들도 잘 알고 있기 때문이다.

업무 중 습관 그 하나-당면한 문제와 관계가 있는 서류를 제외하고 책상을 모두 정리하자.

시카고&노스웨스턴 철도회사 사장 롤란드 L. 윌리엄스는 이렇게 말했다.

'온갖 잡다한 서류를 책상 위에 쌓아 두는 사람이 있는데, 지금 당장 필요하지 않은 것들을 전부 정리해 버린다면 훨씬 쉽고 정확하게 일을 할 수 있을 것이다. 나는 이것을 훌륭한 살림꾼이라 부른다. 이것이야 말로 효율 향상을 위한 첫걸음이다.'

워싱턴의 국회도서관 천장에는 시인 포프의 '질서는 하늘의 제1 법칙이다'라는 문구가 적혀 있다.

업무에서도 질서는 제1법칙이어야 한다. 그러나 실제는 어떤가? 대부분 사업가의 책상 위에는 몇 주 동안이나 건드리지도 않은 것 같은 서류가 널려져 있다. 뉴올리언스의 한 신문 발행인은 비서가 자신의 책상을 정리하자 2년 전에 분실했던 타자기가 나왔다고 했다.

답장을 보내지 않은 편지, 보고서, 메모가 널려져 있는 책상은 언뜻 보기에도 혼란과 긴장과 고민을 일으키는 데 충분하다. 더 골칫거리가 있다. 항상 처리해야 할 일이 산적해 있지만 처리할 시간이 없다는 생각에 사로잡혀 긴장과 피로에 쫓길 뿐만이 아니라 고혈압, 심장병, 위궤양의 위험까지 초래하고 있다.

펜실베이니아 대학 의과대학원 교수 존. H. 스토크스 박사는 전미의학협회에서 「기관의 질환을 유발하는 기능적 노이로제」라는 연구보고서에서 '환자의 어떤 정신 상태를 조사해야 할 것인가?'라는 항목에서 11개의 조건을 열거하였다. 그 제1항은 이렇다.

'해야만 한다는 관념, 혹은 의무감. 처리해야만 하는 일들이 끊임없이 눈앞에 산적해 있다는 긴장감.'

그러나 책상 위를 정리하거나 결단을 내리는 초보적인 방법으로 고혈압과 의무감, '처리하지 않으면 안 되는 업무가 끊임없이 눈앞에 산적해 있는 긴장감' 등을 방지할 수 있겠는가? 유명한 정신분석의 윌리엄 새들러 박사는 아주 간단한 방법으로 신경쇠약을 방지할 수 있었던 한 환자에 관해 말해 주었다. 이 남자는 시카고의 어느 큰 회사의 중역으로 과도한 긴장으로 인해 신경이 곤두서 괴롭다며 새들러 박사를 찾아왔다. 본인 스스로도 자신이 공중분해 되기 직전이라는 사실을 잘 알고 있었지만 일에서 손을 뗄 수가 없었다. 때문에 의사의 도움이 필요했다.

새들러 박사는 이렇게 말했다.

"이 남자와 이야기를 나누는 도중에 병원으로부터 전화가 왔습니다. 나는 전화상으로 용건을 처리했습니다. 가능한 한 그 자리에서 처리하는 것이 제 방침이었습니다. 통화가 끝나자마자 다시 전화벨이 울렸습니다. 긴급 상황이었기 때문에 한동안 전화로 이야기를 나누었습니다. 세 번째로 대화를 중단된 것은 동료가 찾아와 중태인 환자의 처치에 대한 내 의견을 들으러 왔을 때입니다. 모든 용무를 마치고 돌아가 기다리게 해서 미안하다고 사죄를 하였습니다. 그런데 그는 어둡고 찡그린 인상에서 밝게 활짝 갠 딴 사람의 얼굴을 하고 있었습니다."

남자는 새들러 박사에게 이렇게 말했다.

"아니, 괜찮습니다. 기다리는 10분 동안 내가 무슨 잘못을 하고 있었는지 깨달았습니다. 사무실로 돌아가면 일하는 습관을 바꿔야겠습니다. 선생님, 그 전에 실례지만 책상 서랍 속을 보여주실 수 있을까요?"

새들러 박사는 책상 서랍을 열어 보여주었다. 사무용품을 제외하고는 텅 빈 상태였다. 그러자 환자가 물었다.

"처리하지 못한 서류는 어디에 있나요?"

새들러 박사가 대답했다.

"전부 다 처리한 상태입니다."

"답장을 보내지 못한 편지 등은요?"

"한 통도 없습니다. 나는 곧바로 답장을 쓰도록 노력하고 있습니다. 내가 말하면 비서가 받아 적지요."

이 중역은 6주 뒤에 새들러 박사를 자신의 사무실로 초대했다. 그는 완전히 딴사람이 되었고 그의 책상 또한 마찬가지였다. 그는 책상 서랍을 열어 보여주며 처리하지 않은 업무가 없다는 것을 보여주며 이렇게 말했다.

"6주 전까지만 해도 두 개의 사무실에 세 개의 책상이 있었고 그 위에는 처리하지 못한 일들이 쌓여 있었습니다. 일이 말끔하게 정리된 적이 없었던 겁니다. 선생님을 만나고 돌아오자마자 보고서와 서류를 남김없이 처리했습니다. 현재 나는 한 책상에서만 일하고 들어온 일은 곧바로 처리하기 때문에 쌓여 있는 일로 인해 긴장하거나 고민하는 일이 전혀 없습니다. 하지만 정말로 놀라운 것은 저 자신이 완전히 회복했다는 사실입니다. 지금은 아픈 곳이 전혀 없습니다."

업무 중 습관 그 둘-중요성에 따라 일을 처리할 것.

시티즈 서비스사의 창립자 헨리. L. 도허티는 아무리 많은 급여를 주고 있더라도 거의 발견할 수 없는 재능 두 가지가 있다고 한다.

이 대단히 귀중한 능력이란 사고하는 능력과 중요성에 따라 일을 처리해가는 능력이다.

찰스 럭맨은 맨손으로 시작해서 12년 만에 펩소던트의 사장까지 되었다. 그는 수천만 달러의 연봉 이외에도 수백만 달러의 수입을 올릴 수 있게 된 것이 헨리. L. 도허티가 발견하기 불가능에 가깝다고 말했던 두 가지 능력을 계발한 덕분이라고 한다. 찰스 럭맨은 이렇게 말했다.

"언제부터인지 기억은 잘 나지 않지만 매일 다섯 시에 일어나고 있습니다. 왜냐하면 아침에 머리 회전이 더 빠르기 때문이죠. 신중하게 하루 계획을 짜거나 중요성에 따라 처리할 일정을 짜는 것은 아침에 제격이죠."

미국에서 가장 성공한 보험 영업사원 중의 한 사람인 프랭클린 베트거는 하루 일정을 짜는 데 다섯 시까지 기다리지 않았다. 그는 전날 밤에 이미 다음날 일정을 짰다. 쉽게 말해 다음날 해야 할 보험 목표액을 정한 것이다. 만약 목표를 달성하지 못했다면 그만큼 다시 다음날 목표에 더해지게 된다.

나는 오랜 경험을 통해 사람들이 항상 일의 중요성에 따라 처리하지 않는다는 것을 잘 알고 있다. 또한 가장 중요한 것을 먼저 처리할 수 있도록 계획을 세우는 것이 막무가내로 처리하는 것보다 훨씬 좋다는 것도 잘 알고 있다.

만약 조지 버나드 쇼가 제일 중요한 일부터 처리한다는 엄격한 원칙을 지키지 않았다면 그는 아마도 작자로서 성공하지 못했을 것이고 평생을 은행원으로 살았을지도 모른다. 그의 일과는 반드시 5페이지를 적는 것이었다. 이 계획에 따라 9년 동안 30달러, 하루 1페니의 수입으로 살면서도 포기하지 않고 하루에 5페이지씩을 썼다. 로빈슨 크루소조차 하루 일정을 한 시간 단위로 새기지 않았던가?

업무 중 습관 그 셋-문제에 직면하였을 때 결단에 필요한 사실을 쥐고 있다면 당장 그 자리에서 해결할 것. 판단을 뒤로 미뤄서는 안 된다.

수강생 중에 고(故) H. P. 하웰은 이런 이야기를 해주었다. 그가 US 스틸의 대표이사로 재직하였을 때 항상 오랜 시간 동안 수많은 안건과

심의가 이루어졌지만 대부분은 해결하지 못한 채 각 이사들은 산더미 같은 보고서를 집으로 가지고 돌아가야 했다고 한다.

결국 하웰 씨는 이사들을 설득하여 한 번에 하나의 안건을 다루고 결론을 끌어내기로 하였다. 연기하거나 미루지 않기로 한 것이다. 보충 설명이 필요하거나 아무런 해결 방법이 없더라도 무조건 그 안건을 결정하지 않는다면 다음 안건으로 넘어가지 않을 것이다. 그 결과는 상상을 초월했다. 예정표가 깔끔하게 처리되었고 행사 일정표가 말끔하게 정리되어 더 이상 보고서를 집으로 가지고 돌아갈 필요가 없게 되었다. 더는 미결 안건으로 고민을 할 필요가 없게 된 것이다.

US 스틸 이사회뿐만이 아니라 누구에게나 훌륭한 규칙이다.

업무 중 습관 그 넷-조직화시키고 위임하고 관리하는 법을 배우자.

많은 사업가는 책임을 위임시키지 않고 모든 것을 스스로 모든 것을 처리하려다 천수를 누리지 못했음에도 자신을 죽음으로 내몰고 있다. 사소한 일에도 혼란에 사로잡혀 초조, 고민, 불안, 긴장감에 쫓기는 결과로 이어진다. 책임을 위임하는 것이 얼마나 힘든지는 나도 잘 알고 있다. 경험상 부적격한 사람에게 권한을 위임함으로서 발생하는 문제점에 대해서도 잘 알고 있다. 분명 권한을 위임하는 것은 어려운 일이지만 이사들이 고민, 긴장, 피로에서 벗어날 수 있다면 그렇게 해야 마땅하다.

큰 사업을 일으킨 사람 중에서 조직화와 위임, 관리하는 법을 배우지 못하는 사람은 50대나 60대 초에 심장병으로 갑작스러운 죽음을

맞이할 것이다. 예를 제시해 보라고? 매일 신문 지상에 사망 사건을
본다면 잘 알 것이다.

피로의 주된 원인 중 하나는 권태감이다. 설명을 위해 앨리스라는 여성을 예로 들어보기로 하자. 어느 날 밤 앨리스는 피로에 지쳐 집으로 돌아왔다. 그녀는 정말로 지쳐 보였고 녹초가 되었다. 두통에 요통까지 겹쳤다. 그녀는 저녁을 거르고 그대로 잠자리에 들고 싶었지만 어머니의 만류로 식탁에 앉았다. 그때 남자 친구로부터 전화가 걸려왔다! 댄스파티에 가자는 제안이다! 그녀는 눈을 반짝이며 금방 기운을 차렸다. 그녀는 2층으로 달려가 옷을 갈아입고 새벽 세 시까지 춤을 추었다. 그리고 집에 돌아왔을 때는 전혀 피곤한 줄을 몰랐다. 그녀는 오히려 들뜬 마음 때문에 잠을 이루지 못할 정도였다.

여덟 시간 전만 해도 녹초가 된 것처럼 보였던 앨리스가 정말로 피곤했던 것일까? 틀림없이 피곤해 있었다. 그녀는 자신이 하는 일과 삶에 관해 지쳤다. 앨리스 같은 사람이 수백만 명이 넘을 것이다. 그리고 당신도 그 중에 한 사람일지도 모른다.

피로가 느껴질 때는 육체적인 소모보다는 심리적 상태와 밀접한 관계가 있다는 것은 이미 잘 알려진 사실이다. 몇 년 전 조셉. E. 바맥 박사는 '심리학 기록'이라는 저서를 통해 권태감이 피로의 원인이라는 것을 입증한 보고서를 발표했다. 그는 한 무리의 학생에게 전혀 흥미롭지 않은 테스트를 하게 하였다. 그 결과는? 학생들은 피곤해 하면서 졸려 하고 두통과 눈의 피로 등을 호소하며 짜증을 냈다. 개중에는 위의 통증을 호소하는 학생도 있었다. 이 모든 것이 꾀병이었을까? 그렇지 않다. 이 학생들을 대상으로 신진대사 검사를 한 결과 권태감을 느끼게 되면 실제로 인체의 혈압과 산소의 소모량이 감소하고, 일에 대한 흥미와 즐거움을 느끼게 되면 신진대사가 촉진된다는 사실을 알 수 있었다.

인간은 흥분된 상태에서 뭔가 흥미로운 일을 하고 있을 때는 쉽게 피곤하지 않다. 예를 들어 나는 최근에 캐나디안로키의 루이스 호수에서 휴가를 보냈다. 며칠 동안 코랄 크리크 강을 따라가면서 내 키보다 훨씬 큰 갈대밭을 헤치고, 나무뿌리에 걸려 넘어지고, 통나무 아래를 기는 등, 이렇게 여덟 시간이나 낚시를 계속했지만 전혀 지지치 않았다. 왜일까? 흥분되어 마음이 들뜬 상태였기 때문이다. 나는 더 없이 만족감에 젖어 있었다. 커다란 송어를 여섯 마리나 잡았기 때문이다. 그러나 반대로 내가 낚시를 따분하게 여겼다면 어떤 기분이 들었을까? 해발 2,100미터 고지대에서 격렬한 작업으로 인해 녹초가 되었을 것이다.

등산과 같은 거친 활동조차도 육체적 혹사보다는 따분함이 인간을 더 피곤하게 만든다. 예를 들어 미니애폴리스의 은행가 S. H. 킹맨 씨는 이 사실을 뒷받침해 줄 이야기를 해주었다. 1943년 7월, 캐나다 정부는 캐나다 산악협회에 왕실 친위대 소속 군인들에게 산악훈련을 시켜줄 가이드를 모집해 달라고 요청했다. 킹맨 씨도 이 가이드의 한 명으로 선발이 되었다. 이렇게 42세에서 49세까지의 가이드들은 젊은 군인들을 인솔하여 빙하를 건너 설원을 가로질러 로프와 작은 돌출부 위에 손과 발을 의지하며 20미터가 넘는 절벽을 기어올랐다. 이렇게 그들은 요호 계곡의 몇몇 이름 없는 절벽들을 기어올랐다. 그러나 불과 얼마 전에 6주일 동안의 특공훈련을 마친 기운 넘치는 젊은이들은 열다섯 시간의 등산을 마치고 완전히 녹초가 되고 말았다.

그들의 피로가 특공훈련을 통해 충분히 근육을 단련시키지 않았기 때문일까? 격렬한 훈련을 마친 젊은이들은 이런 어리석은 질문에 분명히 콧방귀를 뀔 것이다! 그들에게 등산은 따분한 것이기 때문에 지친 것이다. 그들 중에는 완전히 지쳐서 식사도 하지 않은 채 잠자리에 든 사람이 적지 않았다. 그러나 그들보다 나이가 훨씬 많은 가이드는 어땠을까? 그들 또한 피곤한 건 마찬가지였지만 녹초가 되지는 않았다. 가이드들은 저녁을 먹고 몇 시간 동안이나 그 날의 경험에 관해 이야기를 나누었다. 그들이 녹초가 되지 않은 이유는 등산에 흥미를 느끼고 있었기 때문이다.

콜롬비아 대학의 에드워드 손다이크 박사는 피로에 관한 실험을 통해 몇몇 청년들의 흥미를 지속해서 유발하면서 거의 일주일 동안 잠을 재우지 않았다. 그 결과 박사는 '권태감이야말로 능률저하의 유일한 원인이다'라고 보고했다고 한다.

당신이 두뇌 노동자라면 업무량 때문에 피곤하지는 않을 것이다. 오히려 자신이 처리하지 않으면 안 되는 업무량 때문에 피곤할지는 있을 것이다. 예를 들어 지난주 어느 하루, 지속해서 업무방해를 당한 것을 떠올려 보기 바란다. 답장은 보내지 못했고 약속은 깨져 버렸다. 여기저기서 문제가 발생해서 그 날 하루는 모든 것이 엉망진창이었다. 무엇 하나 제대로 처리한 것이 없다. 그런데도 녹초가 되어 깨질 듯이 아픈 머리를 감싼 채 집으로 돌아왔다.

다음날은 모든 일이 순조롭게 돌아갔다. 전날의 40배나 많은 일을 처리했다. 게다가 순백의 치자나무 꽃처럼 상쾌한 기분으로 집에 돌아왔다. 이런 경험은 모두 있을 것이다. 나 또한 있다.

여기서 배워야 할 교훈은 이것이다. 우리의 피로는 업무로 인해 발생하는 것이 아니라 고민, 좌절, 후회가 원인이 되는 경우가 많다.

나는 이 챕터를 집필하는 동안에 제롬 컨의 재미난 뮤지컬 코미디 <쇼 보우트>의 재공연을 보러 갔다. 코튼 블라섬 호의 앤디 선장은 그의 철학적 독백 중에 '좋아하는 일을 할 수 있는 사람은 행복한 사람이다'라고 했다. 그들이 행복한 이유는 의욕과 즐거움으로 가득하기 때문에 고민과 피로를 덜 느끼기 때문이다. 흥미가 솟는 것에서 의욕도 솟아난다. 잔소리가 심한 아내나 남편과 함께 1킬로미터를 걷는 것은 사랑하는 연인과 10킬로미터를 걷는 것보다 피곤하다.

그럼 어떻게 하는 것이 좋을까? 한 속기사의 예를 소개하기로 하자. 오클라호마의 석유회사에 근무하는 속기사이다. 그녀에게는 매달 한 번은 상상도 할 수 없을 정도로 단조로운 일을 해야 하는 날이 있었다. 인쇄된 대차계약서에 숫자와 통계를 적어 넣는 일이다. 이 일은 너무

나도 따분하고 지루한 일이었기 때문에 그녀는 자기방어를 위해 이 일을 흥미로운 일로 바꾸기로 했다. 어떻게 했을까? 매일 자기 자신과 경쟁을 하는 것이었다. 그녀는 항상 오전 중에 자신이 작성한 계약서의 숫자를 헤아렸다. 그리고 오후에는 그 숫자를 뛰어넘기 위해 노력했다. 그렇게 하루의 합계를 세고 다음날에는 그 합계를 뛰어넘기 위해 노력했다. 그 결과는? 그녀는 따분한 계약서를 자신이 소속되어 있는 곳의 다른 속기사보다 많이 작성하게 되었다. 덕분에 그녀는 무슨 보답을 받았을까? 칭찬? 감사? 승진? 급여가 올랐을까? 모두 아니다. 그러나 따분함 때문에 발생하는 피로를 방지하는 데는 도움이 되었다. 그것은 그녀에게 정신적인 자극을 주었다. 그리고 따분한 일도 가능한 한 흥미를 갖기 위해 노력한 덕분에 에너지와 열정이 샘솟아 이전보다 여가를 즐길 수 있게 되었다.

나는 이 이야기가 진실이라는 것을 잘 알고 있다. 왜냐하면 나는 그녀와 결혼했기 때문이다.

다음으로 자기 일에 흥미를 느끼고 있는 것처럼 행동하여 이득을 본 비서 이야기를 해보자. 그녀는 항상 자기 일에 대한 자부심이 대단했다. 일리노이 주 엘머스트에 사는 밸리. G. 골든 양은 직접 이렇게 적어서 보내왔다.

우리 회사에는 네 명의 비서가 있고 각자는 4, 5명의 편지를 읽는 대로 타이핑해 주고 있습니다. 가끔 한꺼번에 일이 몰려 이리저리로 뛰어다녀야 할 때도 있습니다. 하루는 한 부장님이 장문의 편지를 전부 고쳐서 치라고 했는데 제가 거절을 했습니다. 그리고 이 편지는 전부

고칠 필요가 없고 일부만 정정하면 된다고 말했습니다. 그러자 부장님은 자네가 싫다면 다른 사람에게 맡기겠다고 했습니다. 나는 화가 난 상태에서 일을 하다 말고 문득 저 대신 이 일을 하려고 노리고 있는 사람이 많다는 것을 깨달았습니다. 게다가 나는 이런 일을 하기 위해 월급을 받고 있습니다. 이런 생각을 하니 마음이 진정되면서 사실은 싫은 일이었지만 즐거운 척 일을 하기로 했습니다. 그리고 중요한 사실을 깨닫게 되었습니다. 내가 정말로 재미있는 척 흉내를 내면 실제로 어느 정도 즐겁게 일을 할 수 있었습니다. 또한 일도 수월해지고 능률도 올랐습니다. 덕분에 지금은 시간 외 근무를 할 필요가 없게 되었습니다. 나는 이렇게 새로운 마음가짐 덕분에 일을 잘한다는 평가를 듣게 되었습니다. 그리고 한 부장님이 자신의 전속 비서가 필요했을 때 저를 지목했습니다. 내가 시간 외 근무도 싫어하는 내색을 하지 않고 일을 잘해 준다는 것이 이유였습니다. 마음가짐을 바꿈으로써 이런 효과를 얻을 수 있다는 것을 깨달은 것은 제게는 너무나 중요한 발견이자 많은 도움이 되었습니다!

골든 양은 한스. A. 바이힝거 교수의 철학에 따라 기적을 일으키는 '연기'를 한 것이다. 그는 우리에게 '마치' 행복한 것처럼 행동하라고 가르쳤다. 만약 당신이 '마치' 자기 일에 흥미가 많은 것처럼 행동한다면 그러한 사소한 행동 덕분에 당신의 흥미에 진실이 더해지게 될 것이고 그로 인해 피로, 긴장, 고민은 감소하게 될 것이다.

몇 년 전 할런. A. 하워드는 자신의 삶을 확 바꾸기로 결심했다. 그는 단조로운 자기 일을 즐기기로 했다. 그의 일은 따분하기 그지없는 것이었다. 다른 아이들이 야구를 하거나 여자아이들을 놀리고 있을 때, 그는 고등학교 식당에서 접시닦이를 하거나 카운터를 보고 아이스크림 배달을 하고 있었다. 할런 하워드는 이런 자신의 일을 경멸하고 있었다. 그러나 일을 그만둘 수 없는 상황이었기 때문에 아이스크림에 대하여 연구해 보기로 했다. 제조 공정은 어떻게 되는지, 어떤 재료를 쓰는지, 맛있고 맛없는 차이가 나는 이유는 무엇인지. 그는 아이스크림의 화학적 성분을 연구하여 고등학교 화학 과정의 우등생이 되었다. 그는 점점 영양 화학에 흥미를 갖게 되면서 매사추세츠 주립대학에 입학하여 식품 화학을 전공했다. 뉴욕 코코아 거래소가 100달러의 상금을 걸고 코코아와 초콜릿의 이용에 관한 논문을 전국의 학생을 대상으로 공모하였을 때 할런 하워드는 입상을 하여 상금을 획득했다.

적당한 일자리를 구하지 못한 그는 매사추세츠 주 암허스트의 자택 지하실에 자신만의 연구실을 차렸다. 그리고 얼마 되지 않아 새로운 법률에 따라 우유 속의 세균 수를 표기하게 되었다. 하워드는 암허스트에 있는 열네 곳의 우유 회사로부터 세균 수의 계산을 의뢰받고 두 명의 조수를 고용해야 할 정도였다.

그로부터 25년이 지나면 그는 어떻게 되었을까? 현재 영양화학에 종사하는 사람들은 그때쯤이면 은퇴를 했거나 사망하였을 것이다. 그리고 그 지위는 현재 창의와 열정으로 활활 타오르고 있는 젊은이들에 의해 계승될 것이다. 25년 뒤 할런 하워드는 분명 업계의 지도자 중에 한 사람이 되어 있을 것이다. 그에게서 아이스크림을 사던 그의 친구들 대부분은 직장을 잃고 낙담한 채 정부를 비난하면서 운이 없다고 불평불만을 토로할 것이다. 하워드 또한 따분한 일을 즐겁게 하겠다고 결심하지 않았더라면 기회가 찾아오지 않았을 것이다.

오래전 단조로운 일에 질려 따분해하면서 공장 안의 선반 옆에 서서 볼트를 만들던 또 한 명의 젊은이가 있었다. 그의 이름은 샘이었다. 샘은 당장이라도 이 일을 그만두고 싶었지만 다른 일을 찾을 수 있을 것 같지 않았다. 이 따분한 일을 계속해야 하는 이상 어떻게 해서든 즐거운 일이 되게 하겠다고 결심했다. 그는 자기 옆에서 일하는 기계공과 경쟁을 하기로 마음을 먹었다. 한 명은 거친 표면을 연마하고 또 한 명은 볼트를 적당한 지름으로 만들었다. 신호와 동시에 기계 스위치를 켜고 누가 더 많이 완성하는지 경쟁을 해보았다. 현장 주임은 샘이 빠르고 정확하게 일하는 모습에 감탄하였고 얼마 뒤 그에게 좀 더 나은 일을 시켰다. 이것이 승진의 계기가 되었다. 30년 뒤 샘, 즉 새뮤얼 보클레인은 볼트윈 기관차 제조사의 사장이 되었다. 만약 그가 따분한 일을 즐겁게 할 결심을 하지 않았다면 평생을 기계공의 삶을 살아야 했을 것이다.

유명한 라디오 뉴스 해설자 H. V. 칼텐본은 자신이 따분한 일을 어떻게 흥미진진한 일로 바꾸었는지에 대하여 이야기해 주었다. 그는 스물두 살 때 가축 운송선에서 소에게 사료를 주거나 물을 주면서 대서양을 건넜다. 영국에서의 자전거 여행을 마친 그는 배고픔과 텅 비어 버린 지갑을 가지고 파리에 도착했다. 그는 카메라를 전당포에 맡기고 받은 5달러로 <뉴욕 헤럴드> 파리 판에 구직광고를 내서 입체 환등기 영업사원이 되었다. 똑같은 두 장의 그림을 놓고 보는 구식 입체 쌍안경이었다. 그것을 보면 기적이 일어났다. 입체 쌍안경 두 개의 렌즈는 입체적인 효과로 두 개의 영상에서 하나의 그림을 만들어 냈다. 거리감이 생기면서 놀랄 정도로 원근감이 생겼다.

칼텐본은 한 집씩 일일이 돌아야 했지만 프랑스 어를 하지 못했다. 그럼에도 불구하고 처음 1년 만에 수수료 5,000달러를 벌어 프랑스 영업사원으로서는 최고 중의 한 사람이었다. 그의 말에 따르자면 당시의 경험은 성공을 위한 조건을 익혔다는 의미에서 하버드 대학에서 1년 동안 공부하는 것보다 유익했다고 한다. 자신감이 있었느냐고? 그는 이런 상태라면 프랑스 주부들에게 '국회 회의록'이라도 팔 수 있을 것 같다고 털어놓았다.

이 경험을 통해 그는 프랑스 인들의 삶에 대한 이해가 깊어졌고 그것은 훗날 유럽 상황에 대하여 설명할 때 가늠하기 어려울 정도로 큰 도움이 되었다.

프랑스 어를 할 줄 모르는데 어떻게 일류 영업사원이 될 수 있었을까? 그는 사장에게 부탁하여 판매를 위해 필요한 완벽한 프랑스 어를 적어 달라고 해서 그것을 암기했다. 초인종을 눌러 주부가 나오면 그는 독특한 억양으로 암기한 문구를 반복했다. 그런 다음 사진을 보여 주었다. 상대가 뭔가를 물어보면 어깨를 으쓱해 보이며 '미국인… 미국인'이라고 말한다. 그리고 모자를 벗어 모자 끝에 붙어 있는 프랑스 어 선전 문구를 손가락으로 가리킨다. 주부가 웃음을 터뜨린다. 그도 함께 웃는다. 사진을 더 많이 보여준다. 이런 식이었다. 칼텐본은 이 이야기를 하면서 그 일이 절대 쉽지 않다고 했다. 그는 이 일을 재밌게 하고자 하는 일념이 유일한 원동력이었다고 한다. 그는 매일 아침 출근하기 전에 거울을 들여다보며 스스로 주문을 걸었다.

'칼텐본, 이 일을 하지 않으면 먹고 살 수 없어. 하지 않으면 안 되는 이상 즐겁게 해내자고. 초인종을 누르면 배우가 되어 스포트라이트를 받는 모습을 상상하고 관객들이 지켜보는 광경을 상상하는 거야. 네가 하는 일은 무대 위의 연극처럼 해학으로 가득하다. 어째서 좀 더 열정과 흥미를 쏟지 않는가?'

칼텐본은 이렇게 매일 자신을 격려했기 때문에 처음에는 좋아하지 않았던 일이 어느새 좋아졌고 고수입을 올릴 수 있었다.

성공을 갈망하는 미국의 청년들에게 조언을 부탁하자 그는 이렇게 말해 주었다.

"제일 먼저 매일 아침 스스로 정신을 차리게 채찍질을 해야 한다. 반쯤 졸린 상태에서 확실하게 정신을 차리기 위해서는 몸을 움직이는 게 제일이라고 한다. 하지만 그보다 더 중요한 것은 매일 아침 정신과 두뇌를 회전시켜 행동을 유발하는 것이다. 매일 자신에게 격려의 주문을 외우는 것이다."

매일 아침 자신을 격려하는 주문을 외우는 것이 어린애 같은 바보 짓일까? 그렇지 않다. 이것이야말로 건전한 심리상태의 진수라 할 수 있다.

'우리의 인생은 우리의 사고에 의해 만들어진다.'

이 말은 1,800년 전에 마르쿠스 아우렐리우스가 『자성론』에 적었을 때와 마찬가지로 지금도 여전히 진리이다.

온종일 자신에게 주문을 검으로써 용기와 행복에 대하여, 또한 권력과 평화에 대하여 생각할 수 있도록 자신을 인도할 수 있다. 감사해야 할 것들에 대하여 자기 자신과 대화를 나누다 보면 흥미진진한 사고가 가슴속에 가득 채워져 노래를 부르고 싶어질 것이다.

올바른 사고방식 덕분에 어떤 일이든 혐오감을 줄일 수 있다. 상사는 당신이 일에 흥미를 가져주길 바라고 있으니 수입도 늘 것이다. 그러나 상사의 바람은 아무래도 좋다. 일에 흥미를 갖는 것이 당신을 위한 것이라는 것만 생각하기 바란다. 당신은 인생에서 얻을 수 있는 행복을 배가시킬 수 있을지도 모른다. 왜냐하면 당신이 일어나 있는 시간의 절반 가까이 일에 할애하고 있으며 그 일에서 행복을 찾을 수 없다면 행복은 어디서도 찾을 수 없을 것이다. 일에 흥미를 갖게 되면 고민에서 해방될 것이고 긴 안목에서 본다면 승진과 급여의 인상으로도 이어질 것이다. 설령 그런 효과가 없더라도 피로감이 최소한으로 줄어들 것이고 여가를 즐길 수도 있게 될 것이다.

불면증에서 벗어나는 방법

여러분은 숙면하지 못하며 불안을 느끼지 않는가? 그렇다면 분명 국제적으로 유명한 법률학자 새뮤얼 운터마이어가 평생 숙면이라는 것을 하지 못했다는 이야기에 흥미를 느낄 것이다.

샘 운터마이어는 대학 시절 천식과 불면증이라는 이중고를 겪어야 했다. 그는 둘 다 나을 기미가 없자 차선책을 선택하기로 결심했다. 잠 못 자는 시간을 이용한 것이다. 아침까지 뒤척이며 괴로워하는 대신에 일어나 공부를 했다. 결과는 어떻게 되었을까? 그는 모든 과목에서 우등생이 되어 뉴욕 시립대학의 천재라 불리게 되었다.

변호사 개업을 한 뒤에도 불면증에 시달려야 했지만 운터마이어는 고민하지 않았다. 그는 항상 입버릇처럼 '자연이 나를 지켜 준다'라고 중얼거렸고 실제로 그랬다. 수면시간이 얼마 되지 않았지만 뉴욕 법조계의 그 어떤 젊은 변호사보다도 건강하고 왕성하게 활동하였다. 그도 그럴 것이 남들이 자는 동안에도 일했으니 당연한 일이다.

샘 운터마이어는 스물한 살에 연간 7만 5,000달러를 벌었다. 청년 변호사들은 그의 방법을 배우기 위해 법정으로 몰려들었다. 1931년, 그는 한 사건 의뢰를 받으면서 아마도 당대 최고의 수임료인 100만 달러를 현금으로 받았다.

그의 불면증은 여전히 계속되었다. 밤의 절반은 독서를 하였고 아침 다섯 시에 일어나 편지를 썼다. 대부분의 사람이 업무를 시작할 시간에 그는 이미 일의 절반을 해치웠다. 그는 평생 달콤한 잠이 무엇인지는 알 수 없었지만 81세라는 장수를 누렸다. 만약 그가 불면증에 시달리며 괴로워했다면 아마도 그는 건강을 해쳤을 것이다.

인간은 삶의 3분의 1을 수면에 소비하면서도 무엇이 진정한 수면인지를 모르고 있다. 우리는 그것이 습관이자 휴식 상태이고 자연의 복잡한 배려의 일환으로써 주어진 것이라는 사실을 잘 알고 있다. 그러나 개개인이 몇 시간의 수면을 필요로 하는지, 과연 수면이 절대적으로 필요한 것인지에 대해서는 모르고 있다.

너무 엉뚱한 이야기인가? 제1차 세계대전 중에 헝가리 군인 폴 컨은 대뇌 전두엽에 관통상을 당했다. 상처는 치료가 되었지만 희한하게도 불면증에 걸리고 말았다. 의사들은 온갖 진정제와 수면제를 비롯하여 최면술까지 해보았지만 효과가 없었다. 컨을 잠재우거나 졸음을 유발하지도 못했다.

의사들은 그가 오래 살지 못할 것이라고 했지만, 그는 의사들을 깜짝 놀라게 했다. 그는 취직해서 건강하게 살고 있다. 그는 눈을 감고 누워서 휴식을 취하기는 했지만 잠은 자지 않았다. 그의 사례는 의학적으로 잠에 대한 상식을 뒤집어 놓은 수수께끼이다.

어떤 사람들은 남들보다 더 많은 수면을 필요로 한다. 토스카니니는 하루에 다섯 시간의 수면만으로도 충분하지만 캘빈 쿨리지 대통령은 두 배 이상의 수면이 필요했다. 그는 하루에 열한 시간 이상 잠을 잤다. 다시 말해 토스카니니는 거의 평생의 5분의 1을, 쿨리지는 인생의 절반 가까이 잠으로 소비한 셈이다.

불면증 때문에 고민하는 것은 불면증 그 자체보다 해롭다. 예를 들어 뉴저지 주 리지필드에 사는 수강생 아이라 샌드너는 만성 불면증 때문에 자살하기 직전이었다.

그는 내게 이렇게 말했다.

정말로 미쳐 버리는 게 아닐까 걱정했습니다. 이전에는 내가 숙면을 했었다는 것이 문제였습니다. 나는 자명종이 울려도 깨지 못해 아침마다 지각하기 일쑤였죠. 때문에 항상 걱정이었습니다. 상사로부터 출근 시간을 제대로 지키라는 주의도 받은 적이 있었습니다. 이대로 가다가는 해고될 것 같은 생각이 들었습니다.

나는 친구들에게 조언을 구했습니다. 그러자 한 친구가 잠들기 전에 자명종에 주의를 집중해 보라고 했습니다. 거기서부터 불면증이 시작된 겁니다! 마치 저주에 걸린 듯이 재깍거리는 시곗바늘 소리에 빠져들고 말았죠. 밤새도록 한숨도 못 자고 뒤척이고 말았습니다! 아침에 일어난 나는 피로와 불안 때문에 반쯤 정신이 나간 상태였습니다. 이 상태가 8주나 지속했습니다. 당시에 얼마나 고통스러웠는지는 형언하기 힘들 정돕니다. 지금도 그때를 생각하면 미쳐 버릴 것 같습니다. 때로는 몇 시간이나 방안을 어슬렁거리며 배회했습니다. 창문 밖으로 뛰어내려 모든 것을 끝내고 싶다는 생각도 자주 했습니다.

결국 이전부터 잘 알고 있던 의사 선생님을 찾아갔습니다. 그러자 그는 이렇게 말했습니다.

"아이라, 내가 어떻게 해줄 수 있는 게 아니다. 누구도 어떻게 해줄 수가 없어. 이건 자업자득이야. 밤에 잠자리에 들어 잠이 오지 않는다면 그걸 잊어버리게. 그리고 잠을 자지 않아도 괜찮다, 아침까지 깨어 있어도 별문제가 없다고 자신에게 말해주는 거야. 눈을 감은 채로 한번 해봐. 끙끙 앓고 고민하지만 않는다면 누워 있는 것만으로도 충분한 휴식을 취할 수 있어."

나는 그렇게 했습니다. 그리고 2주 정도가 지나 잠을 잘 수 있게 되었고, 한 달도 채 되지 않아 여덟 시간의 숙면을 할 수 있게 되어 신경도 정상으로 돌아왔습니다.

아이라 샌드너를 자살 직전까지 내몰았던 것은 불면증이 아니라 그것 자체에 대하여 고민했기 때문이다.

시카고 대학의 교수 나다니엘 클라이트만 박사는 수면 연구에서는 세계 제일의 권위자이다. 그는 불면증 때문에 죽은 사례는 들어본 적도 없다고 단언했다. 분명 인간은 불면증 때문에 괴로워하다 점점 생명력이 쇠퇴하여 병이 들고 목숨을 잃고 만다. 그러나 그것은 고민하기 때문이지 불면증 그 자체가 원인은 아니다.

또한 클라이트만 박사는 불면증 때문에 괴로워하는 사람들은 그들이 생각하는 것보다 훨씬 더 많이 잔다고도 했다. 예를 들어 19세기의 가장 위대한 사상가 중의 한 사람인 허버트 스펜서는 독거노인으로 하숙 생활을 하면서 항상 불면증에 대해 이야기를 해서 주변 사람들을 따분하게 했다. 그는 소음을 싫어했기 때문에 신경을 안정시키기 위해 귀마개를 하고 있었다. 또한 잠을 청하기 위해 아편을 하기도 했다. 어느 날 밤, 그는 옥스퍼드 대학의 세이스 교수와 호텔에서 함께 머물게 되었다. 다음날 아침 스펜서는 밤새 한숨도 못 잤다고 했지만 정작 한숨도 못 잔 것은 세이스 교수였다. 스펜서는 코를 골면서 밤새 한숨도 못 잤다고 한 것이다.

숙면을 하기 위한 첫째 조건은 마음의 안정이다. 자신보다 위대한 힘이 아침까지 자신을 지켜줄 것이라고 느끼는 것이 필요하다. 토머스 히슬롭 박사는 영국 의학학회 강연에서 이렇게 강조했다.

"내 오랜 경험으로 미루어볼 때 잠을 촉진해주는 제일 나은 방법은 기도이다. 나는 의사의 입장에서 이렇게 말한다. 기도가 몸에 배어 있는 사람에게는 기도 자체가 정신과 신경의 안정제로써 가장 적절하고 정상적인 것이라는 사실을 인정해야만 한다."

"하느님의 뜻에 맡겨라."

자네트 맥도날드는 잠이 오지 않을 때면 항상 <시편 23편> '주님은 나의 목자시니 내게 부족함이 없으리로다. 주님은 나를 풀밭에 누이시고 쉴 만한 물가로 인도하시는도다'라는 한 구절을 반복함으로써 안정을 찾는다고 한다.

그러나 당신이 무신론자로 스스로의 방법으로 이겨내야 한다면 물리적인 방법으로 안정을 취하는 것을 배워야 할 것이다. 『신경의 긴장을 푸는 방법』의 저자 데이비드 헤럴드 핑크 박사의 말에 의하면 가장 좋은 방법은 자신의 몸에 말을 거는 것이라고 한다. 핑크 박사는 말이란 모든 종류의 최면 상태로 빠져드는 열쇠라고 한다. 당신이 아무래도 잠을 이루지 못할 때는 당신이 자신에게 말을 걸고 있기 때문에 불면 상태에 빠져드는 것이다. 이 상태에서 벗어나고 싶다면 자기 최면에서 깨어나야 한다. 그리고 '편하게 푹 쉬어라'라고 몸과 근육에 말을 걸면 된다. 이미 잘 알고 있듯이 근육이 긴장된 동안에는 마음도 신경도 안정을 취할 수 없다. 그러므로 잠이 들고 싶다면 제일 먼저 근육부터 시작해야 한다. 핑크 박사는 이런 방법을 권하고 있다. 먼저 다리의 긴장을 풀어주기 위해 무릎 아래에 베개를 놓는다. 같은 이유에서 팔 아래에도 작은 베개를 놓는다. 그런 다음 턱, 눈, 팔, 다리의 순으로 안정을 취하도록 말을 걸어주면 어느샌가 잠에 빠져들게 된다. 나도 이것을 해본 적이 있기 때문에 잘 알고 있다.

불면증을 고치는 최고의 방법 중의 하나는 정원 가꾸기, 수영, 테니스, 골프, 스키, 그 밖의 육체적인 활동을 통해 몸을 피곤하게 하는 것이다. 시어도어 드라이저도 이렇게 실행했다. 그는 아직 무명의 청년 작가 시절에 불면증에 시달렸다. 그래서 뉴욕 센트럴 철도의 보선공이 되었다. 큰 못을 박고 자갈을 퍼 나르며 종일 육체노동을 한 뒤 녹초가 된 그는 식사도 하지 않은 채 잠에 빠져들었다.

정말로 피곤할 때는 걸으면서도 자연스럽게 잠이 든다. 그 실례를 들어보자. 내가 열세 살 때 아버지는 살찐 돼지를 화물칸에 싣고 미주리 주 세인트조까지 갔다. 아버지는 무료승차권 두 장을 받았기 때문에 나를 데리고 갔다. 나는 그 전까지 인구 4,000명 이상의 도시에 가본 적이 없었다. 인구 6만이 넘는 세인트조에 도착한 나는 흥분이 되어 심장이 두근거렸다. 6층이나 되는 빌딩도 보았고 난생처음 전차도 봤다. 지금도 눈을 감으면 당시의 전차가 떠오르고 소리가 들리는 것만 같다. 일생 일대의 짜릿하고 유쾌한 하루를 보낸 뒤 아버지와 나는 미주리 주 레이븐우드로 돌아오는 기차를 탔다. 기차는 새벽 두 시에 레이븐우드에 도착했고 우리는 농장까지 6.4킬로미터를 더 걸어가야 했다. 여기가 중요한 부분이다. 나는 녹초가 되어 걸으면서 잠이 들었고 꿈까지 꾸었다. 나는 말을 타고 달리면서 잠이 든 적도 있다. 그랬던 내가 살아서 이렇게 이야기를 하고 있을 줄이야!

완전히 녹초가 된 상태에서 인간은 전쟁의 폭음, 공포, 위험 속에서도 잠을 잔다. 유명한 신경과 의사인 포스터 케네디 박사는 1918년 영국 제5군단이 퇴각할 때 병사들이 피로에 지친 나머지 땅바닥에 그대로 쓰러져 잠이 들어버리는 것을 목격했다고 한다. 그는 손가락으로 병사들의 눈꺼풀을 열어보았지만 잠에서 깨어나지 않았다고 한다. 그리고 그들의 눈동자가 한결같이 위를 향하고 있다는 것을 볼 수 있었고 한다. 케네디 박사는 이렇게 말했다. '그 모습을 본 이후로 잠이 오지 않을 때는 눈동자를 위로 회전시키는 운동을 하고 있다. 그러면 곧바로 하품하면서 잠이 온다. 이것은 반사작용으로 본인도 어떻게 할 수 없다.'

지금까지 잠을 거부하여 자살한 예가 없었고 아마 앞으로도 없을 것이다. 자연은 인간이 모든 의지력을 총동원하더라도 인간에게 잠을 강제하고 있다. 자연은 우리에게 오랫동안 음식과 물을 주지 않고 방치하는 일은 있더라도 잠을 재우지 않고 오랫동안 방치하는 일은 없다.

나는 자살이라고 하면 헨리. C. 링크 박사가 『인간의 재발견』이라는 저서에 쓴 사례를 떠올리게 된다. 링크 박사는 심리학 협회의 부회장으로 고민하거나 풀이 죽어 있는 많은 사람을 상담하였다. '공포와 고민을 극복하는 방법'이라는 제목의 1장에서 자살을 계획한 환자에 대하여 다루고 있다. 링크 박사는 많은 논쟁을 할수록 사태가 악화할 뿐이라는 것을 잘 알고 있었다. 그래서 박사는 환자들에게 이렇게 말해주었다.

"만약 당신이 꼭 자살하고 싶다면 적어도 남자답게 용감한 방법으로 하게. 예를 들자면 도심 한복판을 빙빙 돌다가 지쳐 쓰러져 죽는 건 어떨까?"

환자는 박사가 시키는 대로 해봤다. 한 번에 그치지 않고 두 번, 세번 했다. 그럴 때마다 근육은 둘째 치고 기분이 상쾌해지는 것 같은 느낌이 들었다. 사흘째 밤이 되자 그는 육체적으로 완전히 녹초가 되면서 근육의 긴장이 풀려 통나무처럼 잠에 취하고 말았다. 링크 박사는 처음부터 이것을 노린 것이다. 그날 이후 그는 체육 클럽에 들어가 경기에 출전하게 되었고 완전히 회복하여 영원히 살고 싶다고 생각하게 되었다.

지은이
데일 카네기(Dale Carnegie)

미국 미주리 주의 농가에서 태어나 위런스버그 주립 사범대학을
졸업한 뒤 네브래스카에서 교사, 잡지 기자, 배우, 세일즈맨 등으로
사회생활을 시작하였다. 1912년 YMCA에서 대중 연설에 대한 강의
를 담당하면서 사례를 중심으로 강의를 진행하는 것으로 유명했다.
그는 처음에 하룻밤에 2달러를 받고 강의를 시작했지만, 얼마 되지
않아 하룻밤에 30달러의 강사료를 받게 되었다. 자신의 적성을 찾
은 그는 D. 카네기 연구소를 설립하여 인간경영과 자기계발 강좌를
개설하였다.
인간관계의 비결에 대한 『인간 관계론』은 세계적인 베스트셀러, 스
테디셀러가 된 것은 물론이고 가기계발서의 원조이기도 하다.
1939년 7월 카네기는 세계일주 여행 도중에 일본을 방문하였다가,
그해 8월에 시모노세키에서 배 편으로 부산에 도착해서 육로를 통
해 상하이와 베이징을 방문하였다.
그의 주요 저서로는
『데일 카네기 인간관계론』 『데일 카네기 성공대화론』 『데일 카네기
자기관리론』 『데일 카네기의 1퍼센트성공습관』 『데일 카네기 나의
멘토 링컨』 등이 있다.

옮긴이 · 전문번역가
차전석

성균관대학교 경영학과 졸업. 아더앤더슨 비지니스 컨설팅, 피더블
유씨 매니지먼트 컨설팅, 비게인 컨설팅에서 근무하였다. 현재 미
국 워싱턴에서 유피에스 회사를 운영하고 있다.
역서로는 『링컨 자서전』 『에머슨 수상록』 『데일카네기 인간관계
론』 『데일카네기 성공 대화론』 외 다수가 있다.

카네기식 자기관리론
모든 것은 나에게 달려있다

1판 1쇄 발행 ㅣ 2025년 11월 28일

저자 ㅣ 데일 카네기
옮긴이 ㅣ 차전석
펴낸이 ㅣ 이원실
펴낸곳 ㅣ 나래북 · 예림북
디자인 ㅣ 희서디자인
등록 ㅣ 제2025-000117호
주소 ㅣ 경기 파주시 헤이리로 372
전화 ㅣ 031-948-6147   팩스 ㅣ 031-948-6148
이메일 ㅣ naraeyearimb@naver.com

ISBN ㅣ 979-11-994383-1-6

나래북 · 예림북에서는 여러분의 원고와 기획을 기다립니다.